학교에서 시작하는
민주시민교육

학교에서 시작하는
민주시민교육

초판 1쇄　2020년 10월 28일
초판 2쇄　2022년 4월 22일

지은이 | 학교시민교육전국네트워크(김유진, 김지영, 김현경, 김현진, 박선영,
　　　　성나래, 이경옥, 이융, 장경훈, 정현이, 최성은, 최은경, 허진만)
펴낸이 | 송영석

개발 총괄 | 정덕균
기획 및 편집 | 조성진, 김형국, 박수희, 조유진, 이진화
마케팅 | 이원영, 최해리
도서 관리 | 송우석, 박진숙
표지·본문 디자인 | 남철우
일러스트 | 윤병철

펴낸곳 | (주)해냄에듀
신고번호 | 제406-2005-000107
주소 | 서울특별시 마포구 잔다리로 30 해냄빌딩 3, 4층
전화 | (02)323-9953
팩스 | (02)323-9950
홈페이지 | http://www.hnedu.co.kr

ISBN 978-89-6446-181-5 03370

* 파본은 본사나 구입하신 서점에서 교환하여 드립니다.

학교에서 시작하는
민주시민교육

학교시민교육전국네트워크 지음

해냄에듀

차례

프롤로그 교실 붕괴부터 민주시민교육까지　7

1부
지금, 학교는?

우리가 아는 초등학생은 그 자리에 없다　29
다 같이 헤매고 있는 건 아닐까　49
결국 입시가 바뀌지 않으면　64

2부
지금, 다른 나라는?

영국 | 영국 교육은 무너지지 않았다　87
프랑스 | 이방인의 눈으로 본 공화국 시민　107
독일 | 독일, 반성과 성찰이 만든 강한 시민성　124

3부
그럼, 우리는?

학교 교육과정, 이렇게 어긋나 있다 151

혁신 교육의 지향, 제대로 알자 172

민주시민의 놀이터, 학교 188

4부
작지만 의미 있는 움직임

경기 당동초 | 어린이 시민을 키우는 협력과 체험 중심의 민주시민교육 215

광주 선운중 | 민주주의를 살다 240

부산 부경고 | 모자이크로 그리는 학생 자치 264

에필로그 교사가 교사에게 286
주석 보기 294
참고 문헌 305

프롤로그

교실 붕괴부터 민주시민교육까지

나는 경기도 구리시에 있는 고등학교에서 교직의 첫발을 내디뎠다. 개학하며 2학기를 막 시작하던 시기라, 수행 평가를 어떻게 할지 관련 교과 선생님들 몇 분과 협의를 했다. 사회 과목에서 과정 중심(수행)의 평가를 하려면, 앉아서 보고서 쓰는 방식보다 우리 사회를 위해 각 분야에서 다양한 활동을 하고 있는 시민 단체를 직접 탐방하고 그 결과를 인터뷰 보고나 영상으로 공유하는 방식이 좋겠다고 제안했다. 아무도 이견이 없었다. 당시 신설 학교이면서 젊은 교사들이 주축이었던 학교 분위기 때문이었을 것이다. 갓 들어온 교사가 던진 제안을 재미있을 것 같다며 그대로 받아들인 게, 나는 신기하기도 뿌듯하기도 했다.

처음 들어간 교실, 나는 자격증만 있었을 뿐 수업을 해 본 경험이 없었기에 교탁 앞에 서서 차마 얼굴을 들지 못했다. 부끄러웠다. 40여 명이 나를 바라보고 있는 그런 경험을 하게 되다니. 교사에게는 일상이고 지금은 일일 교사나 학교에 들어오는 외부 전문가 강의 등이 흔하지만, 당시 대부분 사람들은 평생 경험하기 어려운 일이었던 거다. 용기를 내어 고개를 들고 긴장하지 않은 척 더듬더듬 수업을 진행했다.

어떤 날은 아이들이 통제가 안 돼 살짝 흥분해서 화를 냈다. 화를 낸 대상이었던 한 학생이 교실에서 "왜 나만 갖고 그래요? 다른 애들도 떠들었는데 걔네들한텐 뭐라 하지도 않고!" 하며 대들었다. 나는 당황했지만 그래도 떠들면 안 된다며 어찌어찌 넘어갔다. 수업이 끝나고 교무실로 돌아온 후 긴장이 탁 풀려 주저앉아 한참을 있었다. 어느샌가 반장이 다가왔다.

"선생님, 아까 당황하셨죠? 선생님 처음이신 거 애들이 알고 더 그러는 거예요. 애들도 차츰 잦아들 테니 너무 속상해하지 마세요."

반장이 가고 난 후 나는 당황스러움과 부끄러움을 감당치 못해 몰래 화장실로 가 눈물을 흘렸다. 그 아이가 건넨 말이 20년이 훌쩍 지난 지금도 잊어지지 않는 건 왜일까. 초짜 교사의 그때가 지금도 어렴풋이 기억나는 걸 보면 학생과 교사가 서로 알아 가는 그런 과정이 있기에 능숙한 교사가 만들어진다는 생각이 든다. 아이를 키우며 부모도 성장하듯이 교사가 베테랑이 되는 건 학생과의 상호 작용이 크게 작용한다.

그 기억이 좋아서 난 계약 기간이 끝난 후 바로 도서관에 공부하러 다녔다. 교사를 해야겠다는 생각이 강하게 들었다. 냉정한 어른들의 세계에 비하면 덜 상처받고, 관계를 맺어 가며 가르치는 보람이 있는 교직은 참 매력적이었다. 그 해 12월, 삭풍을 맞으며 경기도 교원 임용 시험을 치렀다. 임용 시험은 1차 객관식 전공 시험과 2차 논술 시험인데, 1·2차를 동시에 치렀다. 그날 출제된 논술 시험은 내가 갖고 있던 교육에 대한 비판적인 생각을 후회 없이 쏟으라는 주문이었다.(물론 그건 나의 생각이었다.) 주제는 바로 '교실 붕괴 현상에 대해 논하시오.'였다.

소위 '교실 붕괴'는 1998년 시행된 7차 교육과정 시기부터 스멀스멀 피어난 걱정이다. 김민[1]은 '교실 붕괴는 교수·학습 과정을 포함하는 교실 상황에서 교사와 학생 간의 상호 존중과 이해의 몰락 혹은 인간적인 관계의 총체적인 파괴 현상으로 파악된다.'라고 말한다. 예를 들면 이렇다.

어느 중학교 2학년 교실. 수업 시작을 알리는 종소리가 울리고 교사가 교실에 들어와도 여전히 쉬는 시간과 구별되지 않게 학생들은 이야기를 계속하고 교실을 돌아다닌다. 학급의 반장이 일어서 "차렷!" 구령을 붙여도 학생들은 전혀 주의를 집중할 기색이 없다. 여러 번의 구령 끝에 교사와의 인사가 끝나면 학생들은 다시 떠들고 장난치거나 자거나 딴짓을 하며 자기들이 하고 싶은 행동을 계속한다. 교사가 A4 크기 유인물을 나누어 주고 수업이 시작되었다. 유인물에는 참고서에 정리되는 방식의 질문들이 적혀 있고 교사는 각각을 순서대로 설명해 나갔다. 학생들은 점점 더 크게 떠들고, 교사의 설명이 들리지 않을 정도로까지 심해진다. 교사는 학생들에게 유인물에 답을 적으면서 설명을 들으라며, 적었는지 검사하겠다고 위협적으로 말해 보지만 소용이 없다. 소란스런 학생들을 야단쳐 가며 교사는 설명을 계속하고 간헐적으로 학생들에게 질문을 던진다. 그러나 교사는 처음부터 학생들의 응답을 기대하지 않았던 듯, 질문에 이어 스스로 설명을 해 나갔다. 칠판이나 다른 매체의 활용이 거의 없었으며, 여학생 한 명을 지적해 교과서를 읽게 한 것 외에 학생들이 참여하는 학습 활동은 없었다.[2]

학생 시절, 일상에서 권위주의적 통제를 경험한 기성세대는 위 사례를 보고 교사의 무능을 떠올리는 사람이 많을 것이다. 하지만 이런 현상은 바로 그 권위주의적 통제(교사들이 흔히 쓰는 표현으로는 '수업 장악력')로 억눌려 있던 상처가 터져 나온 것으로 보아야 한다. 그러므로 이것은 교사와 학생의 관계 문제이기도 하고, 우리 사회의 문화 문제이기도 하다. 아울러 사회 전반의 민주화에 적응이 더딘 교육계의 여전한 일방통행에 변화를 요구하는 것이다. 나는 답안지에 그렇게 썼다. 그리고 시험에서 떨어졌다.

임용 시험에 떨어진 내 이야기나 내가 쓴 글 내용이 중요한 것이 아니다. 중요한 건 교원 임용 시험에서 수천 명의 예비 교사들에게 함께 고민하라고 권한 이 주제가 현실에 적용한 방식이다. 교실은 '붕괴'하는 대신 자리를 굳혀 갔다. '학생은 학생대로 각자 알아서 살고, 교사는 교사대로 학생들에게 애정을 주지 않는 대신 안정된 봉급자 생활을 즐길 줄 알게 되었고, 학교 당국은 그들대로 법에 걸리지 않는 한도에서 자율적으로 공존하는 타협[3]'이 이루어졌다.

학생들은 학원에서 공부하니 학교에 바라는 건 내신[4]이고, 학부모의 두려움을 먹고 사는 사교육은 줄어들 기미가 보이질 않는다. 학교의 존재 이유는 시민들의 교양을 일정 수준으로 만들어 삶의 질을 높이는 것인데, 1999년 임용 시험의 논술 주제는 그걸 논하기도 어려운 학교 상황을 드러낸다. 그런데 그 문제는 어떤 의도로 출제됐던 걸까. 교사가 혼돈의 시대에 교실 장악력을 높여야 한다는 각오를 다지기 위함은 아니었을 텐데. 예비 교사들의 집단 지성을 통해 교실 붕괴라는 거대한 난제를 풀어 보려는 것이었는지는 알수 없지만, 교육 당국도 예견치 못한 새로운 관계 정립의 해법을 너무 어렵게 생각한 건 아니었나 싶다.

그렇다면 그 후 20년을 지나며 현재의 학생들과 학부모는 교사에게 어떤 존재가 됐을까? 많은 교사들은 학부모를 교육 서비스의 수요자로서 응대하는 처지가 되었고, 학생 역시 그런 수요와 공급의 역학을 안다. 교사들은 직업 안정성을 원죄로 방학이나 수업 능력 등을 공격받는다. 체벌이 사라지고 권리가 중요해진 듯한 지금, 여전히 교사들은 교권 보호를 주장하고 학생은 학교에선 여전히 가장 약자라고 스스로를 규정한다. 이 문제는 시간이 걸려도 차분히 풀지 않으면 계속 꼬여 갈 것이다. 논의를 시작해 보자.

어떤 권리가 더 중한가?

우리는 2018년 격렬한 국민적 관심사였던, 제주도에 상륙한 예멘 난민과 관련한 갈등을 기억한다. 물론 여전히 조심스럽다. 일제 강점기를 겪은 세대가 대부분 없는 상황에서 우리가 난민이었던 경험은 생각하기 어렵다. 정치 경제 상황이 세계화되며 이제야 겪는 난민 문제는 생소할 수밖에 없다. 난민 이전부터 유입된 이주 노동자를 어떻게 우리 사회에 편입시킬 것인지에 대한 정책 방향이 불분명한 만큼, 우리는 그만큼의 성숙을 준비해야 한다.

뉴스에서는 시작이 언제였는지도 가물가물한 어느 가수의 입국 불가 이야기가 나왔다. 그는 미국 시민권 취득을 계기로 한국 국적을 포기함으로써 병역 회피 논란이 있었던 연예인이다. 공교롭게도 얼마 후 메이저 리그에서 활동하는 한국인 선수의 아들이 한국 국적을 포기했다는 보도가 나왔다. 참고로 그 선수의 아들은 미국에서 태어나고 자랐다. 병역 형평성에 민감하게 반응하는 여론으로 논란이 불거졌다. 하지만 이 모든 '핫 이슈'들은 교사들의 주요 관심사가 아니다. 사회적 논쟁을 학교로 가져가는 것을 금기시해 온 문화와 함께, 입시나 평가와 연결되지 않는 소재들은 교사들의 환영을 받기 어렵다. 그래서 학교에 오면 마치 그런 일이 있었냐는 듯 태도가 바뀐다.

하지만 어른들은 특정 뉴스를 접하면 진지하게 변한다. 바로 교육 문제다. 특히 OECD에서 실시한 PISA[5] 같은 시험 결과가 나오면 다들 기다렸다는 듯 열심히 기사를 읽는다. 교육이 나라를 세우는 길이며 여전히 계층 이동의 사다리가 될 수 있다고 믿기 때문이다. 아무리 교육 불평등에 대한 각종 통계와 계급 사회 논문을 갖다 대도 서민들은 작아진 희망을 놓고 싶지 않아 한다. 그게 유일하기 때문이다. 그런 희망을 보다 굵은 동아줄로 만들어, 가능하면 많은 이가 학교 교육을 통해 삶의 질을 높일 수 있다면 좋겠다. 이런 염원이 모아진 결과가 혁신 학교였고, 진보 교육감이었다. 물론 이런 상징이 아니더라도 사람들은 교육에 변화가 필요하다는 거대한 암묵적 합의하에 교육적 변화를 지지해 왔다. 그러나 교육 문제는 다시 사회적 문제였음을 확인하고 있다. 이 복잡한 실타래를 풀기 위해서는 수업이나 교육 행정의 개선 정도로는 어림없기 때문이다.

유례없던 수백만의 촛불 시위로 대통령이 감옥에 가고, 새로 바뀐 지도자는 교육과 관련하여 대입 문제를 공론에 부치는 등 불분명한 행보를 보였다. 2018년 교육부는 민주시민교육과를 신설하여 '민주시민교육 종합 계획안'을 내놓았고, 2019년엔 대부분의 시도 교육청에서 앞다퉈 민주시민교육 활성화를 학교에 제시했다. 학교 공간을 학생들의 참여로 재탄생시키는 '공간 민주주의'는 실제로 멋지게 변화된 공간을 눈앞에 보여 주었고 언론은 나서서 참여 민주주의의 효용을 홍보했다. 좋다. 사회가 민주적인 참여로 변화하는 것, 참 좋다. 그렇지만 한편으로 민주주의가 유행처럼 지나갈까 걱정도 된다. 여전히 학사 일정을 소화하는 것만도 교사들에게 벅찬 현실은 변하지 않았기에 더욱 그렇다.

민주주의의 요구, 교육계의 지금 상황

#1. 어떤 주제는 불편하다

어느 교원 연수 강의실. '젠더(gender)의 이해' 강의를 마친 강사에게 답답한 표정의 교사가 손을 들고 질문한다.

"이런(젠더 교육) 얘기가 요즘 많이 나오는 건 알겠는데, 조금 답답해서 묻겠습니다."

손을 들고 말을 꺼낸 분은 50대 초반 정도로 보이는 여성이었다. 학교에서 곤란한 일을 겪으셨을까? 귀를 쫑긋 세웠다.

"말씀하신 것처럼 학생들에게 손을 대면 안 되는 분위기가 생겨서요, 그게 저는 많이 섭섭하고 답답합니다."

의외의 전개에 이제 다들 이 교사에게 집중했다.

"저는 중학교에 근무하는데요, 학생이 뭘 잘하면 격려도 해 주고 싶고, 어깨도 쓰다듬어 주고 엉덩이도 툭툭 칠 수 있다고 생각하거든요. '아이구야, 잘했네.' 하면서요. 정말 예쁘고 대견하니까요. 근데 요즘 분위기가 무슨 접촉 자체를 못 하게 하니 이게 참 서운합니다. (정말 억울한 표정으로) 아니, 그 정도도 못 하면 어떻게 교사를 합니까. 요즘 이런 교육이 갑자기 많이 생겨서 저는 오히려 걱정도 되고 그래요. 이런 상황이 저는 많이 답답하거든요."

이 분은 정말 아이들이 사랑스러운 거였다. 당신이 커 온 대로 생각하면 엉덩이를 툭툭 치면서 격려하는 건 아무 문제가 없는 거고. 이 선생님의 진심이 느껴져서 오히려 머리가 복잡해졌다. 질문한 교사는 강사의 대답을 원했다. 강사는 '저는 개인적으로'를 전제하며 답했다. 그러시면(엉덩이 치시면) 안 된다고 어찌 보면 당연한 대답이었다. 하지만 강사가 앞에 붙인 '개인적으로'라는 말이 머리를 갸우뚱하게 했다. 그래, 어찌 보면 답이 없는 거지. 선의를 가진 사람이 특정한 행동을 할 때 갑자기 정색하고 원칙을 들이대기는 참 어려우니까.

#2. 서로 요구가 다르다

2019년 6월, 경기도 어느 초등학교의 6학년 다모임⁶ 시간. 6학년 담임 교사와 학부모들이 만났다. 이 학교는 다모임을 한 학기 2회 정도 가지는데, 그때마다 생각 카드를 뽑고 이야기 나눔을 한다. 언뜻 들으면 뭐 그런 것도 하는 따뜻한 모임이라고 할 수도 있다. 문제는 6학년 학부모 전체를 대상으로 한다는 것. 저녁 7시에 학부모를 불러 마음을 나누는 일을 1시간씩 한다니 조금 갸우뚱해진다. 그것도 매년 같은 일을 많게는 여섯 번씩 하게 된다면? 글쎄, 뭘 나눌 수 있을지 궁금하다. 아이 키우는 일의 고단함과 보람? 그건 학부모 모임의 주목적이라고 말할 순 없을 것이다.

일은 엉뚱한 데서 터졌다. 6학년 부모 중 한 명이 생각 나누기를 시킨 선생님께 용기를 내어 따졌다.

"이걸 왜 이렇게 오래 시키시죠? 저희는 이미 많이 해서 정작 궁금한 걸 얘기해 주셨으면 하는데요."

그러게 말이다. 선생님들은 없는 시간 쪼개서 모인 학부모들에게 왜 계속 마음 나누기를 하게 했을까. 피로가 누적된 선생님들은 실수를 하고 만다.

"부모님들, 안 그래도 요즘 6학년 아이들이 교사들에게 너무 대들고 수업에 집중하지 않아요. 선생님 알기를 우습게 알고요. 가정에서 좀 교육을 잘 해 주셨으면 해요."

이쯤 되면 싸우자는 얘기다. 결국 다모임은 취지와 다르게 서로의 감정만

상하게 했고, 서로 원하는 대답은 듣지 못한 채 썰렁하게 마무리가 되었다. 학교 민주주의라는 목적은 관성이 되어 버린 다모임 앞에 쉽게 무릎을 꿇고 마는 건가.

이 학교 6학년은 학기초부터 여학생들의 화장 건으로 갈등이 내재되어 있었다. 아이들의 화장을 어느 수준까지 허용할지, 아예 못하게 해야 할지를 두고 말만 무성했다. 게다가 6학년 담임 교사들이 다모임 때 학부모와 개별 상담을 하지 않는다는 방침[7]이 나오며 소통은 더욱 요원해졌더랬다. 이제 혁신 학교로 운영한 지도 7년이 되었는데, 그 유명세만큼 또 한 번의 성장통을 겪는 걸까, 아니면 민주적인 소통이 부족했던 게 이제야 보이는 걸까. 들리는 후문에는 '좋게' 잘 얘기됐다는 말만 전해 올 뿐, 다모임의 문제가 어떻게 개선되었는지는 아직 듣지 못했다. 기다리면 답이 나올까?

사실 학생들이 교사를 무시하는 문제나 여학생 화장 문제는 어제 오늘의 얘기가 아니다. 오래된 문제라면 학교나 교육청 차원에서 분명 논의가 있었을 것이다. 문제는 그 논의라는 게 어른들 편의에 서 있기 때문에 대책이 예상대로 나온다는 거다. '내일부터 화장 금지. 적발 시 어쩌고저쩌고.' 지켜지지 않을 게 뻔한 포고령은 애잔한 권위주의밖에 안 되는 상황. 그렇다면 교사들이 선택할 수 있는 다른 해결책은 무엇일까?

#3. 학습자가 수업에 참여하지 않는다

교사 연수 강의를 마치고 난 질문 시간, 한 분이 손을 들었다.

"강사님 수업은 아이들과의 래포[8]가 잘 형성되어 있는 것 같아 부럽습니다. 그런데 부끄러운 얘기지만 저는 잘 해 보려고 해도 기본적으로 깨어 있는 애들이 반도 안 돼요. 그래서 이런 강의를 듣고 나면 용기는커녕 자괴감이 솔직히 더 크게 듭니다. 강사님도 학생들이 100% 집중하는 건 아니겠지만, 저희 학교는 강사님 사례를 적용하기에 거리감이 좀 큰 것 같아요."

학부모라면 교실에서 자거나 딴 짓을 하지 않고 온전히 수업에 참여하는 학생이 과연 몇이나 될까 궁금할 법하다. 순전히 개인의 경험에 한정된 수치이지만 일반고의 경우 수업에 참여하는 학생은 많아야 50~60%, 적으면 20~30%였다. 집중력이 떨어져서, 교사의 수업이 일방 강의식이라서, 게임 등 개인적 피로 때문에 등등 많은 이유가 있을 수 있다. 그러나 교사들이 판단하는 '수업에 참여하는 학생 수'는 일상적인 참여를 말하는 것이다. 고등학교의 경우 대학 입시에 도움이 되느냐 여부가 결정적인데, 지금처럼 소위 가성비나 교육 효과를 따지는 데 익숙한 학부모와 학생들에게 수업은 공적 행위라기보다는 선택의 문제로 인식되는 경향이 강해지고 있다.

하나씩 짚어보자. 시간이 걸리더라도!

#1의 '대견한 학생 엉덩이 쳐 주고 싶은' 교사는 사회 구성원의 인식 변화에 소극적이긴 하지만 저항하고 싶어 한다. 그런 대견해하는 마음을 자신이 익숙한 방식으로 표현하고 싶은 것이다. 사실 문제될 건 없다. 다른 사람들이 속속들이 그 사제 간의 사정을 알 필요도 없고. 그 옛날 영화인 「선생 김봉두」에서도 괴짜 선생 김봉두가 형편이 어려운 제자의 어머니가 보낸 '고구마' 촌지를 받는 장면이 나오지 않는가. 하지만 언론은 이렇게 쓸 수 있다.

"아직도 이런 교사가… 사라진 줄 알았던 교육 현장 촌지 '버젓'"

유사한 사례는 소위 김영란법으로도 나타났다. 직무 연관성이 있는 사람에게는 일체 물건이나 금품을 받을 수 없게 하는 이 제도는 교육 현장을 순식간에 건조하게 만들었다. 교사가 학생에게, 혹은 학생이 교사에게 감사의 마음을 담아서 건네는 음료수 하나에도 긴장감이 돈다.

그렇다면 엉덩이를 치는 행위는 어떨까? 해석에 따라 다를까, 아니면 원칙적으로 안 되는 행위일까? 도덕적으로나 법적으로 말하자면 원치 않는 신체 접촉은 안 된다. 그럼 이제 '그런 행위는 안 된다던데?' 하면 끝나는 걸까? 해당 상황을 속상해한 교사가 행동을 고치면 끝나는 그런 문제는 없다. '납득'이 되어야 한다. 왜 이 사회가 나의 행동을 제지하는지 설명이 필요하단 얘기다.

학생을 격려하려는 의도는 어떻게 표현하느냐에 따라 당사자든 칭찬을 하는 이든 상처를 받을 수 있다. 민주 사회는 모든 구성원을 존중해야 하고, 그러기 위해서는 서로에게 높은 감수성이 필요하다. 오찬호가 말하듯 1등에게 공개적으로 박수를 유도하는 행위[9]까지도 우리는 감수성의 눈으로 다시 봐야 한다. 교사 자신이 선호하는 방식의 칭찬이 아닌, 모든 이가 불편해하지 않을 방식의 격려여야 한다. '아휴, 칭찬 하나 갖고 뭐 이리 피곤해?'라는 반응, 충분히 나올 수 있다. 우리는 앞선 세대의 행동 방식을 답습하는 걸 당연하게 여기며 자라온 세대니까. 하지만 지금은, 적어도 이제부터는 그렇게 쉽지 않을 것이다. 내게 익숙한 행동이라도 누군가에게는 불편할 수도, 모욕적일 수도 있다. 이제 '깜둥이'나 '짱개'라는 표현이 잘못된 것임을 알 듯 우리는 하나하나 함께 깨우치는 과정에 있다.

#2는 민주주의가 만나게 되는 복병을 보여 준다. 흔히들 민주주의를 모두가 동등하게 발언하는 걸로 '편하게' 이해한다. 학교에서 교장과 교사가 모두 동등한 존재여야 한다고, 학부모도 교사만큼 교육에 대해 말할 권리가 있다고 생각한다. 여기서 나타난 문제를 보자. 표면적인 문제는 6학년

프롤로그 17

담임들과 학부모가 서로 원하는 게 다르다는 것이다. 학부모는 당장 중학생이 될 아이의 생활이 궁금한데 담임이 상담은 안 해 주고 학부모 자신의 이야기를 털어 놓으라고만 한다. 담임은 담임대로 학부모가 교육에 협조하지 않아 애들이 교사를 무시하고 말을 안 듣는다고 생각한다. 6학년이건 5학년이건 담임의 역할은 당연히 학생의 상황에 대해 학부모와 함께 의논하여 학생이 더 나은 생활을 하도록 돕는 거다. 6학년 담임이 학부모와 상담을 원치 않는다는 걸 교장이 그대로 허용해서는 곤란하다. 소통의 문제가 예견되기 때문이다.

학부모를 학교 운영에 참여하게 하려는 학교의 노력은 의도하는 그림이 있어야 한다. 민주주의는 발언 기회를 주는 정도의 액션이 아니다. 학부모를 동반자로 받아들이려면 교사들의 주도성을 분명히 하며 학교를 어떻게 운영하겠다는 걸 그려 주어야 한다. 그저 학부모들을 모이게 하고, 이야기하게 만드는 걸로 최선을 다했다고 하면 난감하다. 담임이 화장 문제로 스트레스를 받는다? 이 문제를 학부모들에게 솔직하게 말하고 조언을 구했다면 어땠을까. 적어도 상황이 악화되지는 않았을 것이다.

교사의 권위 문제도 있다. 여학생의 화장 문제를 다루는 교사와 학부모의 태도도 살펴야 한다. 교사는 수업을 하고자 하는데, 학생들이 준비가 되어 있지 않다면? 만일 그런 상황이 어쩌다 있는 일이 아니라 일상적이라면? 그 태도를 지도하려는 교사와 반항하려는 학생의 줄다리기가 계속된다면? 수업은 교사와 학생의 관계가 변수로 작용하니 중요한 문제다.

매일 같이 학원 뺑뺑이를 도는 학생들은 이미 '배운다는 것'을 피곤해하고 있을 수 있다. 이런 상황은 교사가 미워서가 아니다. 자신들이 처한 학습 노동의 스트레스를 달래 줄 몇 안 되는 선택지로서 유튜브 시청이나 화장을

택하는 것일 수 있다. 학생들은 그걸 지적하는 교사 모두를 '꼰대'로 일반화하는 것일 수도 있고, 이 경우에 교사와 학생은 모두 피해자가 된다.

#3은 사실 복잡한 문제다. 몸뚱이만 교실에 있고 이미 '배움으로부터 도주해 버린 아이들'을 교실에서 만난다는 건 교사로서 참 자괴감이 드는 상황이다. 이것은 수업 준비를 하지 않고 학생들에게 무조건 들으라는 '교사 요인'에서 비롯된 것일 수 있다. 혹은 학생들이 자신의 진로와 관련된 것만 집중하고 나머지 과목은 지레 포기해 버리기 때문이기도 하다. 아니면 아예 잠을 자러 오기 때문이거나. 이 두 요인은 복합적이다.

교사가 잠을 자는 아이들을 일어나게 하기 위해 수업에서 할 수 있는 방법을 찾아보자. 독일은 선행 학습을 금지[10]한다. 프랑스는 수업 지침에서부터 학생들 삶의 연관성과 흥미도를 감안하여 수업 소재를 정한다. 미국과 영국은 정해진 교과서가 따로 없어 교사가 학생들 상태를 고려하여 수업 때 나누어 줄 학습지를 준비한다.

그럼 우리나라는 어떤가. 서울 사는 민서부터 제주도 사는 현태까지 같은 내용의 교과서, 같은 성취기준[11]으로 배운다. 교사들의 자율성은 찾아보기 어렵다. 특히 중고등학교로 올라갈수록 더욱. 교원 임용 시험을 준비할 때는 정해진 내용을 암기해야 하고, 학교에 와서는 교과서 바깥의 문제를 내려면 학부모들의 민원을 각오해야 한다. 특히 시험 문제 출제에 관해서는 학부모들이 공정함을 원한다는 이유로 그러한데, 교원에 대한 신뢰를 회복하는 방향으로 나아가도 어려운 상황에서 오히려 반대로 가는 것 같아 참 안타깝다.

#3의 해답은 없다. 다만 이 문제는 공교육의 '설계'에 관한 부분이다. 학생 스스로 사회 현상을 비판적으로 바라보고 판단할 수 있으려면 배움이 즐겁

지는 않아도 기꺼이 할 만한 것이라는 생각이 들게 만들어야 한다. 민주시민교육이 '교육 정책의 문제'로 무게감을 가지는 이유이다. 교육 정책에 있어 완벽한 국가는 없겠으나, 우리가 살펴보고 지혜를 구할 수 있는 나라가 있을 것이다.

우리 교육은 어디로 가고 있을까

'교육의 정치적 중립'을 말할 때 마치 정치와 교육이 별개인 것으로 해석하는 경향이 있다. 분명히 말하자면 그런 해석은 틀렸다. 정치와 경제가 밀접한 관련이 있듯, 교육도 그러하다. 2018년의 대입 공론화 과정을 예로 들어 보자. 일반 국민 490명을 시민 참여단으로 뽑아 토론을 통해 '45% 이상을 정시로 선발'한다는 결론을 1위로 냈다. 그런데 가장 대척점에 있는 2안(단계적 절대 평가화)과 통계상 격차가 무의미했다.[12] 여론이나 의제 설정 면에서 불리할 것이란 예측을 깨고 수능 절대 평가 도입과 확대 의견이 숙의 결과 53.7%에 달했다. '금수저', '깜깜이' 전형이라 불리는 학생부 종합 전형에 대한 걱정 때문에 상대적으로 공정하게 여겨지는 수능을 확대하자고 하면서도, 입시 환경이 지나치게 경쟁을 강요한다는 문제의식을 가지는 사람들 또한 많다는 의미다.

교육은 국가의 장기 계획이며, 그때그때의 경제 논리에 좌우되지 않아야 한다. 앞으로의 세상을 어떻게 만들어 갈 것인지, 그에 필요한 사람은 어떤 사람이어야 하는지의 문제를 긴 안목으로 다뤄야 한다. 교육은 정치적이니, 정치적 판단을 잘 할 수 있도록 돕는 역할을 해야 한다. 그럼 어떻게 해야 할까?

우리나라 시민교육이 제대로 된 길로 가고 있는지 알기 위해서는 국제적인 비교가 많은 도움이 된다. 국제 비교 중 사람들에게 익숙한 것은 PISA인데, 이는 읽기, 수학, 과학, 협력적 문제 해결력을 평가한다. PISA는 지식 이외의 것을 측정하기에는 한계가 있다. 미래를 설계할 수 있는 학생의 능력을 평가한 도구가 없을까 찾아보니, OECD 연구자들이 주도하여 만든 국제 교육 성취도 평가 협의회(IEA)[13]가 주관한 ICCS 연구 자료가 있었다. 이 조사는 2009년과 2016년 이렇게 두 번 실시됐다.

2009년 시행된 ICCS 연구에서 우리나라 청소년의 시민 지식 점수(565점)는 38개국 중에서 3위에 해당했다. 우리나라 시민 의식 교육은 지식의 내용 분야에서는 우수해 보인다. 그런데 반전이 있다. '시민 참여 활동' 점수가 38개국 중 최하위권에 머물렀다. 세부 항목을 살펴보면, '방과 후 학교 프로그램에 대한 자발적 참여도'는 23%로, 10명 중 두 명 남짓만 하고 싶어서 공부한다는 것이다. 이는 ICCS 평균(61%)보다 38%p 낮았다. 토론에 적극 참여하는 비율도 33%로 평균(44%)보다 11%p 낮았다.[14] 물론 10년 전 조사치임을 감안해야 하지만, 우리나라 시민교육의 방향은 시민 지식 전수뿐만 아니라 학교에서 시민 참여 활동을 증대시켜야 함을 시사한다.

그렇다면 2016년 조사[15]는 어떨까? 한국 청소년의 경우 2009년에 비해 시민 의식 수준과 사회 참여가 모두 높아져 전반적으로 시민 역량이 크게 강화되었다고 해석된다. 너무 당연한 이야기 같지만 학교 민주주의가 일반화되며 형식적이었던 학생회 선거도 이제 거의 모든 학교가 제대로 하기 시작했다(투표 참여 경험 2009년 76.3%에서 87.7%로 11.4%p 증가). 학교 운영에 관한 안건의 결의에 참여한 경험은 32.9%에서 20.5%p 증가한 53.4%로, 학생회 임원 후보로 출마해 본 경험은 32.8%에서 14%p 증가한 46.8%였다. 전반적으로 학교 관계자들이 민주적 절차에 의한 학교 운영에 공을 들이고 있다고 판단된다.

그러나 2016년 조사 결과에도 역시 반전이 있다. 교사들이 시민교육에 자신이 없다는 점이다. 국제 평균 대비 한국 교사들의 자신감이 가장 낮은 항목은 '국제 이민과 이주'로서 전체 평균보다 44%p 낮았다. 이어 '국제 공동체와 국제기구(-24%p), 인권(-23%p), 환경과 지속 가능성(-19%p), 헌법과 정치 제도(-19%p), 투표와 선거(-15%p), 남녀의 기회 평등(-13%p), 시민권과 책임(-12%p), 비판적이고 독립적인 사고(-12%p), 갈등 해결(-7%p)' 순이었다. 유일하게 우리나라 교사들의 자신감이 국제 평균보다 높았던 항목은 '책임 있는 인터넷 사용(2%p)'으로 나타났다.

이 조사가 우리를 온전하게 규정할 순 없지만, 적어도 우리에게 필요한 과제가 무엇인지 힌트를 얻을 수는 있을 것이다. 우리에게 먼저 알려진 PISA의 경우도 2015년 평가부터 '협력적 문제 해결력'을 주요 영역으로 설정했다. 미래 사회에서 창의성과 더불어 살아 갈 줄 아는 시민 역량은 이미 많은 기업들과 소비자들이 몸소 체험하고 있다. 민주주의는 공동체의 누군가에게 끊임없이 변화를 주문한다. 미투 운동이 그러하며, 냉각된 한일 관계에서 빚어진 일본 제품 불매 운동이 그러하다.

캘리포니아 대학 심리학과 교수 바바라 로고프는 '개인의 인지 발달은 언제나 한 사람 이상이 특정 주제에 대해 작업하고 있는, 생각하는 사람들의 공동체 안에서 일어난다.'라고 했다. 서로 다른 배경과 관점을 가진 사람들이 모여 서로의 아이디어를 이해하고 참여하는 과정에서 새로운 아이디어가 탄생하고 성장한다. 이 지식을 바탕으로 사회는 새로운 단계로 발전해 왔다. 그 과정에서 정치 체제인 민주주의가 자리를 잡았다. 시민 의식은 단지 공공의 질서나 준법정신에 그치는 것이 아니라 인류의 진보와 발전의 근간을 이루는 핵심이다. 학교에서 민주시민교육이 국가의 미래를 그리는 작업인 이유다.

우리가 이 책으로 나누고 싶은 것은

우리는 1부 '지금, 학교는?'에서 초중고등학교의 현실을 점검할 것이다. 아마 읽으면 우울할 것이다. 초등학교부터 고등학교까지 우리 아이들이 갖고 있는 학교에 대한 불신과 불만이 어떤 행위로 나타나는지, 아이들과 가장 가까운 곳에서 교사들이 보고 느낀 그대로를 표현했다. '요즘 애들 이렇구나.' 하는 편견을 조장하고자 함은 아니다. 여기서 이야기한 것이 대표성을 띠는 건 아니니까. 다만 현재를 살아가는 교사들이 느끼는 불안감, 열패감이 어디서 비롯되는지 각자의 시선으로 썼기 때문에 나름의 특수성을 보편적 정서로 이해해 보길 바란다.

2부는 '지금, 다른 나라는?'이다. 학교에 보급된 『더불어 사는 민주시민』 교과서를 만들 때 가장 많이 참고한 것은 프랑스 시민교육 교과서였다. 교육 재정 삭감에 초등학생들이 항의 시위를 하는 나라, 현실 정치를 교과서에서 분석하고 논쟁하는 나라는 마냥 부럽기만 했다. 초강대국의 역사를 뒤로 한 채 전면적인 교육적 성찰로 시민교육을 독립 과목으로 편성한 영국도, 전범국이라는 암흑의 역사를 통렬하게 반성하며 시민교육을 세련되게 하는 나라로 자리 잡은 독일[16]도 연구의 대상이었다. 시민교육을 우리보다 먼저 실시하고 있는 그 나라들의 실제 모습은 어떤지 궁금했다. 그래서 꾸며지지 않은, 윤색되거나 덧칠하지 않은 정보를 신고자 노력했다. 프랑스에서 살며 시민교육을 공부 중인 연구자와 영국 시민교육의 아버지 크릭 교수에게 가르침을 받은 저자가 직접 경험하고 관찰한 각국 시민교육의 현재 모습을 살펴보고, 이와 함께 과거에 대한 반성과 성찰로부터 시작된 독일의 시민교육에 대해서도 알아 볼 것이다.

우리가 힘주어 강조하는 부분은 3부이다. 상상이 안 되겠지만 지금 40~50대 교사들은 처음 교사가 되었을 때 교과서대로만 가르치라고 장학사들에게 지도를 받았다. 자기가 생각한 대로 교육과정을 재해석하고 아이들의 상황에 맞게 통합적으로 가르치려는 교사는 학교장의 집중 관리 대상이었다. 그런 분위기에서도 돈과 시간을 들여 교육과정을 공부하고 교사의 역할은 무엇인가에 대해 십수 년을 꾸준히 고민한 교사들이 지금의 학교 혁신을 이끌게 된다. 그렇게 힘들게 공들여 민선 교육감 시대를 맞아 정책으로써 혁신 학교를 실현했다. 공과를 냉정하게 따져 보아야 발전할 수 있다. 열정적인 교사들의 희생은 불가피하다. 하지만 그 희생이 의미 있으려면 우리는 동시에 냉정한 판단도 해야 한다. 혁신 학교에서 한계는 무엇이었을까, 제대로 확인해 보자.

4부는 뉴스에선 절대 볼 수 없는 교사들의 분투기이다. 우리 교사들은 무엇을 위해 수업을 준비하고 교육을 하는지, 학생들과 어떤 마음으로 만나는지, 학생들이 어떤 사람이 되기를 바라는지 각종 활동을 통해 엿본다. 우리는 전지적 교사 시점에서 초등학생부터 고등학생까지 만나 그들과 수업하고 계기 교육을 하고 자치 활동을 도울 것이다. 아름다운 교육 활동은 거저 얻어지지 않는다. 다만 그것이 무엇을 목표로 하는지에 따라 의미가 달라질 것이다.

우리는 학교에 민주시민교육이 왜 필요한지를 말하려고 이 책을 집필했다. 모든 글은 학교시민교육전국네트워크 회원들이 썼다. 우리 모임은 초중고 교사, 연구자, 장학사들로 구성되어 있다. 경기도 교육청이 2014년 발간한 시민교육 교과서『더불어 사는 민주시민』을 집필한 교사들이 자발적으로 결성한 모임에서 출발했다. 17개월간의 지난한 논쟁과 검토를 통해 공교육에 필요한 시민교육을 교과서로 정리한 만큼, 학교 현장에서 이 교과서를 어떻게 적용할 수 있는지에 대해서도 시간을 쪼개 전국 곳곳을 돌아다니며 강의했다. 이후 이 교과서의 효용과 시민교육의 필요를 공감한 전국의 교사들이 추가로 합류하여 50명에 이른다. 이들은 꾸준하게 매달 모여 세미나를 하며 국내외 시민교육 동향을 연구한다. 시민들이 자율, 존중, 연대 의식으로 조화를 이루는 것이 우리가 추구하는 교육이어야 한다고 생각한다. 우리의 문제의식에 동의하는 분들이 많았으면 좋겠다. 그럼 이제 그 해법을 찾으러 함께 가 보자.

허진만

아무리 피곤해도 엘리베이터에서 매일같이 마주치는 동네 사람들과 인사한다. 그렇게 어려운 일은 아니지만 꽤 용기를 내야 하는 일이 되어 버린 시대이니까. 어쩌다 교사가 된 사람으로서 날 때부터 교사가 꿈이었던 분들과 좋은 교사가 되기 위해 공부에 매진하는 분들에 대한 미안함이 남다르다. 특성화고에서 근무하며 학생들이 '세상을 읽을 수 있으며, 주변 사람들에게 좋은 영향을 미치는 사람'으로 성장하는 수업을 계속 시도하고 있다. 아내와 두 딸에게 부끄럽지 않은 사람이 되는 게 숭요 목표다.

1부

지금, 학교는?

우리가 아는 초등학생은 그 자리에 없다 _ 김지영

다 같이 헤매고 있는 건 아닐까 _ 김현진

결국 입시가 바뀌지 않으면 _ 최성은

우리가 아는 초등학생은 그 자리에 없다
_ 초등학교의 문제적 징후

교실, 더 다른 요즘 아이들

2005년에 경기도의 한 초등학교에 발령을 받고, 1학년 첫 담임을 맡았다. 학생 수는 45명이나 되었고, 나와 아이들 모두 초등학교에 처음 입학한 새내기로 그야말로 '초짜' 그 자체였다. 내 말 한마디에 45명이 우왕좌왕하는 무질서함과 고장 난 플레이어처럼 같은 말을 수십 번 반복해야 하는 일상에 기겁하며 초등 교사로서의 삶은 그렇게 시작되었다.

1학년에서 강조되는 한글 해독을 위해 매주 받아쓰기 10문제씩 시험을 보았다. 아이들이 집에 가고 나면 45명의 공책을 걷어 채점하느라 하루가 다 가는 듯했다. 다음 날이면 늘 그랬듯 받아쓰기 공책을 아이들에게 나누어 주고, 알림장에 이렇게 적어 주었다.

'받아쓰기 틀린 문제 10번씩 공책에 다시 써 오기'

다음 날 한글을 잘 모르는 민식이가 숙제 검사를 받으러 나오며 말했다.

"선생님, 틀린 거 쓰느라 손이 너무 아파서 어젯밤에 울었어요."

민식이 공책을 보니 딱 30점. 그땐 미처 몰랐다. 맞은 개수보다 틀린 개수가 더 많았던 민식이에게 얼마나 힘든 숙제였는지.

그 당시 나에게는 교대에서 배웠던 교육학 지식이나 이론보다는 오히려 많은 아이들을 효율적으로 다룰 수 있는 동학년 선배 교사의 조언이 더 유용했던 것 같다. 아이들의 사물함 문짝에 개인별로 스티커 판을 붙여 주고 칭찬 스티커를 남발하며, 잘못하면 뒤로 나가서 손을 들게 하거나 반성문을 쓰게 하는 벌을 주기도 했다. 지금 생각해 보면 말도 안 되지만 그때는 체벌도 허용되었던 시절이기에 뭐든 가능했었다. 은근히 아이들을 향한 지시와 통제를 일삼으며 나는 아이들의 질서 정연함이 마치 나의 탁월한 학급 운영 능력의 결과물인 듯 착각을 했던 것 같다. 참으로 부끄러운 고백이다.

시간이 흐르고 2010년 경기도 학생 인권 조례가 제정되면서 교실 현장의 모습에도 많은 변화가 있었다. 학생 차별이나 체벌이 금지되고 학생의 인권에 대한 목소리도 나오기 시작했다. 하지만 인권에 대한 인식이 부족한 탓에 "이거 인권 침해 아니에요?" 하며 사소한 일에도 교사를 향해 발끈하는 아이들을 상대해야만 했다. 교육계에도 일종의 유행이 있듯이 다양한 수업 기법에 관심을 갖고 배우기도 했지만 방법적인 접근만으로는 교육에 대한 근본적인 고민은 해결되지 않았다.

잠시 육아 휴직을 하고, 2014년 복직한 내가 처음으로 맡은 업무는 민주시민교육이었다. 휴직하기 전에는 없던 업무라 생소하기만 했다. 그렇게 뜻하지 않게 새로운 업무를 맡아 한 번도 시도해 보지 않았던 인권이나 성차별 등을 주제로 수업을 하게 되었다. 이때만 해도 민주시민교육의 주제들을 단위 수업에 적용해 보고 아이들의 변화에 만족해하는 정도였다. 이듬해 민주시민교육부가 신설되었고, 어쩌다 보니 내 뜻과는 상관없이, 당시 학교 현장에서 생소하고 낯설기만 한 '민주시민교육부장'이라는 타이틀을 얻게 되었다.[1]

'민주시민교육부장'으로 '우리 아이들을 민주시민으로 키우기 위해 무엇을 해야 할까?'가 가장 큰 고민이었다. 우선 학생 참여 기회를 많이 만들어 주고자 자치 회의는 물론 각종 캠페인, 교사와의 간담회 등 다양한 행사를 기획하고 실천하며 나름 최선을 다해 학생 자치회 활성화를 위해 에너지를 쏟았다. 하지만 시간이 지날수록 학생 자치회의 소수 임원들만 참여하는 일회적인 행사로 그치는 듯한 아쉬움이 늘 남았다. 동시에 학교 폭력 책임 교사로 일하며 아이들의 여러 문제 행동들과 정면으로 부딪쳐야 했다. 예전에 많았던 신체적 폭력 대신 언어폭력이나 사이버 폭력, 불법 촬영, 성 관련 사건들이 줄줄이 터져 나왔다.[2] 툭 하면 학교 폭력 신고 센터에 직접 전화를 걸어 신고하는 아이들까지. 사건 신고를 받은 경찰은 학교로 다시 전화를 걸어 사실을 확인하는 일이 이어졌다. 학생 자치회를 활성화하고 각종 예방 교육도 열심히 실천한 결과가 고작 이 정도인가? 점점 실망스럽고 난감해졌다. 나는 아이들이 어떻게 자라나길 바라는 교사이며, 무엇을 어떻게 가르쳐야 하는 것일까? 생각하면 할수록 모든 게 다시 원점으로 돌아가는 듯했다.

교사가 된 지 십여 년이 지난 지금의 초등 교실은 예전과 많이 달라져 있다. 아이들은 이미 공부는 학원에서 다 하고, 학교는 그저 친구랑 노는 곳이라 생각한다. 지금 내가 근무하는 초등학교의 학급당 학생 수는 20~30여 명 정도다. 2005년과 비교해 보면 학생 수가 1/3이나 줄었으니 교사의 부담도 그만큼 줄었을 것 같지만 현실은 꼭 그렇지만은 않다. 초등학생의 손에 들린 스마트폰이 말해 주듯 빠르게 달라진 사회 환경이나 문화로 인해 아이들의 생활에 오히려 더 민감하게 신경 써야 할 부분이 많아졌기 때문이다.

그렇다고 '요즘 애들이 다 그렇지.' 하고 체념할 수만은 없다. 지금의 초등학생들은 무엇을 고민하며 어떻게 살아가고 있을까? 그동안 내가 아이들과 함께 생활하며 교실에서 마주했던 일상의 장면들을 바라보며 요즘 아이들에 대해 함께 고민해 보았으면 한다.

문제적 징후 1 : '답정너'에 갇힌 아이들

"선생님, 저 다했는데 이제 뭐 해요?", "이렇게 하는 거 맞아요?"

교실에서 아이들이 자주 하는 말이다. 작은 행동 하나하나까지 해도 되는지 안 되는지 여부를 자꾸만 묻고 확인을 받으려는 일이 참 많다. 저학년 아이들뿐만이 아니다. 고학년이 되어서도 아이들은 교사의 허락을 끊임없이 구한다. 스스로 충분히 결정할 수 있는 일인데도 아이들은 왜 자꾸 묻는 걸까?

물론 맞벌이의 증가와 불안한 사회 환경으로 어른들로부터 '안 돼. 위험해. 조심해.'라는 말을 수없이 들으며 자란 탓도 있을 것이다. 하지만 어른의 보호는 아이의 안전을 넘어, 학업을 비롯해 아이의 일상생활 전반으로까지 과하다 싶을 만큼 이어지고 있다.

5학년 때 담임을 맡았던 두 아이가 떠오른다. 혜정이랑 은주는 절친한 사이였다. 그런데 얼마 전부터 혜정이는 은주보다 학원을 같이 다니게 된 친구들과 더 친해지기 시작했다. 은주는 자기와 멀어진 혜정이에게 섭섭함이 쌓여 갔고, 급기야 말다툼이 오고 갔다. 이 사실을 알게 된 혜정이 부모님으로부터 그날 저녁 전화가 걸려 왔다. 평소 은주가 혜정이에게 집착해 왔고, 그로 인해 혜정이가 정신적으로 상당히 힘들어했다는 것이다. 그래서 그동안 어머니는 아이들 사이에 다툼이 있을 때마다 은주의 행동을 자신의 수첩에 기록해 왔다고 했다. 내일까지 그 내용들을 정리하여 증거 자료로 제출할 것이며, 학교 폭력 사안으로 신고하고 싶다는 말이었다. 다음 날 혜정이와 상담을 마친 후 마지막으로 내가 물었다.

"혜정이는 은주랑 어떻게 했으면 좋겠니?"

"엄마가 화가 많이 나셨어요. 앞으로 은주랑 같이 놀지도 말라고 하셨어요. 다시는 은주가 저를 괴롭히지 못하도록 이번에 그냥 넘어가지 않으신댔어요. 은주도 따끔하게 혼나 봐야 자기 잘못을 알고 고칠 수 있대요."

"혜정이가 많이 힘들겠구나. 선생님이 엄마의 생각은 잘 알았는데, 혜정이의 생각은 어떤지 궁금하구나."

"저요? 음…… 저는 사실 괜찮아요. 은주가 오늘 아침에 사과해서 우리끼리는 다 풀었어요. 그런데 저희 엄마가 앞으로 은주랑은 절대 놀지 말라고 하시니까. 뭐, 아무래도 그렇게 해야겠죠."

상담 내내 혜정이는 자기 생각 대신 엄마의 이야기를 전했다. 알고 보니 혜정이 어머니는 은주가 혜정이와 앞으로 같은 반에 배정되는 것을 원치 않아서 이번 일을 빌미 삼아 학교 폭력 사안으로 신고한 거였다. 놀라우면서도 착잡할 따름이었다. 혜정이는 화해 여부와 상관없이 엄마의 결정대로 앞으로 은주와는 친구로 지내지 않을 것이다. 아니 '지낼 수 없을 것이다.'라는 표현이 더 맞을지도 모른다. 이렇게 아이들 사이의 문제는 결국 부모들의 갈등으로 번지게 되고, 그 사이에서 아이들은 자연스럽게 부모의 눈치를 보며 나약하고 소극적으로 성장할 수밖에 없다.

아이들은 관계를 통해서도 성장한다. 남과 어울리는 과정에서 자신의 욕구를 제한하고 적절히 조절하는 방법을 체득하며 사회성을 키워 나가야 한다.

하지만 현실 속 아이들은 혜정이처럼 자신의 친구 문제조차 스스로 해결하기 어렵다. "넌 어떻게 하고 싶은데?" 하고 아이의 의견을 묻고는 있지만 솔직히 어른들은 이미 '답정너[3]'인 경우가 많다. 이유는 매번 똑같다. '어려서 잘 몰라서 그래. 너도 크면 알게 될 거야. 그러니까 시키는 대로 해.' 어찌됐든 고분고분 말을 잘 들으면 착한 아이로, 자기주장을 굽히지 않으면 고집쟁이나 되바라진 아이로 여기는 불편한 시선들은 어쩌면 어른들이 아이들을 바라보는 이중적인 잣대인지도 모른다. 나 역시 예외는 아닐 테지만 말이다.

가정을 떠나 학교에 오더라도 상황은 크게 다르지 않다. 예를 들면, 아이의 커리어를 채우기 위한 부모의 요구에 따라 자신의 의지와는 상관없이 교내외 각종 대회에 참가하거나 학급이나 전교 임원 선거에 출마하는 아이들이 그렇다. 부모 욕심에 아이에게 억지로 나가 보라고 등을 떠밀거나, 당선만 되면 최신 스마트폰이나 원하는 장난감을 사 주겠다는 부모와의 달콤한 약속은 아이들 입장에서 물리치기 쉽지 않다. 급기야 친구들이 추천해 주지 않으면 자기 추천을 해서라도 어떻게든 당선되고 볼 일이다. 본인 스스로 신중히 선택하고 결정하지 않았으니 그에 따른 책임감도 떨어진다. 이런 아이들에게 어떤 리더십이나 봉사 정신을 기대할 수 있을까?

미성숙한 존재로 아이를 바라보다 보니 많은 부분에서 아이 대신 부모가 판단하고 결정한 대로 따라오길 원하고, 아이들은 그저 부모가 이끄는 대로 생활하는 데 익숙하다. 그래서 아이들은 자신이 진정 무엇을 원하는지 생각해 본 적도 드물고, 자신의 일이지만 정작 본인은 무엇을 해야 할지 잘 모를 때도 많다. 스스로 선택하고 결정해 보는 경험의 기회가 부족하고, 비록 자신의 선택으로 예상과는 다른 결과가 나오더라도 시행착오를 겪으며 그에 따른 책임을 배울 수 있는 시간조차 아이들에게는 허락되기가 어려운 상태다. '타이거맘'이나 '헬리콥터 부모'⁴와 같은 신조어가 등장하는 것도 어찌 보면 당연하다.

어려서부터 독립된 한 인격체로 존중받는 경험은 자기 삶의 주인으로 바로 설 수 있는 어른이 되는 밑거름이다. 아이들에게도 자신을 둘러싼 문제에 대해 스스로 충분히 생각해 보고 해결해 나갈 수 있는 시간을 주고 기다려 주어야 하는 이유다.

문제적 징후 2: 진짜 공부는 모르는 아이들

입시나 결과 위주의 교육 풍토는 초등학교에서부터 지나친 경쟁의식을 심어 주고 있다. 아이들은 자신을 남과 비교·평가하는 것에 익숙하고, 무슨 활동이든지 과정보다는 결과를 중시하며 승패에 과하게 집착하는 경향을 보인다. 수업 시간에 A4 크기의 활동지만 나누어 주려고 해도 아이들은 평가인지 아닌지 꼭 확인하려고 한다. 평가라고 해야 그나마 좀 하려고 하고, 평가가 아니면 그럭저럭 대충 시간을 때우는 아이들이 생각보다 꽤 많다.

5학년 의준이는 모든 교과 성적이 우수한 모범생이다. 매일 같이 여러 개의 교과 학원을 다니느라 전날 늦은 밤까지 미처 다하지 못한 학원 숙제를 늘 학교에 가져온다. 밀린 문제지를 푸느라 쉬는 시간이나 점심시간에도 놀 형편이 안 되어 짜증을 내는 일이 많다. 그런 의준이를 볼 때마다 공부 대신 좀 더 친구들하고 어울리면 학교생활이 더 행복하지 않을까 하는 안쓰러운 마음이 들었다. 어느 날은 다니는 학원이 많아서 힘들지 않으냐고 물었더니, 의준이는 "숙제가 많아서 학원 다 끊고 실컷 놀고 싶긴 한데요. 막상 혼자 놀자니 왠지 저만 낙오자가 될 것 같아요. 그럴 바에는 그냥 학원에 가는 게 차

올해 6학년 우리 반 아이들은 2학년 동생들과 한 달에 한 번 '형님과 아우가 함께하는 놀이' 시간을 보냈다. 이 사진은 동대문 놀이 중에 문지기가 되고 싶어 하는 키가 작은 동생을 위해 번쩍 안아 기회를 만들어 주는 형의 모습이다. 굳이 가르쳐 주지 않아도 아이들은 공동체 속에서 함께 어울리는 경험을 통해 서로 도와주며 세상을 살아가는 힘을 키워 나갈 수 있다.

라리 마음 편해요."라고 내심 자신의 불안한 속마음을 드러내 보였다.

통계청이 발표한 2019년 초중고 사교육비 조사[5] 결과에 따르면 초중고 사교육비 총액은 약 21조 원이다. 학교급별로 나누어 볼 때, 초등학교가 차지하는 부분은 9조 6천억 원으로 가장 많다.[6] 대부분의 아이들은 초등학교 입학과 동시에 국영수 중심의 교과 선행 학습은 물론 예체능 학원, 각종 학습지 등을 접하게 된다. 내 아이만 뒤처지는 것 같은 부모의 불안함은 초등학교에서부터 사교육에 점점 더 몰입하게 만들고, 중고등학생 못지않게 초등학생의 24시간도 점점 모자라다.

소민이는 친구 관계도 좋고, 학급의 행사에 적극적으로 참여하는 아이다. 그런데 유독 학습 면에서 부모님의 기대만큼 결과를 보여 주지 못해 갈등을 겪으며 늘 마음고생을 하고 있다.

"부모님께서 제가 공부 잘해서 엄마, 아빠보다 더 잘살았으면 좋겠대요. 그런데 공부를 잘한다는 게 말처럼 쉽지가 않아요. 저도 잘하고 싶은데 그게 잘 안돼요. 그런 저한테 실망하게 되고, 저도 모르게 자꾸 스트레스가 쌓여요. 그러다 보면 다 하기 싫어져요."

일부러 공부를 못하고 싶은 아이는 없다. 그러나 능력 중심의 교육 환경에서는 주로 공부 잘하는 의준이 같은 아이들만 인정을 받는다. 특히 소민이와 같이 배움의 속도가 느린 아이들은 교실에서 실패와 좌절을 반복적으로 경험하며 점차 의욕을 상실해 간다. 이렇게 아이들의 자존감은 점점 낮아지고 건전한 자아상을 형성하기가 생각보다 어려워진다. 초등학생은 다양한 방식으로 자신을 표현하고 싶어 하는 욕구가 강하다. 그런데 이런 발달 특성을 고려하지 않은 과도한 선행 학습이나 인지 중심 교육을 하다 보면, 아이들은 교실에서 무기력하거나 감정 표현이나 분노 조절에 어려움을 느끼고 과잉 행동을 보이게 된다.

"놀이터에 가도 어차피 친구들도 없어요. 평일엔 학원 스케줄 때문에 만날 수가 없거든요. 그리고 주말엔 엄마가 학원 숙제나 공부하라고 하니까 친구랑 놀 시간이 없어요."

이렇게 과중한 학습 부담은 아이들의 놀 시간마저 빼앗는다는 또 다른 문제를 안고 있다. 학습 노동에 시달리느라 스스로 자신의 삶을 돌아볼 시간도 없고, 자신의 의지대로 자유롭게 시간을 보내거나 놀기도 어려운 게 현실이다.

아이들에게 놀이의 의미는 즐거움 그 이상이다. 아이들은 친구들과 어울리며 일정한 규칙을 익히고, 갈등 상황에서 나름의 해결 방법을 찾아가는 과정을 경험한다. 놀이를 통해 서로의 의견을 조율해 가는 과정과 서로 소통하고 협력하는 자세를 자연스럽게 배워 가는 것이다. 친구들과의 활동 속에서 몸으로 겪어 보며 협력과 공감을 배워 나가도록 지원하는 게 요즘 아이들에게 필요한 진짜 공부다.

문제적 징후 3: 스마트폰 없이는 못 노는 아이들

현장 체험 학습을 떠나기 며칠 전이다. 아이들은 체험 학습 자체보다 스마트폰에 대한 질문 공세를 퍼부었다. 당일에 가져와도 되는지, 버스에서 사용해도 되는지, 게임은 해도 되는지, 안 된다면 음악만이라도 들을 수 있는 건지……. 아무래도 해마다 선생님들의 허용 기준이 달랐던 탓에 자꾸 물어보는 것 같다. 뭐가 맞는지 사실은 나도 잘 모르겠다. 예전 아이들은 스마트폰이 없어도 잘만 놀았는데 요즘 아이들은 스마트폰이 없으면 왜 이렇게 힘들어할까?

6학년 윤지는 손에서 스마트폰을 놓지 않는 아이다. 소셜 미디어를 통해 다른 초등학교 친구는 물론 중학교 선배들과도 친구를 맺고 소통한다. 밤늦도록 스마트폰을 하느라 잠이 부족해 늘 피곤하고 모든 활동에 무기력한 모습이다. 심지어 부모가 잠들면 새벽에 일어나 게임을 하기도 한다. 이미 부모와의 갈등은 깊어진 지 오래다. 급기야 부모님 주민 등록 번호를 입력하고 인증을 받아 스마트폰으로 소액 결제를 하는 과감한 행동까지 하게 되었다. 윤지는 학교에 와서 부모님께 스마트폰을 압수당했다며 아침부터 투덜거린다.

"정말 괴로워요. 저는 스마트폰이 없으면 뭔가 반쪽이 없어진 것처럼 허전한 느낌이 들거든요. TV도 재미없고, 뭘 해야 할지 진짜 막막해요. 아무것도 할 게 없어서 그냥 하루 종일 혼자 멍 때리고 있어요."

현장 체험 학습으로 미술관을 방문한 날, 잠시 주어진 휴식 시간 우리 아이들의 모습이다. 스마트폰만 들여다 보는 아이들의 모습이 이제는 더 이상 낯설지 않다. 그런데도 친구들과 눈 맞추고 도란도란 대화하며 환하게 웃는 아이들의 모습이 어쩐지 그리워진다.

    요즘 초등학생들은 태어날 때부터 디지털 기기에 노출된다. 2005년 이후 유튜브 출범과 함께 태어난 세대이자, 아날로그를 경험해 보지 못한 '디지털 원주민'이라 불리는 'Z세대'들이다. 그래서인지 마트나 식당, 어느 장소에 가든지 스마트폰에 푹 빠져 영상을 보거나 게임에 집중하는 아이들을 쉽게 만날 수 있다.

    아이들은 모이면 어딜 가나 와이파이부터 찾아 연결한다. 각자 스마트폰으로 게임을 하거나 유튜브 영상을 함께 보는 게 친구들과의 놀이가 되었다. 그러나 문제는 스마트폰 사용 시간을 조절할 수 있는 능력이 약한 '어린 아이'라는 점이다. 그래서 학교에서는 스마트폰 중독 예방 교육에 열을 올리고, 가정에서는 자녀의 스마트폰 원격 관리 앱까지 설치해 가며 과거로 돌아간 듯한 '통제'로 조절하고 있는 형편이다.

2019년 교육부에서 진행한 초중등 진로 교육 현황 조사를 보면, 초등학생의 미래 희망 직업 순위의 3위를 '크리에이터'가 차지했다.[7] 요즘 아이들은 미디어를 통해 단순한 정보를 수용하는 차원이 아닌 유튜브 크리에이터와 같이 적극적인 생산자로서의 역할까지 톡톡히 해내고 있다. 스마트폰은 이미 아이들의 일상이 되었고 다양한 기능과 편리함은 아이들의 삶에도 많은 변화를 가져왔다.

하굣길에 4학년 남자아이들 3명이 무리를 지어 여자아이 2명의 뒤를 쫓으며 동영상을 촬영하는 일이 있었다. 한 남자아이는 각종 욕설을 섞어 가며 생중계를 하고, 나머지 2명은 여자아이들의 외모를 비하하는 말까지 농담 삼아 웃으며 주고받았다. 중간에 여자아이들이 촬영 중단을 원하는 그 모습마저도 장난으로 즐기는 남자아이들의 행동까지 모두 그대로 영상에 담겨 있었다.

아이들은 스마트폰을 가지고 친구에게 장난친 거라고 너무나 쉽게 말한다. 아이들의 문제 행동은 사실상 많은 부분에서 어른들의 범죄와 비슷한 행태를 보이는 경우가 많고, 그저 단순한 장난으로만 볼 수 없는 매우 심각한 수준에 이르렀다. 초등학교 교실에서도 지금까지 한 번도 접하지 못한 새로운 사건들이 넘쳐 난다. 어찌 보면 요즘 아이들은 예전에 비해 디지털 삶의 방식까지 새로 더 배워야 할 것이 많아진 셈이다.

2019년 인터넷·스마트폰 이용 습관 진단 조사[8]에 따르면 초중고교생 10명 중 1명은 인터넷 또는 스마트폰에 중독된 것으로 나왔다. 이 중에서도 초등학교 4학년은 최근 3년간 과의존 위험군 수가 많이 증가하여 문제가 되고 있다. 이 시기의 아이들은 강한 시각적 자극에 호기심을 갖게 되고, 다른 어떤 것보다 스마트폰을 가지고 노는 것에 재미를 느낀다.

교실 수업에서도 마찬가지다. 선생님과 눈을 맞추며 천천히 생각하는 수업 대신 텔레비전을 통해 나오는 영상이나 시각 자료가 풍부한 수업에 아이들은 열광한다. 점점 즉흥적이고 강한 시각적 자극에만 호기심을 가지고 반응하는 것이다. 토론 수업을 하고 나면 갑자기 생각을 너무 많이 해서 수업 시간이 힘들었다고 말할 정도다. 어쩌면 나도 점점 아이들이 반응하는 쪽으로 수업을 준비하게 되고, 수업 안에 의미와 가치를 담아내기보다 아이들이 재미있어하는 활동 위주의 수업을 더 고민했던 것은 아닌지 되돌아보게 한다.

아이들이 점점 스마트폰에 몰입할수록 다른 사람과 직접 대면하며 소통하는 시간과 기회가 상대적으로 부족해지고 있다. 아이들은 점점 '우리'라는 공동체의 유대감을 느끼기 어렵고, 가상 공간에 스스로 고립되어 '나' 중심의 사고에 더 익숙해져만 간다. 또 다른 사람의 감정을 읽어 내기가 쉽지 않아 공감 능력은 낮아지고 결국 관계 맺기의 어려움을 겪게 된다. 아이들은 혼자서는 문제없이 잘 놀아도 친구들과 의견을 조율하고 협력해야 하는 교실에서의 모둠 활동은 쉽지 않다.

문제적 징후 4: 차별과 혐오에 둔감한 아이들

정훈이(남자아이)는 같은 반 지현이(여자아이)에게 마음에 든다며 자신과 사귀자고 고백하는 문자를 보냈다. 지현이는 평소 친절한 정훈이가 마음에 들어 흔쾌히 좋다고 했고, 정훈이에게 물었다.

"그래, 사귀자. 그런데 너는 내가 왜 좋은데?"

"음…… 가슴이 커서. 가슴 사진 찍어서 보내 줘."

이후 지현이는 정훈이의 말을 무시했시만 안타깝게도 며칠 뒤 반 친구들에게 소문이 퍼지고 말았다. 반 아이들은 정훈이를 변태 취급했고, 지현이는 정훈이에게 가슴 사진을 진짜 보내 줬다는 헛소문에 휩싸여 학교에 나오지 못하는 상황까지 이어졌다. 담임 선생님은 다른 반까지 소문이 나지 않도록 아이들의 입단속을 하느라 쩔쩔맸다. 잘잘못을 떠나 두 아이 모두에게 깊은 상처가 되었음은 충분히 짐작되는 일이다. 성과 관련된 사안들도 더 이상 어른들만의 이야기가 아니며, 초등학교 교실만은 안전지대라고 그 누구도 확신할 수 없는 상황에 처해 있다.

초등학교에서는 아이들이 체력을 키우고 협력을 익힐 수 있도록 여러 가지 활동을 한다. 그중에는 반별 긴 줄넘기 대회가 있다. 긴 줄을 잘 넘기 위해서는 연습이 필수다. 운동장에 모인 아이들이 긴 줄넘기를 시작하였다. 운동신경이 뛰어난 아이들은 자연스럽게 앞쪽으로 모여들고 뒤로 갈수록 줄을 잘 넘지 못하는 아이들이 자리를 차지하는 모양새였다. 그중 소극적이고 운동을 잘 못하는 정호는 이 시간이 늘 불편하기만 했다. 안하면 안 되냐고 매번 떼를 쓰는 통에 교사인 나도 진이 빠졌다. 호각 소리와 함께 시작한 지 얼마 안 되어 결국 정호는 줄에 발이 걸렸고 경기 시간은 그렇게 흐르고 있었다. 아이들은 '그것도 못 넘냐! 남자가 찌질하게. 쟤 때문에 망했어. 차라리 빠져.' 등의 비난의 말을 정호에게 대놓고 쏟아 냈다. 협력을 경험하게 하려는 시도가 오히려 독이 되었다. 아이들은 외모나 성적, 능력 등 상대가 가진 약점을 파고들어 비하하는 발언을 일종의 유행처럼 쉽게 받아들이고 죄책감이나 미안함 없이 일상적으로 사용한다.

이렇게 초등학교 교실에도 이미 차별과 혐오가 만연해 있다. 하지만 정작 생각지도 않은 상황과 갑자기 맞닥뜨리게 되면 나도 당혹스러울 때가 많다. 사실 교사가 되기까지 교과서에 나오는 당위적인 가르침만 받았을 뿐, 나 역시 이런 상황에 대한 제대로 된 교육은 한 번도 받아 본 적이 없기 때문이다. 못 본 척 하자니 아이들이 지켜보고 있고, 개입하자니 자칫 잘못하면 학부모의 민원에 시달릴 수도 있는, 어쩌면 교사 개인에게 약간의 용기가 필요한 상황들이 생기는 것이다.

그러나 정작 아이들은 자신이 하는 말과 행동이 지닌 문제점을 잘 인식하지 못한다. 『말이 칼이 될 때』의 저자 홍성수 교수는 일상에서 공기처럼 떠돌고 있는 혐오 표현에 대해 "뿌리 깊은 편견과 차별이 감정 차원을 넘어 현실 세계로 드러난 문제"라고 표현했다. 아이들은 혐오 표현을 단순히 친구들끼리의 장난처럼 여기고 재미나 유행으로 쉽게 생각하지만, 사실은 각종 미디어를 통해 우리 사회에 존재하는 편견이나 차별의 시선이 아이들에게 그대로 노출된 결과라 볼 수 있다.

이러한 차별과 혐오 표현을 접하는 경로는 대부분 유튜브 영상이나 게임을 통해서다. 아이들이 즐겨 보는 유튜브 영상에서, 일부 유튜버들은 차별과 혐오의 내용을 담은 언어들을 무분별하게 사용한다. 특히 장애인, 외국인, 난민 등 사회적 약자를 향한 공격적인 표현들이 끊임없이 재생산되고 있다. 아이들은 이러한 혐오 문화에 무방비 상태로 노출되어 있고, 차별과 혐오 표현은 아이들의 삶 속으로 자연스럽게 스며들고 있다.

차별과 혐오가 담긴 미디어 콘텐츠를 접하며 아이들이 무의식적으로 익힌 표현들은, 그저 싫다는 자신의 감정 표현을 넘어 특정 집단에 대한 왜곡된 이미지를 형성하게 한다. 아이들은 단순히 유행하는 말을 따라했을 뿐이지만 다른 사람을 모욕하거나 부정적인 감정이 드러나는 말과 행동도 폭력인 것이다. 교실에서 욕설이나 차별과 혐오의 표현들이 묵인되고, 일상적으로 주고받는 경험이 반복적으로 이루어지면 학급의 문화로 자리 잡을 가능성이 크다. 이러한 표현도 여러 번 듣다 보면 어느새 익숙해지고 덜 민감해지기 때문에 사실은 더 위험하다.

문제적 징후 5: 관계 속에서 늘 불안한 아이들

6학년 혜진이는 리더십 있고 친구들에게 인기가 많은 친구다. 요즘 핫한 인싸템도 많고, 유튜브로 인싸춤을 익히고 인싸놀이를 제안하며 친구들 앞에서 당당히 자신의 존재감을 드러낸다. 한편 내성적인 성격에 말이 없고 자신의 감정을 잘 드러내지 못하는 민정이는 교실에서 주로 혼자 시간을 보내며 그림자처럼 생활한다. 아이들은 혜진이를 보고 '인싸'라고 부르지만, 민정이에게는 조심스럽게 '아싸'라고 말한다.

하지만 정작 아이들의 속마음은 친구들의 관심을 많이 받는 '인싸'가 되길 원한다기보다는 자신이 '아싸'의 무리에 끼게 될까 봐 더 걱정하고 불안해한다. 부모의 품을 떠나 처음으로 관계를 맺는 대상이 바로 친구이다. 초등학생에게 또래의 영향력은 어른이 생각하는 그 이상의 의미를 담고 있다. 아이들은 점점 친구들이 자신을 평가하는 것에 매우 중요한 의미를 부여하게 되고, 자신도 모르게 타인의 시선에 과하게 집중하는 경향을 보이게 되는 것이다.

자신들을 스스로 인싸(인사이더)와 아싸(아웃사이더)로 구분 짓는 요즘 아이들. 단순하게 요즘 아이들 간의 재미로 볼 문제만은 아니다. '인싸'와 '아싸'처럼 이분법적으로 세상을 바라보는 프레임은 '나'라는 정체성을 잃어버리고, 편 가르기에 집중하게 되며 고정 관념과 편견을 형성하기 때문이다. 결국 교실에는 인싸인 혜진이부터 아싸인 민정이까지 나름의 위계가 형성되고 권력 구도가 만들어지기 마련이다. 더 심각한 문제는 그 이후 만들어지는 학급의 문화다.

"저랑 잘 맞고 솔직히 인기 있는 친구들이랑 친해지고 싶어요. 그러다 보니 의도한 건 아닌데, 자연스럽게 혼자 남게 되는 친구가 생기는 것 같아요. 그 아이 입장에서 보면 자기가 '아싸'라고 생각하겠죠. 끼워 주고 싶기도 하지만 괜히 나서다가 제가 오히려 따돌림을 당할까 봐 그냥 모른 척해요."

소위 '쎈' 혜진이가 민정이를 대하는 태도에 따라 아이들은 눈치를 보며 행동한다. 자신이 혜진이와 다르게 생각하더라도 아이 입장에서 반기를 들기란 그리 쉽지 않다. 혹시나 자신마저 소외당할지도 모른다는 두려움에 아이들은 침묵과 외면을 선택하고 관계 속에서 늘 불안해하며 지내고 있다.

학부모 상담을 하다 보면 자녀의 성적보다 학교에서 친구들과의 관계가 어떤지 더 궁금해하고 걱정하는 경우가 많다. 그중 한 부모님과의 상담 내용이 기억에 남는다. 자녀를 키우면서 늘 친구들에게 먼저 베풀고 배려하라고 가르쳤던 평범한 부모였지만 학년이 올라갈수록 친구들로부터 자주 상처를 받는 아이의 모습을 보며 그동안 잘못 가르친 게 아닌지 후회스럽다고 했다.

"아이들이 어릴 때는 남을 먼저 배려하라고 가르쳤어요. 그런데 교실에 이기적인 아이들이 많다 보니, 친구를 배려하는 제 아이만 자꾸 손해 보는 것 같네요. 다른 아이들한테 무시당하는 것도 같고······. 그래서 이제는 남의 일에 신경 쓰지 말고 본인이나 잘 챙기라고 하게 돼요."

관계 맺기의 어려움으로 갈등을 원만하게 해결하지 못하는 아이의 문제를 풀려면 학교와 교사뿐 아니라 이를 지켜보는 부모의 역할과 협력이 절실하게 요구된다.

위기에서 마주한 민주시민교육

평소 장난이 심한 남자아이가 선생님께 야단을 맞았다. 아이는 자기를 혼낸 선생님이 너무 미워서 친구들과 함께 선생님을 화나게 만들 작전을 세웠다. 불 꺼진 교실과 모두 엎드린 아이들의 모습에 선생님은 당황스러웠다. 나중에 안 일이지만 선생님이 화를 내며 하는 말실수를 녹취하여 신고하려고 한 남자아이가 가방 속 휴대폰의 녹음 기능을 켜 두었단다. 인근 초등학교 6학년 교실에서 일어난 일이었다.

이런 일들이 비단 교사의 개인적인 문제에서 비롯된 것이라고 단정 지을 수는 없다. 그렇다고 한 아이의 빗나간 인성으로만 볼 수도 없다. 사회가 변하는 것보다 초등학교 아이들은 더 많이, 더 빨리 변한다. 가르쳐야 할 지식은 넘쳐 나고 아이들은 학교에서만 지식을 배우지도 않는다. 지식과 정보에 휩쓸리고 경쟁과 서열화에 익숙한 아이들의 삶은 문제적 징후로 가득하다. 그래서 학교와 교사 그리고 어른들은 요즘 아이들의 문제를 잘 모르거나 그들의 힘듦을 애써 외면하고 있는 것은 아닌지 의심해 봐야 할 것이다.

요즘 아이들 역시 다른 사람과 만나 생각을 나누거나, 스스로 존중받기 위해 남을 존중하는 관계를 어떻게 맺어야 하는지 모른다. 사람들의 생각이 다 달라서 서로의 의견을 주고받는 기술이 필요하고 무시나 차별, 혐오에 맞서 서로 손을 내밀고 단단해져야 함을 아직 모른다. 지나친 경쟁 구도 속에서 아이들은 스스로 감성이 피폐해져 가고 있음을 모른다. 모르는 것이 아니라 굳이 몰라도 되는 사회에 살고 있기 때문은 아닐까. 더불어 사는 것을 힘주어 가르치고 몸으로 익히는 교육과정을 경험하지 않았기 때문이 아닐까.

그렇다고 희망 없이 교사와 학생들은 매일매일 서로의 진을 빼고 방학만을 기다리며 살 수밖에 없는 걸까? 그건 아닐 것이다. 우리 앞에서 숨 쉬고

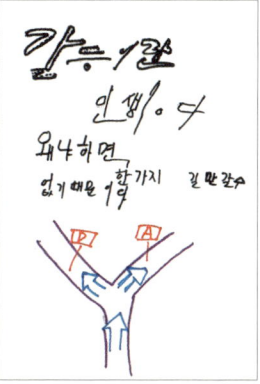

아이들과 각자 생각하는 '갈등'에 대해 표현해 보았는데, 대체로 왼쪽 그림처럼 갈등은 있으면 안 되는 부정적인 이미지로 그려 냈다. '갈등 없이 살 수 있단 말이야? 직접 부딪히며 시행착오를 겪고 나야 해결하는 방법도 알게 되는 건데…….' 그런 생각을 하다 한 아이의 문구가 눈에 띄었다. '갈등이란 인생이다. 왜냐하면 한 가지 길만 갈 수 없기 때문이다.' 오늘도 우리 아이들에게 뜻하지 않게 인생을 한 수 배운 것 같다.

생활하는 아이들은 계속 변화하고 성장하는 존재이기 때문이다.

한 번은 동학년 선생님끼리 각 반의 티셔츠 색깔을 나누어 정하게 되었다. 나는 아이들에게 "우리 반티 색깔은 남색으로 정했어요."라고 결정된 내용을 전달했다. 그러자 아이들은 나의 결정이 비민주적이라며 이의를 제기했고, 학급 회의를 열어서 반티 색깔을 다시 결정하면 좋겠다고 제안했다.

그러나 한 시간 동안 진행한 학급 회의의 결과는 어쨌거나 처음의 남색으로 같은 색깔이었다. 나는 "처음과 똑같네요."라고 약간의 섭섭함을 드러냈다. 그러자 한 아이가 이렇게 말했다. "아까 말씀하신 남색은 선생님이 혼자 정하신 거고, 지금의 남색은 우리가 정한 색깔이잖아요. 그러니까 완전 다르죠."라고 말이다. 순간 가슴이 뭉클했다. 아이들이 자신의 일에 관심을 가지고 선택하는 과정을 중요하게 여기고 있고, 어른이 보기에 사소한 일이더라도 아이들끼리 의견을 조율하며 스스로 참여를 이끌어 내는 과정을 원하고 있었기 때문이다.

이런 아이들의 모습을 보며 생각해 본다. 꽉 짜인 교육과정 속에서도 짬을 내어 지금 우리는 어떤 삶을 살아야 하고, 또 어떻게 성장해야 하는가를 묻고 답을 찾아야 할 것이다. 그 질문에 대한 해답 중 하나가 바로 민주시민교육이라 할 수 있다.

시민으로서 살아가는 방식을 배우는 민주시민교육은 아무나 할 수 없는 거창하고 특별한 교육이 아니다. 가정을 넘어 학교에서 하는 모든 수업과 아이들의 삶에서 마주하는 모든 순간이 바로 민주시민교육의 장이다. 그래서 나는 오늘도 평범한 초등학교 교실의 소소한 일상에 발을 붙이고 미래의 시민이 아닌 오늘의 시민으로 살아가는 요즘 아이들과 만나고자 한다.

김지영

경기도에서 초등 교사로 아이들과 만나고 있다. 어쩌다 학생 자치, 학교 폭력, 민주시민교육 등의 업무를 맡으며 지극히 평범한 교사로서의 삶에 조금씩 변화가 찾아왔다. 나를 통해 세상을 보는 우리 아이들 앞에서 부끄럽지 않도록, 아이들이 남과 더불어 세상을 살아갈 수 있도록, 항상 곁에서 든든히 기다려 주는 어른이자 교사이고 싶다.

다 같이 헤매고 있는 건 아닐까

_ 중학교 교실의 어긋난 톱니바퀴들

중학교, 큰 변화 속에서 스스로의 길을 찾고 있는가?

초등학교를 졸업하고 중학교에 입학한 학생들은 학교급이 달라지면서 최고 학년에서 다시 낮은 학년으로 자신들의 위치가 달라지는 것을 경험한다. 또한 매시간 교실에 들어오는 각기 다른 선생님들을 만나야 하는 것처럼 학교 시스템의 차이를 느끼게 된다. 학습과 관련해서 '성적'이라는 부담이 본격적으로 다가오는 시기이기도 하다. 물론 자유 학기제가 전국적으로 시행되면서 지필 평가를 치르지 않아 성적에 따른 등수가 매겨지지 않기도 하지만 '내신'이라는 상대 평가 개념이 본격적, 제도적으로 시행되기도 한다. 한 개인에게 있어 중학교는 삶의 변화를 겪으면서 변화하는 환경에 적응하기 위해 몸부림치는 시기이며, 우리 생애에 있어서 중요한 격동기가 되는 기점이 된다.

학생들이 경험하는 변화와는 다른 지점에서, 교사 역시 변화를 경험하게 된다. 수업하는 교사 입장에서 경험하는 변화란, 예전의 중학생들과는 사뭇 달라진 오늘날의 중학생을 만나면서 시작된다. 점점 강의식 수업을 견디지 못하는 학생들이 더 많아지고 있다는 것을 체감한다. 학생들은 영상을 활용하거나 모둠 활동으로 이루어지는 방식에만 반응하고, 강의식으로 개념이나 중요 내용을 수업하는 것에는 금방 지치거나 쉽게 엎드리고 만다. 초등학교에서의 수업은 활동 중심이라 학생들의 몸은 움직임에 익숙해져 있다. 자기 몸에 대한 조절이 자리 잡지 못한 학생들을 바라보며 중학교 선생님들은 활동식 수업과 강의식 수업을 어떻게 하면 잘 적용할 수 있을지 고민하고 있다.

교육과정이 개정되면서 학생 평가에서 시험 점수보다 성취해야 하는 '역량[1]' 개념이 강조되고 있다. 이는 교육 활동의 평가가 과목별로 몇 점을 획득하는지를 넘어서 성취기준에서 제시하는 역량을 학생들이 달성했는지가 중요하다는 의미일 것이다. 현재를 살고 있는 학생들이 진출할 미래 사회에서는 그러한 역량이 필요하다는 의미이기도 하다. 하지만 여전히 학생들은 방과 후에 빡빡한 학원 스케줄에 따라 움직이고 있으며, 자기의 삶을 개척하기보다 부모님이 원하거나 사회적으로 강요받고 있는 것인지 모를 경로를 따라 생활하고 있다.

교육을 통해 우리는 자율적인 인간으로 성장해 간다. 주체적으로 자신의 진로를 개척하고 학습에 있어서도 교사가 떠먹여 주는 것이 아니라 학습자 스스로 정보의 지도를 만들어 나가는 것이 중요하다고 강조한다. 이러한 자율성과 주체성은 민주주의 사회를 구성하는 적극적인 시민으로 자라나기 위해서도 필수적인 부분이라고 할 수 있다. 하지만 현재 우리나라 교육 환경이 이를 가능하게 해 주고 있는지 생각해 볼 필요가 있다.

자율성과 주체성을 상실해 가는 아이들

선생님들이 방과 후에 학생들과 상담하고 학급 단합 대회와 같은 공동체 행사를 하려고 할 때마다 발목을 잡는 것이 있다. 바로 학원이다. 학원의 의미는 이제 학교 교육의 부족한 부분을 보충하는 것이 아니라 학생들에게 필수 코스로 자리 잡고 있다. 어쩌면 제2의 학교가 되어 버렸을지도 모른다.

사교육 시장은 이제 정부에서도 무시하지 못할 정도로 커졌다. 정부에서 어떤 교육 정책을 실시하던지 간에 사교육 시장을 무시하고 정책 결정을 할 수 없을 정도가 되어 버렸다. 통계청이 발표한 2019년 초중고 사교육비 조사 결과를 보면, 중학생의 사교육 참여율은 2018년 69.6%에서 2019년 71.4%로 증가하였으며, 사교육에 참여하는 중학생 1인당 월평균 사교육비는 47만 4천 원으로 전년 대비 5.8%p의 증가폭을 보였다. 반면, 사교육 경감을 위해 공교육 기관에서 대안으로 마련한 방과 후 학교 참여율은 학교급별 중에서 중학교가 27.4%로 가장 낮았다. 이마저도 전년도(32.1%)보다 감소한 수치였다.

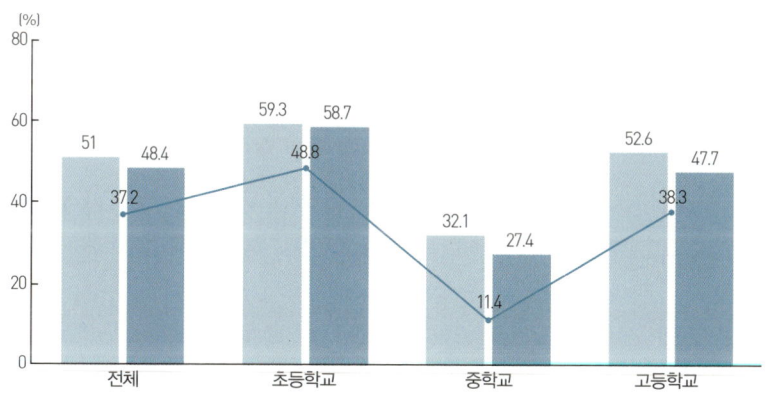

이 조사 결과를 통해 사교육 현황을 말하고자 하는 것은 아니다. 이 결과는 사교육 또는 방과 후 학교 참여에 있어서 학생들의 자율성이 존중받고 있는지를 볼 수 있는 중요한 지표이다. 현재 학부모 세대가 학생이었던 때에는 학교에서 실시하는 방과 후 학교 프로그램은 대부분 강제적으로 이루어졌다. 하지만 지금은 학생들의 자율적인 선택을 전제로 하여 이루어진다. 그렇지만 많은 학생들은 부모의 선택에 따르고 있는 것이 현실이다. 학원으로 일컬어지는 사교육 참여와 관련해서도 다수의 학생들이 학원이 없어졌으면 좋겠다는 푸념을 늘어놓는다. 이런 말을 들을 때마다 교사의 한 사람으로서 어른들에 대한 답답함이 밀려올 때가 많다.

　학생의 자율성과 주체성은 사교육이나 방과 후 학교 참여에 있어서만 제한되는 것은 아니다. 상급 학교로의 진학에 있어서도 학생 개인의 선택권은 여지없이 무시되는 경우가 있다. 어느 날, 담임을 맡고 있던 학급의 한 학생이 책상에 엎드려 울고 있었다. 전날 저녁, 학생과 어머니가 진학 상담을 다녀간 뒤였다. 비평준화 지역인지라 내신 점수가 중요했었다. 학생의 어머니는 어떻게든 근처 지역의 유명한 자율형 공립고 또는 특수 목적 고등학교에 보내고 싶어 했다. 하지만 학생은 자기 위치를 인지하고 일반고에 진학하려는 마음을 품고 있었다. 그 학생은 상담이 끝나고 집에 가서 부모님께 많이 혼나서 속상했다고 울면서 이야기했다. 그 학생의 오빠는 서울에서 유명한 자립형 사립고에 다니고 있었다. 상담 내내 학생 성적이 학부모님이 보내고 싶은 학교 기준에는 부족하다는 점을 이야기하면서도 마음 한편이 불편할 수밖에 없었다.

　학교가 끝난 후 일반적인 중학생들의 일과는 밤 10시까지 이어진다. 학원 운영 시간이 10시로 제한되면서 일부 지역에서는 불빛이 새어 나가지 않도록 커튼을 치거나 블라인드로 차단한 채 운영되기도 한다는 기사를 보거나 학생들로부터 이야기를 들은 적이 있다. 학생들이 진정으로 자신의 진로를 주체적으로 결정하고, 교육에서 꿈꾸는 자기 주도적 학습이 이루어지게 하는 것은 더 이상 학교의 변화만으로는 불가능해졌다. 우리가 이 아이들의 미래를 위해서 정작 무엇을 고민하고 논의해야 하는 것인지 불안해지고 있다.

중학교에서 학생들은 무언가를 못 하게 하는 규제가 많아져서 힘들다고 이야기한다. 초등학교 때는 자신의 의사에 따라 부모님과 협의한 후 머리 염색도 자유롭게 했었고, 수업 시간에도 좀 더 활발하게 참여할 수 있어서 좋았다는 말들을 하곤 한다. 학교가 끝난 뒤 자유롭게 자기 시간을 활용할 수 없고 친구들과 즐겁게 놀 수 없는 환경 속에서 학교는 이런 아이들의 욕구를 분출하는 공간이 되는 것이다.

이런 학생들을 볼 때면, 우리 사회가 학생들을 규제하는 데만 신경 쓰고, 그들이 진정으로 할 수 있는 것이 무엇인지에 대해서는 무심하지 않았나 하는 생각을 하게 된다. 어떤 이들은 이런 이야기를 들으면 아직 어린 중학생이 무슨 생각을 하겠냐며, 어른이 책임져야 할 사항이니까 어른이 결정하면 된다고 말하기도 한다. 학부모와 사회의 관리와 규제 속에서 학생들은 자신들이 할 수 있는 것은 무엇이고, 하고 싶은 것은 또 무엇인지 알 수 없게 되어 가는 것은 아닐까?

교실, 욕망의 축소판

중학교 교실은 하루하루 전쟁터가 아닌 날이 없다고 말한다. 중학교 3학년은 덜하지만 1, 2학년까지는 교실 안에서 '사건'들이 발생한다. 그 속을 들여다보면 인간의 욕망이 충돌하고 있는 관계 속에서 다툼이 발생하는 것이다. 어른들은 합법적인 방법으로 자신들의 욕구를 해소하고 분출할 수 있다. 그러나 중학생들은 그렇지 못하다. 기껏 시험 끝나고 친구들과 맛있는 음식을 먹으러 가거나 영화를 보고 노래방에 가서 신나게 소리를 질러 대며 규율 속에서 해방감을 맛보는 일이 고작일 것이다. 많아야 일 년에 네 번 밖에 허용되지 않는 일이기도 하다.

  고등학교 3학년 담임을 하다 중학교에 발령을 받았었다. 갑작스러운 일이라 두려움이 앞서기도 했다. 하지만 이 두려움은 실패의 연속으로 나타났다. 고등학교 교실과 달리 중학교 교실과 복도는 난장판이었다. 항상 내 입에서 나오는 말의 끝은 '~하지마!'였다. 소리를 크게 지르며 노래를 부르거나 복도나 교실 바닥에서 구르며 장난을 치는 등의 모습은 도저히 받아들이기 어려웠다. 중학교 담임이 된 지 한 달 정도 지난 날이었다. 4교시 수업 시간, 담임을 맡고 있는 학급이 마침 수업이었다. 전국에 있는 중학교 담임 선생님들은 모두 공감할 수 있을 것이다. 담임 학급이 수업 진도가 제일 느리다는 것을 말이다. 마찬가지로 우리 학급 수업 진도는 아랑곳하지 않고 크게 화내고 있을 때였다. 갑자기 수업이 끝남을 알리는 종소리가 들리고 학생들은 화난 담임을 신경 쓰지 않고 급식실로 미친 듯이 뛰어가는 것이었다. 그 순간이 나에게 큰 영감을 가져다주었다. 내가 한 달 동안 대체 무엇을 하고 있던 것인가에 대해 크게 반성할 기회가 되었다. 이후, 2월에 가졌던 중학생들에 대한 두려움은 '이해'로 바뀌게 되었고 정말 즐거운 중학교 교사 생활을 할 수 있었다. 그 학생들의 욕망을 이해하고 시작할 수 있었다. 인간의 욕망을 보지 못한 채 함께 어울려 살기는 힘든 것이었다.

  많은 학부모들을 만나고 이야기를 나누면서 느낀 것이 있었다. 학생들이 자기 욕망을 그대로 드러낼 수밖에 없는 곳이 학교였던 것이다. 그렇지 않은 경우도 있겠지만, 가정과 사회는 중학생들이 자기 욕구를 억제하고 일률적으로 정해 놓은 기준에 따라 움직이도록 만들고 있다는 생각을 하게 되었다. 지금 학생들은 욕망을 조절하는 것에 익숙하지 못하다. 또한 무언가를 결정하는 데에 있어서도 회피하려는 경향을 보일 때가 많다. 자기가 선호하는 것이 무엇인지 알고 선택을 통해 행동하고 책임지는 연습을 해야 하지만 우리 사회가 그럴 기회를 주지 못한다는 느낌을 많이 받았다. 그에 따른 부작용은 교실 안에서 남학생은 스마트폰 게임으로, 여학생은 화장이라는 행위로 분출되고 있는 것은 아닐까 싶다. 물론, 모든 학생이 그러지는 않지만 대표성을 가진 행위를 말하는 것이다. 현재도 많은 교사들은 이러한 욕구 분출을 '잘못된' 또는 '바르지 않은'이라는 잣대를 가지고 통제 중심의 지도를 하고 있다. 학생 인권은 이 지점에서부터 생각해 봐야 할 것이다.

인권은 교문 앞에서 멈춘다, 아직도

중학교에 입학하면서 여학생들은 본격적으로 화장에 관심을 갖기 시작한다. 매일같이 교무실은 화장한 여학생들을 지도하는 모습으로 넘쳐 난다. '학생 인권'이 강조되고 어느 정도 보편적으로 수용되었다고 생각하는 지금도, 학교 현장은 '인권'의 전쟁터로 남아 있다. 인권을 침해할 수 있다며 교사가 직접 화장을 지우는 것이 아니라 학생 손으로 지우게 만들고 있다. 그러나 그 학생들은 교무실을 나서며 다시 화장품을 꺼내 들고는 화장실이나 교실로 돌아가 큰 거울을 보며 화장을 하고 있다. '화장'이라는 개인적 취향이 쫓고 쫓기는 '톰과 제리'와 같이 교육력 낭비로 작동하고 있다. 학생 인권이 한국 사회에서 의미를 갖고 출현할 수밖에 없는 배경이 존재한다. 진보 교육감들이 당선되면서 환경적 여건이 마련되고, 자기와 관련된 문제에 대해 의견을 낼 수 없었던 학생들이 학교에서 용기 내어 발언하기 시작한 것이다.

학교생활 규정을 가지고 학교에서 대토론회를 준비하면서 학생, 교사, 학부모 등 다양한 입장을 가진 패널을 모시기 위해 전전긍긍했던 적이 있었다. '화장을 금지한다.'라고 못 박아 놓은 학교 규정에 대해서 화장하는 학생들은 물론이고 화장을 안 하는 학생들의 의견도 들을 필요가 있었다. 또한 화장을 강하게 규제하는 선생님들과 학부모들의 생각도 공유하는 것이 필요하다는 생각이 들었다. 학생과 학부모 패널은 섭외를 했지만 평소에 학생 지도를 강하게 하거나 그렇게 해야 한다고 의견을 피력하셨던 선생님들은 자리에 나서길 거부했다. 반쪽짜리 생각만 공유하는 대토론회가 될 수밖에 없었다. 학생들은 대부분 '학생다움'을 강조하는 교사나 학부모에 대한 반감을 직간접적으로 드러내거나 학생 전체적인 차원의 규제가 아닌 개별적인 접근을 요청하는 식의 의견을 표명했다. 교사 패널은 일단 화장에 대한 긍정적인 입장을 내세운 뒤 전제 조건으로 수업 시간만큼은 행위를 자제할 것을 요청했다. 학부모 또한 유사한 입장을 제시했다. 객석에 발언 기회를 부여했을 때 한 학생이 학생다움을 강조하기도 했다. 학생은 수업 때 학생답게 공부를 열심히 해야 하는데 화장을 한다는 것은 자기 의무를 저버린다는 취지의 발언이었다. 이 학생에 대한 다른 학생들의 뜨거운 눈총은 이야기하지 않아도 상상이 될 것이다.

인권은 민주주의를 학습하는 데 매우 중요하다. 민주주의는 인간의 존엄성 보장이라는 궁극적 목표를 위해 자유와 평등이라는 두 기둥으로 받쳐진다. 인권의 핵심 가치 또한 인간으로서 동등한 권리를 보장받는 데 있다. '화장', '두발 자유'와 같은 학생 사회에서의 뜨거운 이슈는 자유와 권리를 인식하는 데 중요한 학습 경험이 된다. 70~80년대처럼 무조건적으로 교사는 지시와 통제를 주로 하고, 학생은 순응하는 구도는 현재 한국 학교에서는 찾아보기 힘들다. 시민이 자기 권리를 인식하고 권력 행사 기관에 권리 보장을 주장하는 것은 효능감을 경험한다는 차원에서도 굉장히 의미가 있다. 중요한 것은 그러한 과정들 속에서 자신의 인권이 침해받지 않고 존중받고 있다는 느낌을 가지게 해 주어야 한다는 것이다. 그러나 아직도 학교 사회에서 학생들은 시민이 아니라 미성숙한 존재로 계몽의 대상이 되고 있는 현실이다.

    2000년대 초반에 『인권은 교문 앞에서 멈춘다』[2]라는 책이 발간되었다. 학교에서 침해당하고 있는 학생들의 인권 문제를 다룬 책이었다. 이후 인권 담론이 학교에서 본격적으로 논의된 것은 10년이 채 되지 않았다. 2000년대 초반, 당시 인기 있었던 TV 토론 프로그램에서 '청소년 두발 자유화'에 대해서 다루었던 적이 있다. 20년 가까운 시간이 지난 2018년, 서울특별시 교육청에서는 핵심 정책으로 '학교 두발 자유화'라는 의제를 설정하였다. 이후 앞에서 말한 프로그램에서 동일한 주제로 토론을 진행하였다. 물론 첫 토론을 하던 당시의 학교 상황과 20여 년이 지난 학교 현장에서의 학생 인권 보장 모습은 많이 달라졌다. 하지만 교육청 차원에서 '두발 자유화'를 정책으로 내세울 정도로, 자율적인 변화의 모습을 기대했지만 실제 학교 현장에서는 그렇지 못했다는 의미이기도 하다. '인권 친화적인 학교 만들기'와 같은 캠페인 문구가 비정상으로 비춰지고, 우리 사회에 당연함으로 받아들여질 때까지 얼마 동안의 시간이 필요할지 생각해 봐야 한다.

민주성의 경험, 학급 회의

많은 학교에서 학급 자치의 일환으로 진행되는 학급 회의에서 학생들이 결정할 수 있는 사안은 그리 많지 않다. 대부분의 결정 사안은 학생들이 배제된 채 교사와 학부모들에 의해 정해지고 학생들은 대부분 이를 따른다. 학생들이 결정할 수 있는 몇 안 되는 사안 중 하나는 체육 대회를 대비해 '반티'를 선정하는 것이다. '하나'가 되는 것을 경험하는 데 통일된 복장은 학급 구성원들의 단합을 키우는 힘을 가지고 있다. 그래서 대부분의 선생님들은 학생들이 자율적으로 '반티'를 결정하게 한다. 회의 내내 학생들은 담임 교사의 노트북으로 티셔츠 판매 홈페이지를 보며, 서로의 의견을 물어보고 하나를 결정하려고 시도한다. 하지만 그 끝은 주로 다수결로 결정된다. 그렇게 많은 교사와 학생들은 민주주의를 경험했다고 자부하며 단순히 그 수준에 만족하면서 회의는 끝이 난다.

학교에서 학생들이 학급이나 학교생활과 관련하여 자신의 이야기를 할 수 있는 기회는 점점 줄어들고 있다. 형식적으로나마 자율 활동에서 '자치' 시간이 존재하기는 하지만 이를 실질적인 회의 시간으로 운영하는 학교는 그리 많지 않다. 민주시민교육에서 기본 바탕이 되는 것은 민주성을 체득하는 것인데, 학교는 학생들에게 그 기회를 제공해 주지 못하고 있다. 학급 회의 시간을 주더라도 교사가 감시자처럼 회의 시간 내내 학생들의 행동을 통제하거나 학생의 발언에 개입하는 식으로 진행될 때에는 민주성을 경험하기가 힘들다. 물론 다른 학생의 발언을 방해하거나 회의 자체에 반감을 드러내는 학생들이 있을 수 있다. 이런 경우에는 교사가 개입해 설득의 과정을 거치는 등의 일을 해 줄 수 있을 테지만 개입의 순간과 정도를 정하는 것은 매우 어려운 일이다.

민주성을 습득할 때 학급 회의는 두 가지 측면에서 중요하다. 회의 방법에 대한 절차적 민주성과 과정의 민주성이다. 최근 중학생들은 고정적으로 자치 시간을 보장받지 못하기에 절차적 민주성을 박탈당하고 있는 상태이다. 개인이 아닌 공동체에서 무언가를 결정하거나 논의하는 것이 회의이다. 수업이 아니더라도 학교생활에서 토론이나 토의의 중요성을 경험하는 민주시민교육의 시간인 것이다. 회의 방식을 익히고 실행하도록 하는 것은 학교뿐만 아니라 사회에서도 발현되어야 할 부분이기도 하다. 절차적 민주성은 그런 수준에서 중요한 의미를 갖는다. 또한 실질적으로 회의 과정에서 우리는 타인의 의견을 경청하고 존중하는 법도 학습하게 된다. 무언가를 결정해야 하는 안건이 있다면 자신과 타인의 의견을 비교해 양보와 타협이라는 민주적 원칙도 학습할 수 있다. 이러한 교육적 차원의 중요성을 학교 현장에서는 지금 간과하고 있는 것이다.

학급 회의를 통해 민주성을 습득하려면, 의사 결정 과정에서는 모두가 동등한 위치에서 논의가 진행되어야 한다. 교사와 학생이 수직적인 권력관계에 놓인 상태에서는 하층에 놓인 학생들이 의견을 제시하지 않고 수동적인 습성만을 지니게 될 뿐이다. 물론 교사는 학생의 지도권을 가지고 있다. 이 지도권이라는 것이 권력의 남용이 아닌 적법한 권한의 사용이라는 측면을 학생들에게 이해시키는 것도 필요하다. 교사라는 위치에서 할 수 있는, 학생들이 충분히 납득할 만한 수준의 지도라고 모두가 동의할 수 있다면 교사의 발언이나 개입이 부당한 권력이라고 인식하지는 않을 것이기 때문이다. 결국 우리는 학생들이 학급 회의라는 중요한 교육과정을 통해 민주성과 공공성을 체득하는 것이 교육 목표라는 것을 잊지 않아야 한다.

학급 자치에서 학생 자치로

중학교에서는 고등학교와 같이 핵심적인 현안이 존재하지 않는다. 교육부나 교육청 차원에서 정책을 실시할 때에도 '입시'라는 방패막이로 모든 것을 방어하는 고등학교와 달리 중학교는 다양한 정책 실험장이 되고 있다. 학생과 학부모, 사회와 여러 정책들 사이에서 학교는 갈피를 못 잡은 채 여러 중심들이 뒤섞여 굴러만 가고 있다. 2009년 경기도에서 전국 최초로 '혁신 학교' 운동이 시작되었다. 그동안 우리 교육이 10%의 학생들만을 위해 작동했다는 시스템에 대한 반성과 함께 10%가 아닌 나머지 학생들도 다양한 교육 혜택을 누리고 더불어 나아가야 한다는 목적에서 시작한 것이었다. 현재 전국적으로 진보 교육감이 당선된 교육청마다 자체적으로 혁신 학교 명칭을 만들어 확산시키는 일에 박차를 가하고 있다.

당시 학교를 변화시킨다는 철학에서 중요한 위치를 차지하는 것이 '민주적인 학교 문화를 통한 교육 공동체'를 만들어야 한다는 것이었다. 혁신 교육에 큰 관심을 갖지 않던 교사들도 수업에 대한 효능감을 경험하기 위해 관련 연수에 적극적으로 참여하기 시작했으며, 교육청 차원에서도 양적 팽창을 위해 많은 예산과 인력을 투입하였다. 업무 중심으로 돌아가던 학교 시스템 또한 수업 중심으로 전환하기 위해 업무 전담팀 구성, 불필요한 업무 줄이기, '공문 없는 날' 등 다양한 정책적 노력도 시도되었다.

그렇다면 10여 년의 시간이 흐른 지금 그렇게 강조했던 '민주적인 공동체'의 모습은 어떨까? 교육 효과를 단기간에 측정한다는 것이 적절하지는 않겠지만 제대로 된 평가가 이루어졌는지는 의문이다. 민주적인 학교는 구성원 전체의 의견만 수렴하면 되는, '절차적 민주성'이라는 형식만 남기지는 않았는지 성찰하는 것이 중요한 지금이다.

'협력'의 가치는 국가 교육과정에서도 중요시되고 있다. 2015 개정 교육과정에서 의사소통 역량이나 공동체 역량 등이 핵심 역량으로 제시되고 있으며, 시민으로 자라나기 위한 토론 능력 또한 중요한 교수·학습 방법으로 제안되고 있다. 교실 수업에서도 많은 교사들이 강의식 수업을 줄이고 학생들이 최대한 수업에 참여할 수 있는 방법을 고민하고 있다.

이와 함께 학교의 민주성 향상을 위해 '학생 자치 활동'이 강조되고 교직원, 학부모의 적극적인 참여가 요구되는 방향으로 학교를 둘러싼 체계가 변화하고 있다. 사회적인 여론 환기와 관(교육부, 시도 교육청) 차원의 적극적인 정책 홍보 등으로 학생 자치 활동은 학교 교육 활동의 중요한 한 부분으로 자리 잡았다. 학생 스스로 학교의 주인이 될 수 있는 기회를 충분히 제공하는 시스템을 갖추어 나가기 위한 노력들이 더해지면서, 학생 자치 활동이 학생들을 사회의 주체로 인정받을 수 있는 자리를 마련했다고도 할 수 있다. 하지만 이런 정책적 노력들이 제대로 효과를 보고 있는지에 대한 평가를 우리는 하고 있는가?

교사도 실현하고 있지 못한 '자치'가 학교 공간에서 실질적으로 구현될 수 있을지에 대해서 의문이 든다. 교사를 감시하고 자율성을 보장해 주지 않으면서 학생 자치가 중요하다고 말하는 것은 어불성설이다. 학생 자치 활동의 모범 사례로 제시되는 학교에서도 모범적인 혁신 학교와 마찬가지로 일부 담당 교사의 희생으로 학생 자치 활동이 꾸려지는 경우가 많았다. 학교가 교육 공간이라면 학생 자치 또한 교육의 차원에서 바라보아야 할 것이다. 교사들이 자치 경험이 없다고 해도 교육적인 측면에서 생각한다면 학생 자치 활동에 대한 일반 교사들의 인식도 변화할 수 있다고 생각한다.

가끔씩 학생 자치 활동을 긍정적으로 생각하고 이야기하는 일부 교사들의 발언에서 큰 불편함을 느낄 때가 있다. 민주주의 시스템에서 핵심이라고 할 수 있는 '자치' 개념에 초점이 맞춰져 있지 않은 경우가 많아서였다. 학생 자치 활동을 교사들이 해야 할 일을 덜어 가는 식으로 바라보거나 귀찮은 일을 대신하는 심부름꾼 정도로 생각한다는 느낌이 들곤 했다. 학생 자치가 강조되고 교육청 차원에서도 힘을 쏟고 있지만 학교에서 가장 작은 단위인 학급 차원에서도 학급 자치회는 담임 교사의 통제 아래 수동적으로 움직이게 되어 버리곤 했다.

민주주의를 경험하고 공동체의 성원으로 자라나기 위해서는 실패도 교육적 기회로 제공하는 것이 필요하다. 학생들의 대표를 뽑는 선거는 여전히 한 시간짜리 이벤트로 학사 일정에 자리 잡고 있으며 "고등학생이라면 몰라도 중학생이 무슨 자치야."라는 말을 서슴없이 뱉고 당연함으로 인식하는 학교 문화는 많은 지역의 중학교에서 지배적이다. 이를 극복하기 위한 움직임은 존재하지만 미미할 뿐이다. 교사의 임무는 교육을 하는 것이다. 학생들이 모두 교사 수준의 시민 의식을 지닐 수는 없다. 다양한 자치 경험과 교육이 언젠가는 교사를 뛰어넘는 민주시민을 길러 낼 수 있을 것이다.

중학교 교사에게 필요한 기회

중학교는 톱니바퀴들이 따로따로 움직여 '민주시민의 자질 함양'이라는 교육 목표로 나아가지 못하고 있다. 시민성 함양이라는 교육 목표를 중심으로 교사들의 인식 전환이 이루어졌으면 한다. 민주주의를 '글'로만 익혔던 교사 세대들에게 자존감을 가질 수 있는 기회가 함께 주어졌으면 좋겠다. '민주'와 관련된 수업 주제를 다루거나 활동을 할 때 교사들이 가장 주저하는 이유 중

하나가 여전히 '교장' 때문이라고도 한다. 하지만 수업에서만큼은 교사의 자율성이 최대한 보장되고 있기에 교사 스스로 '교장 변수'를 상수로 인식하고 교육 활동에 임하는 자세도 필요해 보인다.

민주시민교육에 있어서 토론 수업이 모든 것을 해결해 준다는 식의 '토론 만능론' 또한 우리가 주의해야 한다. 토론 수업이 중요한 것이 아니라 토론 수업의 과정에서 학생 스스로 얼마나 존중받고 있는지가 학생의 성장에 큰 영향을 미칠 것이다. 그동안 학교에서 교사와 학생은 민주시민이 될 수 없었다. 학생은 교사에게, 교사는 동료 또는 관리자에게서 존중받지 못한다는 느낌을 가지고 있었기 때문이다. 학부모에게도 큰 변화를 겪는 중학생들을 이해시키고 이들이 단순히 미성숙한 존재가 아니라 우리와 함께 협력하고 살아가야 할 동반자임을 느끼게 할 기회를 제공해 준다면 학생 자치, 교사 자치, 학부모 자치 등 민주적인 학교 환경으로 쉽게 나아갈 수 있을 것이다. 학생의 존재가 성인과 다르지 않은, 한 인간으로서의 존엄성을 인정받으면서 말이다.

김현진

경기도 중학교에서 사회 교사로 살아가고 있다. 사회 과목만이 아닌 '시민'에 관심을 갖고 우리 주위에 배제된 이들을 교육과정에 어떻게 녹여 낼지 고민하며 하루하루 노력하고 있다. 주류의 관점뿐만 아니라 비주류의 관점도 수용할 수 있는 개방적이고 자율적인 학생의 모습을 그리는 중이다.

결국 입시가 바뀌지 않으면
_ 뭘 해도 발목 잡히는 블랙홀, 입시

　1990년 겨울, 나는 꽤 긴 시간을 달려 대전에 도착하였다. 낯선 언덕길을 오르며 바라본 학교의 모습은 내가 지금껏 보아 온 여느 학교의 외관과 크게 다르지 않았지만, 운동장을 따라 늘어선 커다란 플라타너스 나무와 학교에서 내려오는 몇몇 학생들의 맑은 웃음소리는 지금까지도 선명하게 기억에 남아 있다. 그보다 가장 강렬한 이미지로 남아 있는 순간은 학교의 교훈을 처음 본 때였다. 교장실로 들어가 자리에 앉자마자 보게 된 '정의와 진리와 사랑을 위하여 몸 바칠 여성'이라는 교훈. 면접에서 무슨 이야기를 나누었는지는 하나도 기억나지 않지만, 교훈의 엄청난 무게감에도 불구하고, 이 학교에서 꼭 근무하고 싶다는 간절한 바람을 가졌었다. 이런 교훈을 가진 학교라면 거기가 어디든 기꺼이 아이들을 가르칠 수 있을 것 같았다.

　그 후, 이 학교에서 30년을 근무했다. 학교에서는 학생의 자치 활동에 대해서도, 교사의 교육 활동에 대해서도 최대한 자율성을 보장해 주었다. 전교조가 합법화되기 전까지 서명 한 번에 징계를 각오해야만 했던 시기에도 나는 겁먹지 않을 수 있었고, 사회 교사로서 해 보고 싶었던 여러 활동을 마음 놓고 시도해 볼 수 있었다. 그러나 이렇게 좋은 학교 환경 속에서 나름 행복하게 사회 교사로서 생활해 왔다고 자부하면서도, 30년 동안 바뀌지 않은 경쟁 교육 체제에서 여전히 전쟁 중인 아이들을 생각하면 가슴이 답답하다. 사회가 바뀌었고, 교육에 관한 가치도 교육 환경도 빠르게 변화하였다. 특히 2016년 촛불 혁명을 겪으며 민주주의에 대한 가치와 요구는 더욱 분명해졌고, 교육 현장에서도 그러한 사회적 요구를 반영하려는 노력이 계속되고 있다. 그런데 정작 아이들과 만나는 학교에서는 변화가 더디게만 느껴진다.

우리나라 교육 기본법 제2조에서는 '교육은 홍익인간(弘益人間)의 이념 아래 모든 국민으로 하여금 인격을 도야(陶冶)하고 자주적 생활 능력과 민주시민으로서 필요한 자질을 갖추게 함으로써 인간다운 삶을 영위하게 하고 민주 국가의 발전과 인류 공영(人類共榮)의 이상을 실현하는 데에 이바지하게 함을 목적으로 한다.'라고 교육 이념과 목표를 밝히고 있다. 찬찬히 생각하며 읽을수록 의미 깊은 교육 이념이다. 학교는 개인의 인간다운 삶과 민주 국가의 발전과 인류 공영을 실현하기 위해 개인의 인격 도야, 자주적 생활 능력, 민주시민으로서의 자질을 가르치고 훈련할 수 있는 장이 되어야 한다. 특히 민주시민으로서의 자질 함양은 절대 혼자만의 노력으로 이룰 수 있는 것이 아니기에 학생, 학부모, 교사가 함께하는 공동체인 학교에서 중요한 교육 목표로 여겨야 할 부분이다. 그런데 학교에서는 민주시민으로서 자질과 태도를 기르는 교육 활동을 계획하고 실시하는 데 크고 작은 여러 어려움과 마주하게 된다.

경쟁으로 시작하는 학교생활, 교육과정 왜곡하는 입시

TV 드라마에 등장하는 공부 잘하는 중상류층의 자녀가 아니더라도 학생들은 입시에 대한 막연한 두려움과 공포를 지닌 채 고등학교 생활을 시작한다. 고1을 담당하게 되면서 나는 아이들을 이해하기 위해, 첫 수업 시간에 중학교 생활과 관련된 몇 가지 질문들을 꾸준히 해 왔다. 2017년에는 1학년 학생 중 절반 이상이 자유 학기제를 경험했다고 해서 그에 관한 질문을 추가했는데, 자유 학기제를 긍정적으로 평가하는 학생이 의외로 적어서 놀랐다. 자유 학기제를 경험했던 학생들은 대체로 비슷한 답변을 했다. 자유 학기제 동안은 시험을 보지 않아서 좋았는데 막상 그 이후에 공부하려고 하니 공부에 집중하기가 너무 힘들었다는 것이었다. 또 자신은 자유 학기제 기간 동안 공부를 하지 않으면서 지냈는데, 성적이 좋은 아이들은 학원에 다니며 선행 학습을 더 많이 해서 2학년부터는 학력 격차가 더 크게 났다며, 고등학교에 와서는 정말 공부만 해야 할 것 같은데 학업을 제대로 따라가지 못할까 봐 걱정이라는 답변이 많았다.

중학교와 다르게 고등학교에서는 상대 평가로 1등급부터 9등급까지 교과 성적을 산출한다. 과목별로 성적에 따라 해당 등급의 퍼센트만큼 등급별 인원이 정해지는데, 만약 같은 과목을 듣는 학생이 13명에서 37명까지라면 4%에 해당하는 1등급 인원은 1명뿐이다. 좋은 성적을 받아도 0.1점 차이로 1, 2등급이 나뉘기도 해서 학생들은 1학년 때부터 치열한 내신 성적 경쟁에 내몰리게 된다. 인문계 고등학생 대부분이 수시 모집으로 대학에 입학하게 되는데, 수시 모집에서 가장 중요한 교과 성적이 상대 평가로 이루어지니 입학하면서부터 서로를 경쟁 상대로 여기며 학교생활을 시작할 수밖에 없다.

보다 좋은 등급을 받기 위해 학생들이 큰 스트레스를 받는 것 못지않게 상대 평가 제도는 교사에게도 엄청난 스트레스를 준다. 시험에서 같은 점수를 받는 학생이 여러 명 나오면 1등급 없이 모두 2등급이 될 수도 있기 때문에 되도록 문제를 어렵게 출제하게 된다. 워낙 성적 경쟁이 치열하다 보니 시험 시간표 하나를 계획하는 데도 어려움을 겪고, 시험과 관련한 여러 민원에 시달린다. 입시에서 성적의 공정성이 중요시되기에 시험 문제 출제와 관리, 시험 후 결과 처리까지의 기간 동안 교사는 혹여 시험 문제에 대한 정답 시비가 발생할까 봐 내내 긴장하며 보낸다.

시험의 공정성과 신뢰성은 당연히 지켜져야 한다. 하지만 모든 학생을 줄 세워서 내신 성적을 산출하고, 누가 보더라도 정답에 이견이 없는 시험 문제를 출제해야만 하는 현재의 평가 방식이 정말 교육 목표에 부합하는 것인지, 4차 산업 혁명 시대를 준비하는 교육으로 적절한 것인지, 등급이 곧 학생의 실력이라고 볼 수 있는지와 같은 문제는 교육의 목표와 미래 사회 교육의 방향에서 진지하게 고민해 봐야 할 부분이다.

2015 개정 교육과정이 실시되면서, 고등학교 교육과정에서 중요한 변화 중 하나는 적성과 진로에 따라 학생의 과목 선택권이 강화되었다는 것이다. 2015 개정 교육과정의 취지와 목적에 공감하더라도 현실 적용에는 여러 어려움이 따른다. 학생이 원하는 교과를 개설하기 위해 수업을 담당할 교사를 배치할 수 있는지, 시간표 구성이 가능한지, 선택 교과 수업을 할 수 있는 교실이 충분한지 고려해야 한다. 또한 학생별로 다른 교과를 선택함에 따라 생길 수 있는 공강 시간 문제, 이동 수업이 진행되는 동안의 생활 지도 문제와 같은 것도 중요하게 검토해야 한다. 그런데 이런 어려움보다 2015 개정 교육과정을 적용하는 데 가장 큰 걸림돌은, 선택한 교과에 따라 성적에서 유불리가 결정된다며 입시에 유리한 과목을 선택하려는 학생과 학부모의 인식

과 태도이다.

　현재의 평가 방식이 상대 평가이기 때문에 많은 학생이 선택하는 교과에서는 1등급 학생 수가 많고, 상대적으로 적은 학생들이 선택하는 교과는 1등급 학생 수가 적다. 자신의 적성과 진로를 고려하여 적합한 교과를 선택해야 하지만 선택의 결과가 등급 산출에 불리하다고 생각하는 학생은 내신 성적을 위해 기꺼이 많은 학생이 선택하는 과목으로 옮기려고 한다. 학부모는 자녀에게 불리하다고 생각하는 교과가 교육과정에 편제되었다고 생각하면 바로 이의를 제기한다. 많은 학교에서 2015 개정 교육과정의 취지를 살리려 학생에게 여러 번씩 과목 선택을 위한 수요 조사를 하고, 한 교사가 많게는 4~5개의 교과목을 담당하는 어려움을 감수해도 학생과 학부모의 민원으로 교육과정이 번복되었다는 사례가 계속 나오는 것을 보면, 학교 교육에서 상대 평가에 근거한 입시 제도가 얼마나 큰 영향력을 발휘하는지 알 수 있다.

　학생의 다양한 경험과 체험 활동을 입시에 반영하여 과도한 성적 경쟁을 완화하고, 입시의 다양화를 꾀하기 위해 시작된 학생부 종합 전형도 마찬가지이다. 스웨덴 학생 그레타 툰베리의 환경 운동 캠페인을 소개하는 한 기사를 보면서 나는 우리나라에서 대학 입시가 학생과 학부모에게 얼마나 큰 영향을 미치는지 뼈저리게 느꼈다.

　2019년 3월 유럽에서는 미래 세대를 위해 기후 변화 대책을 마련하라며 초등학생까지 매주 금요일 등교를 거부하고 환경 캠페인을 시작하였고, 이에 응답해 전 세계 125개국에서 100만 명 이상의 청소년이 참여하여 정치인들에게 문제 해결을 촉구하였다. 학생들의 시위에 대해 독일의 메르켈 총리 등은 지지 의사를 밝혔지만, 대부분의 정치인은 수업을 거부하는 것에 대해서는 대체로 부정적 입장을 밝혔다고 한다. 각국의 정치인이나 교육 관계자들은 학생들이 수업을 거부하고 시위에 참여한 것에 대해서는 문제를 언급했어도, 누구도 학생들의 주장이나 시위 자체를 부정하지는 않았다. 시민으로서 자신의 의사를 밝히기 위해 집회를 조직하고 시위에 참여하는 것을 당연한 권리로 보고 있다는 것이 느껴졌다. 심지어 독일에서는 미래를 지키기 위해 나선 청소년의 시위를 지원하기 위한 학부모 단체가 지역별로 구성되었고, 학생과 함께 부모가 시위에 참여한다고 한다.

만약 한국의 학부모라면 학생들의 이런 적극적 활동을 어떻게 받아들일까? "수업에 빠지고 갈 수 있죠! 다만 그 아이는 진로가 환경과 연관돼 있어야 하고, 시위 이력이 자기소개서나 학생부 종합 전형에 반영된다면 말이죠!"[1] 너무 솔직해서 당황스럽고 씁쓸하지만, 아니라고 부정도 할 수 없는 어느 학부모의 인터뷰 내용을 보면서, 입시의 영향력을 다시 한 번 실감하게 되었다.

입시에 발목 잡힌 민주시민교육

일반적으로 학생이나 학부모는 입시에 얼마나 도움이 되는가를 기준으로 학교에서 이루어지는 교육 활동의 가치와 효용을 평가하곤 한다. 학교는 학생들을 민주시민으로 기르기 위해 다양하고 적극적인 참여 활동을 권장해야 한다. 하지만 이러한 활동조차도 대입을 위한 하나의 수단으로 생각하는 학생이나 학부모를 만날 때마다 불편하고 때로는 큰 상처를 입기도 한다. 평가와 직접적으로 연관되지 않는 활동을 시도할 때마다 많은 학생들이 "이거 학생부에 들어가나요?"라고 질문한다. 이런 질문을 받을 때마다 야속한 마음이 들지만, 초등학생 때부터 학원을 전전하며 대학 입시를 위해 달려온 학생들에게는 효율적이고 전략적인 선택을 하는 것이 당연하다는 생각이 들기도 해서 안쓰러운 마음도 크다.

　학생이나 학부모, 심지어 교사도 고등학교 교육의 최종 목표를 흔히 말하는 명문 대학 입학으로 생각하는 한, 민주시민을 키우기 위한 교육 활동은 한계가 있을 수밖에 없다. 다른 교과에 비해 상대적으로 민주시민교육과 관련이 깊은 사회 교과를 가르치는 나조차도, 민주시민으로서의 가치나 태도보다 수능과 연관된 지식을 중심으로 대부분의 수업을 진행한다. 학생은 학교에서 배우는 지식을 자신의 현실에 적용해 볼 새도 없이, 시험을 치르기 위해 배워야 할 내용으로 받아들인다. 그래서 공감이나 연대, 인권 감수성, 비판적 사고, 적극적 사회 참여 등과 같이 민주시민으로서 배워야 할 가치와 태도도 지식의 영역에서 먼저 접하게 되고, 학교에서 배운 지식은 삶과는 유리된 것이 된다.

　우리 사회가 교육을 통해 민주시민을 양성하고 안정적인 민주 사회가 되려면, 학교에서 최소한 민주시민이 갖추어야 할 태도와 가치를 직접 체험하고 배워 나갈 수 있는 토대를 마련해 주어야 한다. 많은 사람이 경제력에 따른 성적의 양극화를 현재 학교 교육의 중요한 문제로 지적하지만, 나는 성적의 양극화 못지않게 시민의 자질에 대한 양극화 문제도 심각하다고 느낀다. 자신이 하는 말 속에 차별과 혐오가 담겨 있다는 것조차 인식하지 못하고 친구에게 차별적인 언어나 혐오 발언을 아무렇지도 않게 내뱉는 학생이 있는가 하면, 사회 교사인 나조차도 인식하지 못했던 높은 인권 감수성을 보여 주는 학생도 종종 만나게 된다. 정치적 효능감에 대한 체험도 양극화되어, 사회 문제 해결에 적극적으로 참여 의지를 보여 주는 학생이 있는가 하면 주변에서 발생하는 문제에 전혀 관심이 없는 학생도 흔하게 본다.

　유럽의 많은 국가는 시민교육을 필수 교과로 제도화하여 모든 학생이 시민의 자질을 갖출 수 있도록 오랫동안 공을 들여 왔다. 그럼에도 다른 인종이나 민족, 또 자신과 다른 정체성 가진 사람들을 향한 혐오 때문에 문제가 발생하기도 한다. 프랑스에서는 타민족에 대한 극단적 배제를 주장하는 극우 민족주의가 정치적으로 득세를 하기도 하고, 독일에는 나치 시대를 그리워하는 젊은 층이 여전히 있다. 또한 흔히 선진국이라고 불리는 많은 나라에서 거리를 걷고 있는 동양인을 향해 맹목적인 적대감을 표출하고, 침을 뱉거나 욕을 하는 경우도 있다고 한다. 이런 기사를 접할 때마다 건강한 민주 사회를 유지하기 위해 얼마나 많은 노력을 기울여야 하는지 심각한 고민에 빠진다. 그런 면에서 우리에게 민주시민교육은 더욱 절실히 필요하다.

공감과 연대를 배우는 인권 교육

미투 운동을 계기로 여성 인권에 대한 관심이 늘어 가던 어느 날, 국어 선생님과 점심 식사를 같이하게 되었다. 선생님은 요즘 변화된 학생들의 의식 때문에 가끔은 혼란스럽다는 이야기를 조심스럽게 꺼냈다. 수업 시간에 시를 설명하면서 '여성스러운 표현', '남성미가 넘치는 시'라고 했는데, 학생들이 그 설명이 성차별적이라고 생각한다며 이의를 제기했다고 한다. 선생님은 시를 해석할 때 일반적으로 사용하는 표현이라 지금까지 그런 큰 문제의식을 느끼지 못했고, 학생이 그런 의견을 밝힌 것도 처음이라 마음에 걸린다며 당혹스러워했다. 심지어 수능 시험에도 그런 표현이 나오기도 한다며 수업할 때 어떻게 해야 할지 많은 고민을 하고 있었다.

지난 1년 동안 내가 가르쳤던 학생 중에 수업 시간에 그런 인권 감수성을 보여 준 학생이 바로 떠오르지 않아서 나도 내심 놀랐다. 짧은 시간이었지만 나는 선생님과 진지하게 우리 사회의 성 인지 감수성에 관해 여러 이야기를 나누었다. 나에게는 너무 당연하게 여겨졌던 가치가 다른 교과를 담당하는 선생님에게는 낯선 영역일 수도 있겠다는 생각이 들었다. 그래서 학생이 제기한 문제를 온전히 자신의 문제로 가져와 고민하는 선생님이 존경스럽고 고마웠다. 학교가 학생의 인권 감수성을 따라가지 못하고 있다는 생각, 아이들은 교과서보다 자신이 경험하는 사회 현실에서 더 많은 것들을 배운다는 생각도 들었다.

그런데 여학교에서만 근무하며 우리 아이들의 변화만 봐 왔던 나에게 남녀 공학이나 남학교에서 근무하는 선생님들은 전혀 다른 이야기를 들려주었다. 남학생들에게 성평등 수업을 할 때는 교과서의 내용을 그대로 수업해도 학생들의 엄청난 불만과 저항에 부딪히곤 한다는 것이다. 대부분의 학생이 초등학교 때부터 자신이 남자여서 겪은 일들을 역차별이라며 억울하다는 심경을 토로하거나 심한 경우에는 분노와 적개심을 드러냈다고 한다. 남성과 여성은 협력하고 연대하여야 할 상대이지만 같은 문제를 놓고도 어느새 교실에서조차 서로에 대한 이해나 공감보다는 성별 편 가르기가 일상화된 것이다. 요즘 사회적으로 흔히 보는 여성 혐오나 남성 혐오와 같은 현상은 바로 이런 교실의 모습에서 시작되는 것은 아닐까 싶다.

사회 교과에서는 헌법과 법률이 보장하는 인권과 기본권, 소수자 인권 등에 관한 수업이 이루어진다. 궁극적으로는 인권에 대한 기본적인 지식을 바탕으로 인권 감수성을 높이고 시민으로서 연대와 참여를 할 수 있도록 교육이 이루어져야 한다. 하지만 솔직히 교과의 진도를 맞추기도 어렵고 교사도 인권 감수성에 관한 깊이 있는 교육을 받아 보지 못해서, 교과서에 의지하여 인권의 문제도 지식의 문제로 넘기기 쉽다.

그런 면에서 같은 학교에 다니는 이란 출신 친구의 난민 지위를 인정해 달라며 국민 청원을 올린 중학생들의 이야기는 진한 감동을 준다. 그 당시 우리나라는 제주도 난민 문제로 많은 논란이 있었고, 난민과 관련한 확인되지 않은 가짜 뉴스가 미디어를 뒤덮고 있었다. 그즈음 우리 학교 사회과에서는 교과데이 행사로 이슬람 전문가인 이희수 교수의 초청 강연을 준비하고 있었다. 우연히 시기가 겹쳐서 이슬람 문화와 난민 문제를 이해할 수 있는 좋은 기회였다. 이희수 교수는 그 어느 때보다 간절한 마음을 담아 제주도에 있는 예멘인들의 이야기를 들려주었다. 아이들도 관심이 많았던 때라 내심 수업 시간에 충분히 다루지 못했던 난민 문제를 인권의 문제로 이해해 주기를 바라고 있었다. 하지만 아이들은 강연을 듣고 상황은 이해했지만 연민이나 동정의 감정에서 더 나아가지는 못한 것 같았다. 이후 수업에서 조금 더 시간을 두고 다루었어야 할 주제였지만 나는 이런저런 핑계로 더 이상 이 주제를 깊이 다루지는 못했다.

그런데 중학생들이 친구의 난민 지위를 인정하는 문제에 발 벗고 나선 것이다. 어려운 처지에 놓인 이란 친구의 상황에 진심으로 공감하지 못했다면 이렇게 적극적으로 나서기는 어려웠을 것이다. 그 학생들은 인권의 관점에서 자기 주변을 둘러보고 공감과 연대의 힘을 자연스럽게 배울 수 있었을 것이다. 학교에서 인권 교육의 출발은 인권의 역사나 기본권의 이해와 같은 지식 교육이 아니라 이렇게 상대의 입장에 서서 공감하고 연대하는 경험에서 시작되어야 한다고 생각한다.

노동 현실을 반영한 노동 기본권 교육

어느 날 노동 기본권 수업을 준비하면서 영상 자료를 찾다가 「지식채널e – ㄱ 나라의 교과서」[2]라는 영상을 보게 되었다. 프랑스의 시민교육 교과서 내용을 소개한 영상이었는데, 보면서 단편적이기는 하지만 우리나라의 노동 교육과 프랑스의 노동 교육을 비교해 볼 수 있었다.

노동 기본권이 중요한 것은 알고 있지만, 막상 수업 시간에 노동 기본권을 가르치려고 하면 어디서부터 어떻게 시작해야 할지 막막하다. 국민 대부분이 노동자지만 마치 누구도 노동자가 되지 않을 것처럼 인문계 고등학교에서 노동 기본권 교육은 낯설다. 다행히 최근에는 노동 기본권 교육의 필요성에 대한 교육계의 관심도 높아지고, 시도 교육청에서 청소년이 알아야 할 노동의 권리를 안내서로 잘 만들어 보급해 주어서 도움을 받고 있다. 하지만 이런 자료의 대부분은 법률적 권리를 확인하는 내용을 중심으로 다루고 있다. 그러다 보니 현실에서 노동 인권을 어떻게 지켜 나가고, 노동 현안을 어떻게 바라보아야 할지 깊이 탐구할 기회는 부족하여 여전히 아쉬움이 남는다. 게다가 사회 교과에서조차도 노동의 문제를 인권의 시각으로 학습할 기회가 적어서 영상에서 소개한 프랑스 시민교육 교과서의 내용이 신선하게 다가왔다.

프랑스의 중학교 4학년[3] 시민교육 교과서를 보면, 실제 노동자 파업과 공장 폐업 사례를 들어 노동자의 권리와 노동조합을 이해할 수 있도록 아래와 같이 내용이 구성되어 있다.

- 2009년 10월, 공장 폐업에 반대하다
- 2009년 12월, 일자리를 지키기 위한 거리 시위
- 법은 어떻게 명시하고 있을까?
- 2010년 3월, 보상금 지급을 요구하다
- 2010년 4월, 공장을 폐업하다
- 탐구해 보자: 공장 폐업에 맞선 노동조합
- 총정리: 이 사례를 기준으로 노조가 노동자를 어떻게 보호하는지 설명하시오.

한편 고등학교 1학년 시민교육 교과서에는 다음과 같은 토론 주제가 제시되어 있다.

> 토론 1 – 일터에서의 권리를 어떻게 이용할 것인가?
> 토론 2 – 노동 유연성은 일자리를 창출하는가? 아니면 노동자의 권리를 침해하는가?
> 토론 3 – 불법 취업을 막을 수 있는가?
> 토론 4 – 35시간: 진보인가?
> 토론 5 – 노동 시장에서의 남녀 차별을 어떻게 줄여 나갈 것인가?

우리나라 사회 교과서에도 '노동자의 권리'에 관해 꽤 많은 분량의 내용이 서술되어 있다. 나는 특히 기본권 관련 단원에서 이 부분을 구체적으로 다루려고 노력하는 편이다. 하지만 아이들은 스스로 노동자라는 인식도 별로 없고, 막상 노동자가 되어서는 자신에게 어떤 권리가 있고, 권리를 어떤 방식으로 행사해야 할지 몰라서 불이익을 당하는 일도 자주 생긴다. 아르바이트를 시작하면서 근로 계약서를 작성해 보지 못한 아이들이 허다하고, 어떤 기준으로 임금이 지급되는지, 청소년의 근로는 어떤 보호를 받는지 정확히 몰라서 위험한 노동을 하기도 한다. 때로는 임금 체불과 같은 문제도 겪는다. 노동자의 권리를 법으로 배우지만 정작 노동자가 되어서는 부당한 대우나 해고에 어떻게 대응해야 하는지 모르는 경우도 있다.

프랑스 교과서에서는 노동자가 될 학생들에게 노동자로서 겪을 수 있는 문제를 사회 담론의 차원에서 비판적으로 논의하고 노동자 입장에서 권리를 행사하는 방법을 구체적으로 가르치고 있는데, 우리나라에서는 노동 기본권의 개념을 이해하는 수준에서 벗어나지 못하고 있다. 근로 계약서를 직접 작성해 보고, 노사 협의를 한 번 해 보는 것만으로도 학생들이 노동 현실에 큰 관심을 보이는 것을 보면, 노동자로서 마주하게 될 사회와 현실을 반영한 내용을 더 적극적으로 다루어야 한다는 생각을 하게 된다.

미래를 만드는 참여, 선거권 교육

2017년 EBS의 한 프로그램[4]에서는 선거 연령 하향을 주제로 찬반 토론회가 진행되었다. 촛불 혁명 과정을 지켜본 시민과 청소년의 관심이 클 수밖에 없는 토론 주제였다. 민주주의를 가르치는 사회 교사 입장에서는 선거권이 바로 인권이고, 민주시민으로서 스스로 권리와 책임을 배우는 가장 중요한 기회라고 믿기 때문에 18세 청소년에게도 당연히 선거권이 있어야 한다고 생각했다. 이 토론회에서 내가 궁금했던 것은 선거 연령을 낮추어야 한다는 근거가 아니라 선거 연령을 낮추면 안 된다고 주장하는 근거였다. 일반적인 경우라면 청소년은 아직 정치적으로 미성숙하다는 것이 가장 큰 근거가 될 것이었다. 그런데 청소년의 선거 연령을 낮추면 안 된다는 주장의 주요 근거로 제시된 것은 청소년의 미성숙이 아니라 우리나라의 학제와 입시 위주의 교육 제도였다.

방청석의 한 학부모는 우리나라 교육 학제로 볼 때, 만 18세이면 고 3인데 입시를 앞두고 공부에 집중해야 할 고 3이 교실에서 정치 이야기를 하는 것은 생각할 수 없는 상황이라며 반대 의사를 분명히 했다. 학생들이 학교에서 정치 이야기를 하게 되면 정치적으로 중립의 의무가 있는 교사의 입장도 어려울 것이라는 점도 함께 지적해 주었다. 또 패널로 참석한 토론자도 자녀가 있으니 부모의 심정을 이해할 수 있을 거라며 자녀가 학업에만 전념하기를 바라는 부모의 간절한 심정도 전했다. 토론회에서 자료로 제시된 학생들의 설문 조사 결과[5]도 학부모의 의견과 크게 다르지 않았다. 투표 연령에 대한 의견에서 일반고, 특목고, 자율고 학생 응답자의 65%가 19세 이상에 찬성, 23.8%가 19세 미만에 찬성했고, 특성화고 학생 응답자의 59.1%가 19세 이상에 찬성, 23.7%가 19세 미만에 찬성하였다. 만 18세에 투표권을 주어야 한다는 의견에 찬성하는 비율은 고등학교 종류에 관계없이 24% 정도였다.

우리 학교에서 수업 시간에 진행한 토론의 결과도 비슷했다. 선거권이 자신에게도 주어져야 한다고 적극적으로 의사를 표현했던 몇몇 학생 외에, 가만히 듣고만 있던 학생들에게 의견을 물었더니 정말 솔직하게 답변해 주었다. 학생들은 자신은 나이도 어리고 경험도 없어서 스스로 결정해 놓고도 그 결정이 제대로 된 것인지 믿을 수 없는데, 어떻게 그렇게 중요한 결정을 할 수 있겠냐며 선거를 통한 참여에 소극적인 입장을 보여 주었다. 그리고 올바른 선택을 어떻게 해야 하는지도 경험해 보지 못했다며 선거권을 제대로 행사할 수 있도록 교육을 먼저 해야 하는 것 아니냐는 주장도 나왔다. 물론 고3에 이루어지는 선거에 대한 부담감도 토로했다. 이야기를 듣고 있던 학생들이 말없이 고개를 끄덕이며 동조를 표했다. 선거 연령 하향에 대한 토론 주제는 청소년의 입장에서는 이해관계가 분명해서, 일방적으로 찬성의 입장이 우세할 것으로 생각하며 아이들의 토론을 지켜본 나는 조금 당혹스러웠다.

중앙 선거 관리 위원회가 18세 미만 청소년에게 선거권을 부여해야 한다고 정치 관계법의 개정 의견을 낼 정도로, 전 세계적으로 청소년의 선거 참여는 보편적 현상이다. OECD 국가들 가운데 선거 연령이 19세인 국가는 우리나라가 유일했으며, 심지어 16세부터 선거에 참여하는 나라도 있다. 국회의원의 입법 활동을 지원하는 국회 입법 조사처에서는 해외 사례와 비교하며 청소년의 정치 참여 확대를 위해 청소년의 선거권 및 정당 가입 연령 하향을 검토할 필요가 있으며, 청소년을 대상으로 하는 민주시민교육을 확대해야 하고, 청소년의 입장과 견해를 반영할 수 있는 정치적 통로를 마련할 필요가 있다는 의견[6]을 소개하기도 하였다. 전 세계가 청소년에게 어려서부터 보다 많은 정치 교육과 참여의 기회를 제공해 주고, 삶과 연관된 민주시민교육을 하는 데 관심을 쏟는다.

그런데 우리나라에서는 학생은 공부를 해야 하기 때문에 기본권의 보장을 늦추어도 된다는 주장이 당연한 것처럼 이야기되곤 했다. 고등학교에 다니는 동안은 입시 준비를 위해 정치에 관심을 두면 안 되고, 대학에 가서는 취업을 위해 도서관에서 살아야 한다. 막상 취업을 하면 일하느라 바빠서 정치에 무관심하게 되고, 또 대부분은 불안정한 고용 현실 때문에 정치에 신경을 쓸 틈이 없다. 정치와 분리된 삶은 결코 우리의 삶을 개선할 수 없지만 학교에서는 삶과 분리된 지식 중심의 교육이 이루어진다.

우여곡절 끝에 2019년 12월, 공직 선거법이 통과되면서 우리나라에서도 만 18세 청소년이 선거권을 행사할 수 있게 되었고, 2020년 4월 제21대 국회 의원 선거에서 첫 투표를 할 수 있었다. 선거권 연령이 하향되었으나 여전히 과제는 남았다. 청소년들이 자신이 살아갈 사회의 대표를 선출하기 위해 어떤 기준을 가지고 선거에 참여해야 할지 많은 교육이 이루어져야 하는데, 안타깝게도 교사는 정치 중립의 의무 속에서 적극적으로 선거 교육을 하기 어려운 게 현실이다. 선거권자인 청소년의 주체적 판단을 믿지만, 정치적 효능감을 직접 체험해 본 경험도 별로 없고, 입시 때문에 세상의 일에 관심도 적은 우리 아이들을 위한 현실적 정치 교육이 이루어졌으면 좋겠다.

희망을 만드는 시민, 경쟁에서 공존으로

고등학교 교사가 된 지 30년이 되었는데 학교 서열화는 더 공고해졌고, 경쟁은 날이 갈수록 치열해진다. 이 속에서 힘들어하는 아이들을 보고 있으면 안타까움을 넘어 기성세대로서 죄의식을 느낄 때가 많다. 우리 사회에서 나를 포함한 기성세대는 아이들에 대한 책임에서 얼마나 자유로울 수 있을까?

우리 아이들은 학창 시절에 그토록 많은 것을 희생하고 대학생이 되고, 경쟁 구조에서 승리한 사람만 인정받는 승자 독식의 사회 구조와 가치를 내면화한다. 86학번인 내가 감히 무한 경쟁에서 살아남아야 하는 젊은 세대의 가치관과 태도를 평가하기는 어렵지만, 가끔 제자들과 만나 이야기를 나눌 때마다 앞으로 젊은 세대가 살아가야 할 사회에 대한 걱정이 앞서는 것은 어쩔 수 없다. 나는 이 세대의 일원인 나의 두 아들과 제자들이, 또 모든 젊은 세대가 너무나 안쓰럽다. 아이들은 어느 사회에 속해도 경쟁을 통해 승자와 패자로 나누어지고 자존감에 큰 상처를 입는다. 그래서 희망찬 미래를 꿈꾸어야 할 어린 학생들도 단 한 번의 대학 입시로 그들의 미래가 결정될 수 있다는 불안과 두려움을 안고 생활한다. 젊은 세대가 '기회는 평등하고, 과정은 공정할 것이며, 결과는 정의로울 것'이라는 구호에 열광했던 이유는 그것이 바로 그들이 생존하는 데 꼭 필요한 조건이었기 때문이라는 생각이 든다. 나는 이러한 열망이 생산적인 방향에서 구체적으로 논의되기를 간절히 바란다. 개인적으로나 사회적으로나 현재의 경쟁 구조는 너무나 비인간적이고 비효율적이다. 이런 구조 아래서는 학교에서 민주시민을 길러 내기 어렵다.

그동안 나는 명문대 입학을 자녀 교육의 최종 목표로 생각하는 학부모가 있는 한, 우리나라에서 민주시민교육이 제대로 이루어질 수 없다는 생각을 많이 했다. 그리고 대부분의 학부모가 모든 자원을 동원해서 자녀를 무한 경쟁으로 내몰고, 아이들의 삶을 외면한다고 생각했다. 그런데 이런 내 생각과는 다른 모습의 부모를 만나게 되었다. 2019년 10월 9일, 마침 휴일이면서 수요일이라 같이 모임을 하는 선생님들과 수요 집회에 참석하고 서대문 형무소를 답사하였다.

서대문 형무소는 매년 학생들과 답사를 왔는데, 그동안 학생들과 같이 다니느라 미처 자세히 보지 못했던 관람객들을 자연스럽게 관찰할 수 있었다. 외국인 관광객도 많았고, 대학생도 많이 눈에 띄었다. 그리고 어린 자녀와 함께 방문하여 해설사의 설명을 듣거나, 자녀에게 역사 이야기를 들려주며 휴일을 의미 있게 보내고 있는 부모의 모습도 쉽게 볼 수 있었다. 어느 가족의 옆을 지나다가 아버지가 초등학교 2, 3학년쯤밖에 되어 보이지 않는 어린 자녀에게 부당한 공권력에 항거한 민주시민에 관해 이야기하는 것을 듣게 되었다. 자녀가 아버지의 말을 다 이해했는지는 모르겠지만 자녀에게 역사적 사실을 하나도 빠뜨리지 않고 전달하려고 애쓰는 아버지의 적극적인 모습이 인상적이었다. 그 모습을 보면서 많은 부모가 자녀의 행복한 삶을 위해 민주 사회가 안정적으로 자리 잡고 발전할 수 있도록 각자의 자리에서 최선을 다하고 있음을 느낄 수 있었다. 사실 이런 변화는 이미 세월호와 촛불 혁명을 거치며 계속 진행되는 중이었는데, 교사인 나 스스로가 고정 관념에서 벗어나지 못하고 있었는지도 모른다.

나는 지구를 구하자는 시위에 참가한 학생들을 위해 학부모 단체를 만들고 지지 시위를 하는 독일 기성세대의 모습을 우리나라 학부모 모습과 비교하며 열패감이 있었다. 그런데 자녀와 함께 우리의 역사와 민주주의를 기억하려고 휴일에도 역사적 장소를 찾은 부모의 모습이 너무도 생생하게 남아, 우리 사회의 교육 문제도 지금보다는 나아질 수 있을 거라는 기대를 품게 되었다.

아이들이 지옥 같은 경쟁의 늪에서 벗어나려면 사회 불평등 구조가 하루

빨리 개선되어야 할 것이다. 학력에 따른 임금 격차가 최소화된다면, 정규직과 비정규직의 차별이 해소된다면, 대학 서열화가 완화된다면, 친구 사이도 승자와 패자로 구분 짓는 비인간적인 경쟁을 하지 않아도 될 것이고 학교 교육도 교육의 본질적 의미와 목적에 맞게 이루어질 수 있을 것이다. 하지만 지금 당장 아동의 놀 권리조차 보장받지 못하고 어려서부터 치열한 입시 경쟁에 내몰릴 수밖에 없는 아이들을 생각한다면, 교육계 내에서 경쟁을 완화할 수 있도록 대입 제도를 개선하는 노력을 먼저 해야 한다고 생각한다.

　나는 학교 교육을 충실히 받은 학생이 원하는 대학에 진학할 수 있도록 입시 제도가 공정하고 투명하게 개선되기를 바란다. 하지만 현재의 시점에서 공정하고 투명한 제도가 정시 모집의 확대로만 논의될까 봐 걱정이다. 공정 경쟁을 이유로 수능 성적으로 입학생을 선발하는 정시가 확대된다면, 교실은 다시 오지선다형 문제 풀이와 암기 위주의 주입식 교육으로 돌아갈 것이 불 보듯 뻔하고, 선행 학습과 사교육을 부추길 가능성이 높다. 학생부 종합 전형에 대해서는 여전히 비판적인 시각이 많지만, 개인적으로는 현재 입시 체제 아래서 학생부 종합 전형이 성적 위주의 줄 세우기 입시를 완화해 주고, 고등학교 교육을 정상화하는 데 어느 정도 기여하고 있다고 생각한다. 학생부 종합 전형이 본격적으로 도입되기 전, 학교 현실을 설명할 수 있는 대표적 표현이 '교실 붕괴'였다. 단 한 번의 수능 시험으로 대학에 입학하는 입시 제도 아래서 다양한 교육 활동은 불필요한 것이었고, 아무리 교육 의도가 좋아도 학생들의 외면을 받았다. 학생부 종합 전형이 본격적으로 도입되면서 일방적인 강의 중심의 수업에서 벗어나 토론, 프로젝트 수업 등 다양한 교육 활동이 시도되었고, 학생의 참여를 끌어내 교실 수업에 생기를 불어넣을 수 있었다. 또 학생부 종합 전형에서 전공 직합성과 같은 요소를 보기 때문에 학교에서는 학생의 적성과 진로를 살릴 수 있는 다양한 교육과정과 진로 탐색 활동을 계획할 수 있었다. 물론 학생부 종합 전형의 신뢰도를 높일 수 있는 방안이 먼저 마련되어야 하겠지만, 학교 교육 활동만을 평가하는 현재의 학교 생활 기록부 기재 요령만 정확히 잘 지켜도 신뢰도는 확보할 수 있다고 본다.

한 강연에서 유럽의 몇몇 국가에서는 의대 입학생을 추첨으로 선발하고, 대학 입학 시 전공 인원에 제한을 두지 않는다는 이야기를 들은 적이 있다. 모두가 하고 싶은 것을 공부해야 그 분야에서 최고의 경쟁력을 갖출 수 있고, 개인과 국가 모두에게 이득이 된다는 그들의 지극히 실용적인 철학이 우리나라의 대입 제도를 개선하는 과정에서 하나의 방향으로 깊이 있게 논의되었으면 좋겠다.

우리도 이제 우리 사회의 특수성만을 이야기하지 말고, 미래 사회와 교육에 관해 새로운 상상력을 발휘해야 할 시기가 되었다고 믿는다. 누구에게나 기회는 평등하고, 과정은 공정하며, 결과는 정의로운 사회가 치열한 경쟁 구조를 깨는 입시 제도의 개편과 함께 시작되기를, 그래서 경쟁하는 사회에서 공존하는 민주시민의 사회로 한 걸음 더 나아갈 수 있기를 간절히 소망한다.

최성은

대전성모여고에서 30년 동안 사회를 가르치며, 따뜻하고 정이 많은 학생을 많이 만났다. 사회의 구석구석 자기 자리에서 열심히 생활하는 제자들을 볼 때마다 의미 있는 교사 생활을 한 것 같아 늘 감사하다. 자신을 돌아볼 시간도 없이 경쟁에 시달리며 생활하는 아이들이 타인에게 공감하고 연대할 줄 아는 진정한 민주시민으로 자랄 수 있도록 교사 생활의 마지막까지 최선을 다하고 싶다.

2부

지금, 다른 나라는?

영국 | 영국 교육은 무너지지 않았다_ 박선영

프랑스 | 이방인의 눈으로 본 공화국 시민_ 김현경

독일 | 독일, 반성과 성찰이 만든 강한 시민성_ 정현이

영국 교육은 무너지지 않았다

_ 버팀목이 된 시민교육

들어가며

1999년 필자가 들었던 대학원 석사 수업에서 담당 교수가 무슨 프린트물을 나눠 주고 뭐라 뭐라 했는데, 그게 나중에 알고 보니 한국에도 널리 소개된 「크릭 보고서」였다. 당시만 해도 시민교육의 'ㅅ' 자도 내 사전에는 들어와 있지 않은 터라, 잘 알아듣지도 못하는 어느 수업의 자료로만 여겼지 20년이 지난 지금 내가 그걸로 먹고살게 될 줄은 꿈에도 몰랐다. 수업에서 들은 바가 정확하게 기억나지 않지만, 교육과정 관련 수업이었으므로 2002년부터 실시될 어느 교과목의 하나로 여겼을 것이다. 아니 사실 그건 다양한 수업 프린트물 중 하나였을 뿐이었다.

그렇게 몇 달 더 지나 2000년 여름 어느 날, 박사 과정 진학을 놓고 고민하며 연구 주제에 대해 지도 교수와 논의하던 중 내 연구 주제와 관심 분야에 대해 듣던 그의 강한 한마디는 잊을 수가 없다. "그게 시민교육이야!" 지도 교수가 어떤 공부를 하고 싶으냐고 물었을 때, 나는 청소년들이 건강하게 자아실현도 이루고 사회에 기여하는 사람이 되도록 교육할 수 있는 그런 공부를 한 뒤, 한국으로 돌아가 청소년들을 기르는 일에 도움이 되고 싶다고 했었다. 그때 사실 내가 생각하고 있던 연구 주제는 현재 한국에서 '청소년학'이라고 불리는, 현재 내가 몸담고 있는 학과에 포함된 영역이다. 즉, 유식하게 말하자면 청소년 기본법에서 지향하는 '민주시민 육성을 목표'로 이루어지는 학교의 정규 교육이 아닌 비형식 혹은 무형식 교육의 영역이라고 할 수 있다. 다시 말해 청소년 현장에서 이루어지는 건강한 청소년 육성이라는 비전하에 시행되는 청소년 복지, 청소년 활동, 청소년 보호를 목표로 이루어지는 청소년 발달이나 청소년 개발에 관한 것이었다.

박사 과정에 입학하여 공부를 마치고 한국에 왔을 때, 시민교육을 전공했다고 소개되자 영국에서 시민교육을 공부한 첫 주자로서 과분한 관심과 기대를 받은 것은 사실이다. 그러나 얼마 지나지 않아 내가 공부한 영국의 시민교육은 '생활 교육'이라는 오해 아닌 오해와 다소 실망하는 눈초리까지 받아야 했다. 영국 시민교육의 내용에 대한, 아니 필자 본인에 대한 오해와 실망의 눈빛들이었다. 시민교육을 박사 전공으로 했다고 하니, 시민운동 혹은 민주화 운동을 했던 사람들은 내가 소싯적 횃불쯤은 너끈히 들거나 돌을 던지며 열심히 시민운동을 했을 거라 여겼다. 그러나 나는 자본주의의 큰 혜택을 누리며 살던 사람이라 당시 민주화 운동에는 별 관심이 없었고, 굳이 변명을 하자면, 나는 민주화 운동이 끝난 후에 대학을 다닌 세대라고 우기는 정도라고 할까.

그럼에도 당시 민주화 운동을 모르고 참여하지도 않은 내게 실망했던 이들에게 꼭 말하고 싶은 게 있다. 시민교육이라는 게 시대에 따라 그 내용과 목적이 달라야 하며, 민주화 운동은 시민교육의 영역 중 정치 교육에 해당하는 것이라고. 뿐만 아니라 나처럼 살다 보니 자연스럽게 시민교육에 관심을 갖게 되고, 늦게라도 나름 다양한 참여를 통해 시민이 되어 가는 사람도 있는 법이라고. 그러니 시민교육의 중요한 자세 중의 하나는 관용과 인내가 아니겠냐고 말이다. 그리고 덧붙여, 오늘날의 시민교육은 4차 산업 혁명 시대에 맞게 세련되고 재미있고, 청소년 수준으로 대폭 개편되어야 한다고 주장하는 바이다. 바로 생활 속의 시민교육으로 말이다.

영국의 시민교육

영국의 시민교육은 시민교육의 필요성과 중요성을 절감하는 사람들 사이에서, 한국이 지향하는 혹은 지향해야 할 모델 중의 하나로 여겨지곤 했었다. 그 이유는 2002년부터 영국의 국가 교육과정에서 시민교육을 필수 교육과정으로 포함하였기 때문이다. 그러나 영국에서 시민교육이 필수 교과목이 되었다는 사실에는 추가 설명이 필요한 부분이 있다.

첫째, 영국에 대한 개념 이해가 필요하다. 여기서 영국이란 우리가 흔히 생각할 수 있는 UK가 아니라 이를 구성하고 있는 4개의 주, 즉 잉글랜드, 웨일즈, 스코틀랜드, 북아일랜드 중에서 잉글랜드만을 의미한다. 더욱이 영국은 이 각각의 주에서 독립적인 교육부와 교육과정을 가지고 있기 때문에 '영국 잉글랜드라는 주의 교육과정에서 시민교육이 필수 교육과정으로 포함되었다.'라고 하는 것이 더욱 정확하다.

둘째, '교과목'이라는 표현에 대한 이해가 필요하다. 영어의 'subject'는 한국어로 '과목' 또는 '주제'로 해석될 수 있기 때문이다. 사실 영국, 좀 더 정확히 잉글랜드 지역에서 시민교육의 필수화는 학교장의 재량에 따라서 중등학교에서 단독 독립 교과목으로 존재하든지, 혹은 통합 교과로 존재하든지 둘 중의 하나만 지키면 된다는 뜻이다. 독립 교과목이 된다는 것은 시민교육의 활성화를 위해 매우 바람직하다고 생각하는 바이지만 학교의 입장에서는 부담스러운 일이 아닐 수 없고, 시민교육 교사를 양성해야 하는 대학의 입장에서도 학과를 새로 개설하고 운영하는 것에 대해 쉽게 결정할 수는 없다. 이를 두고 하버는 시민교육을 제대로 하겠다는 의지가 없는 것이라고 당시 영국 노동부의 시민교육 정책을 강하게 비판하기도 하였다.[1]

이렇듯 영국의 시민교육은 시작부터 논란의 여지가 많았고, 20년이 다 되어 가는 현재를 기준으로도 여전히 교육과정에서 논란의 중심이 되고 있다. 그럼에도 본 장에서는 영국의 시민교육 도입 배경과 시민교육 교육과정의 변화 및 현재 상황 등을 고찰해 봄으로써 한국의 시민교육 제도화와 활성화에 필요한 시사점을 도출하고자 한다. 4차 산업 혁명의 중요한 특징 중 하나는 기술이 사회를 변하게 하는 일차원적인 변화가 아니라, 기술과 사회가 서로 상호 작용을 해 나가며 긍정적이고 부정적인 변화를 동시에 양산해 낼 것이라는 점이다. 청소년이 살아가게 될 미래 사회는 현재는 상상할 수 없는 기술의 발달과 역기능이 혼재하게 되어 지금까지 논의되지 않은 새로운 역량을 요구하게 될 것이 예측되고 있다. 또한 4차 산업 혁명 사회는 초연결 사회로 정의되는 바, 우리의 의도와는 상관없이 서로 수많은 방법으로 영향을 주고받게 될 것임이 자명하게 받아들여지고 있다. 이러한 시점에서 청소년은 단지 개인의 안위와 성공을 위한 역량을 개발하는 것을 넘어 사회와 공동체 속에서의 자신의 역할과 책임을 다할 수 있는 사회적 역량을 개발해야 하는 상황에 이르렀다. 다시 말해 개인을 넘어 공동체의 구성원으로서의 정체성과 소속감, 역할과 책임을 인식하는 것이 예측 불가한 미래 사회의 새로운 핵심 역량이 되었으므로 영국의 시민교육 내용을 고찰하여 한국의 교육 현장에 필요한 시민교육의 내용과 발전 방안을 고민하는 것은 매우 의미가 있을 것으로 생각한다.

가. 시민교육 교과목 도입 배경

모든 교육 내용이 사회의 변화와 요구를 반영하겠지만 특히 시민교육은 그 내용의 특성상 정치·사회적 변화와 요구를 민감하게 반영한다. 영국의 시민교육도 예외 없이 영국의 정치적인 변화와 흐름을 반영하는데, 시민교육에 우호적이었던 정당은 보수당보다는 노동당이었다. 1980년대 후반에서 1990년대 중반에 이르는 보수당 정부 시절에는 자유 민주주의 사조가 만연하던 시기여서 통치 권력의 제한과 합리화를 통해 개인의 자유와 권리를 보장하는 정책이 핵심을 이루었다. 그 결과 국민의 자유와 권리가 극대화되었고 상대적으로 국민의 책임과 의무에 대해서는 등한시하는 상태에 이르게 된 것이다. 이러한 정치적 배경은 1990년대 중반까지 시민의 책임과 역할을 강조하는 시민교육에 대한 관심 부족과 교육과정 내에서의 시민교육 부재 현상을 초래하였다.[2]

그러나 1997년 총선에서 '교육, 교육, 교육'을 슬로건으로 내걸었던 노동당이 오랜만에 집권함으로써 교육은 물론 사회 제도와 복지 제도에서 크고 작은 변화가 일어나게 되었다. 특히 노동당 정부는 자유 민주주의 사상보다는 공동체주의에 토대를 둔 시민적 도덕성과 시민 공화주의 사상을 기본으로 삼았다. 노동당은 보수당 정부가 강조하던 개인의 권리와 자유보다는 개인의 시민적 책무성, 타인의 요구와 다른 관점에 대한 배려, 사회석 역할, 사회에의 기여를 더욱 강조하게 되었다.[3] 이러한 배경에서 노동당 정부는 자연스럽게 시민교육의 강화를 주도하였고, 시민교육의 주요 내용 안에 자유 민주주의 사상이 방치해 오던 정치 참여, 개인의 책임과 의무, 사회 통합을 위한 다문화주의 등을 담았다. 사실 이런 시민 공화주의 사상은 영국의 입헌 군주제를 위협하는 것으로 인식되어 보수당 정부에서는 배제하던 이데올로기였다.[4] 그러나 1990년대 중반에 이르러 더욱 심각해진 청소년 문제와 다문화주의의 심화, 사상 최저의 선거 참여율 등은 자유 민주주의 사상보다는 시민 공화주의 사상을 추구하도록 하는 원인이 되었다.

하버[5]에 따르면 1997년 노동당 집권 전까지 시민교육이 상대적으로 소홀히 다루어졌던 또 다른 이유는 영국 시민 혁명의 역사와 관계가 있다. 영국의 시민 혁명이 온건하게 무혈주의 방식으로 자연스럽게 이루어진 탓에 영국 사람들에게는 시민교육에 대한 필요나 민주주의에 대한 갈망이 유럽의 다른 나라에 비해 적을 수밖에 없었다는 것이다. 즉 한국처럼 독재 정권하에서 자유가 탄압될 때 사람들은 자유와 민주주의에 대한 갈망을 갖게 마련인데 영국은 이런 갈망이나 투쟁, 혹은 노력이나 대가 없이 민주주의를 쟁취하여 이에 대한 소중함을 느끼지 못할 뿐만 아니라 책임보다는 자유와 권리를 주장하게 되었다. 그러나 사회의 구성원이 자신의 책임과 의무를 다하지 않은 채 자유와 권리만을 주장한다면 사회는 큰 혼란에 빠지고 무질서해져서 궁극적으로 민주주의의 가치와 이념도 손상될 수밖에 없음은 명약관화한 일이다. 이에 노동당은 1990년대 이후 영국 사회가 당면한 여러 문제를 해결하고 영국의 재건과 부흥을 도모하기 위한 방편의 하나로 공교육 제도를 포함한 전반적인 교육 제도를 강화하고자 하였고, 이에 시민교육을 국가 교육과정 안에서 의무화하면서 시민의 역할과 책임을 가르치고자 하였던 것

이다.[6]

　이런 노동당의 정치적 배경에서 시민교육 활성화를 위해 1997년 크릭을 중심으로 교육 기술부 안에 '시민교육 자문 위원회'가 구성되었다. 시민교육 자문 위원회는 구체적으로 활용 가능한 시민성의 개념을 정의하고, 시대정신과 관심을 반영하여 시민교육의 방향성과 목표를 제시함으로써 시민교육의 도입과 실시에 있어 결정적인 역할을 하였다. 또 이 자문 위원회를 통하여 시민교육의 개념과 목적, 방향과 방법 등에 관한 지침서가 마련되었는데, 이는 지금까지 영국의 교육 기술부가 시민교육을 실시할 수 있는 가장 중요한 이유와 철학적 바탕이 되었다.[7]

　한편 시민교육 자문 위원회는 시민교육의 의미와 내용, 목적을 담은 보고서를 발표하였다. 이 보고서가 흔히 말하는 「크릭 보고서」[8]로, 이 명칭은 영국 시민교육의 아버지로 불리는 크릭의 이름을 딴 것이다. 크릭 보고서는 영국의 시민교육 교과가 반드시 포함해야 할 시민교육의 3대 주요 요소를 '사회·도덕적 책임감, 공동체 참여, 정치적 문해력'으로 규정하였다.[9] 이에 따라 2002년부터 중등학교에서는 필수 교과로, 초등학교에서는 선택 교과로 시민교육이 포함되었다. 정치학자 출신인 크릭이 보고서를 통해 제시한 시민교육의 3대 요소 중 가장 중요하게 여겨지고 있는 것은 정치적 문해력이다. 크릭의 정의에 따르면 정치적 문해력은 단순히 정치적인 지식을 아는 것뿐만 아니라 정치적인 지식을 바탕으로 하여 정치, 사회 문제에 책임감을 가지고 적극적으로 참여하여 긍정적인 변화와 개혁을 유도할 수 있는 능력을 말한다.[10] 그러므로 영국의 시민교육은 무엇보다 정치 문해 교육과 실천에 필요한 민주적인 지식과 실천 기술, 관용, 이해, 존중 등과 같은 덕목들을 중요하게 다루고 있다.

그러나 국가 수준의 시민교육 정책이 만들어졌음에도 그에 따른 부작용도 만만치 않았다. 우선 교과의 명칭 '시민성'이 지니는 개념의 모호성과 교사가 느끼는 새로운 교과목에 대한 업무 부담, 담당 전문가의 부족 등이 그 예라고 할 수 있다.[11] 물론 2000년대 초기보다 2000년대 중반으로 올수록 학교 현장에서 시민교육에 대한 태도가 점점 우호적으로 바뀌기는 하였으나 실제로 수업을 진행해야 하는 일선 학교는 새로운 교과목에 대한 불안과 부담이 있을 수밖에 없다. 그래서 새로운 교과목 도입 이전에 좀 더 많은 준비 시간이 주어졌더라면 하는 비판의 시각도 당연할 수 있다고 본다. 이러한 시민교육에 대한 충분한 준비와 실시를 위하여 영국은 학교에게만 시민교육의 부담을 지우지 않고 시민 단체 또는 청소년 단체와의 유기적 파트너십을 강조하고 있다. 학교는 시간을 제공하고 청소년 단체나 시민 단체는 시민교육 전문가와 관련 프로그램을 제공하여 공동으로 시민교육을 운영하는 것이 바로 그런 좋은 예라고 할 수 있다. 이런 공동 운영 과정을 통하여 학교는 새로운 교과 과정 운영의 부담을 줄일 수 있고 학생은 전문가로부터 시민교육을 받을 수 있게 된다. 한편 시민 단체의 입장에서는 시민교육 단체로서의 특성화와 역량 개발에 집중할 수 있고, 가장 큰 유익은 시민교육의 뜨거운 감자였던 실천과 실습의 문제가 해결될 수 있다는 것이다. 왜냐하면 학교와 공동으로 시민교육 과정을 운영하는 시민 단체는 주로 자원봉사와 지역 사회 참여 프로그램을 통해 학교에서 시민교육의 지식과 기술을 실천할 수 있는 장을 제공하기 때문이다. 그러므로 이러한 시민교육의 공동 운영은 시민교육을 실시할 때 좋은 사례가 될 수 있다.[12]

이외에도 시민교육 실시에 따른 부작용이 있는데 정작 시민교육이 필요한 16세 이후의 청소년들은 의무 교육이 끝나게 되는 시점이어서, 교육 기관에 머무르지 않고 직업을 갖거나 아니면 니트족[13]이 되는 경우에 이들은 시민교육 대상에서 제외되는 것이다. 영국은 상급 학교 진학률이 높지 않은 데다가 16세 이후 청소년들의 실업률도 높은 상황이다. 그래서 2000년대 중반 이후 시민교육은 16세 이상의 청소년들이 시민교육을 접할 수 있도록 다양한 접근 방향을 내놓고 있기도 하다.[14] 또 시민교육에서는 사회적 책임과 의무를 중요시하여 경제 교육과 직업 교육에 대한 부분을 동시에 강조하고 있는데, 이것은 청소년 개인의 입장에서는 자기 계발을 통한 자아실현을 도모하는 일이 될 것이고 사회나 국가적 입장에서는 청소년이 경제 역량을 개발함으로써 국가 인적 자원을 확보하는 일이 된다.

나. 국가 교육과정 내 시민교육

1) 영국의 국가 교육과정

다음의 표는 영국의 국가 교육과정을 요약한 것으로 시민교육 교과 과정을 이해하는 데 도움이 될 것으로 보인다.[15]

표에서 보다시피 시민교육은 한국의 중고등학교에 해당하는 'Key Stage 3, 4'에서 의무적으로 실시되고 있으며, 이때 독립 교과로 실시될 수도 있고 다른 교과목과 연계하여 통합 교과로도 실시될 수 있어 교과목 운영에 있어서 학교의 자율권과 재량권을 보장하고 있다. 뒤에서도 다시 논의하겠지만, 시민교육을 통합 교과보다는 독립 교과로 실시할 때 시민교육 효과성이 크다고 보고되고 있기는 하다. 그러나 학교들은 독립 교과로 실시할 경우 시민교육 전담 교사를 배치해야 하는 점에서 부담을 느끼고, 대학에서 시민교육 교사를 양성하는 학과도 많지 않아, 사실상 시민교육 전담 교사를 두고 있는 학교는 많지 않다. 그래서 학교의 교사들이 자신의 과목과 연계하여 통합

[영국의 국가 교육과정][16]

	Key Stage 1	Key Stage 2	Key Stage 3	Key Stage 4	
연령	5-7	7-11	11-14	14-16	
연도	1-2	3-6	7-9	10-11	
영어	■	■	■	■	핵심 교과
수학	■	■	■	■	
과학	■	■	■	■	
디자인과 기술	■	■	■		비핵심 교과
정보 통신 기술	■	■	■	■	
역사	■	■	■		
지리	■	■	■		
현대 외국어			■		
예술과 디자인	■	■	■		
음악	■	■	■		
체육 교육	■	■	■	■	
시민성			■	■	
종교 교육	■	■	■	■	
직업 교육			■	■	
성교육			■	■	
진로 관련 현장 학습				■	
개인, 사회, 건강, 경제 교육(PSHE)	□	□	□	□	

* ■ : 법정 필수 과목   □ : 비법정 과목

교과로 시민교육을 실시하거나 아니면 '개인, 사회, 건강, 경제 교육(PSHE: Personal, Social, Health, Economy)' 교과에서 다루고 있는 것이 시민교육 교과목 운영의 현주소이다.

2) 교육과정 내 시민교육의 요소 및 목적의 변화

(1) 시민교육 주요 요소의 변화

2002년 중등교육 교육과정부터 법정 필수 교과목인 시민교육은 2007년 교육과정 개편 시기에 맞추어 시민교육의 주요 3대 요소를 수정하였다.[17] 이는 초기 시민교육 과정이 다문화, 사회 통합과 관련한 요소가 상대적으로 적어 백인 중심의 영국 기득권 사회의 시민교육에 초점이 맞추어졌다는 비판을 반영한 것이고, 정치와 민주주의 발전을 더욱 강조하여 이전에 비해 더욱 정치 교육에 가까워진 부분이 없지 않아 있기도 하다. 우선 초기 시민교육의 3대 요소와 2007년 교육과정 개편 이후에 제시된 3대 요소는 아래와 같다.

[2002년~2015년 시민교육의 3대 요소]

2002년	2007년 이후
사회·도덕적 책임감	민주주의와 정의
공동체 참여	권리와 책임
정치적 문해력	정체성과 다양성

2007년 개정되어 2015년까지 국가 교육과정에서 제시된 시민교육의 3대 요소의 세부 내용은 다음과 같다.[18] 2016년부터 시행되는 새 교육과정에서는 시민교육의 요소를 별도로 구분하지 않고, 시민교육의 목표와 성취도 정도만 제시하여 이전의 시민교육에 비해 국가가 제시하는 필수 가이드라인은 완화되었다고 볼 수 있다. 그럼에도 2015년까지 실시된 시민교육의 요소를 살펴봄으로써 현행 교육과정과의 비교는 물론 한국의 시민교육 관련 정책 및 프로그램 개발에 대한 시사점을 얻을 수 있을 것이다. 또한 아래의 표에서 청소년의 주도적 참여와 권리, 의무, 사회 참여 등은 한국의 청소년 활동의 주요 영역과도 일치하는 부분이다.

[2007년~2016년 시민교육의 3대 요소와 개념]

3대 요소	개념
민주주의와 정의	• 청소년이 학습해야 할 '민주주의와 정의'는 영국에 사는 시민이 정치 제도와 사법 제도 안에서 취할 수 있는 역할을 의미함. • 민주주의의 한 부분으로서의 자유, 정의로서의 공평과 법 규율, 힘과 권위, 책임이 포함됨. • 청소년들은 다양한 수준과 종류의 책임을 학습해야 하며, 자신들에게 영향을 미치는 의사 결정에 참여하는 지역 사회 수준에서의 책임에서부터 의회와 국회 등 중앙 정부로부터 요구받는 책임까지도 이해해야 함.
권리와 책임	• 다양한 종류의 권리와 의무 책임에 대한 이해: 청소년들은 정치적, 법적, 인간적, 사회적, 시민적, 도덕적 수준에서의 권리, 의무, 책임에 대해 이해해야 함. • 권리와 책임의 균형에 대한 이해: 극단주의와 테러리즘 같은 민감한 주제를 다룰 때도 청소년들은 자신의 권리와 책임이 균형을 이루도록 해야 함.
정체성과 다양성	• 다문화 사회에서 청소년들이 함께 사는 법을 배우고 다양한 정체성을 이해하는 것을 의미함. • 사회의 변화에 따라 청소년들은 각기 다른 집단에 속하게 되고 그에 따른 다중 정체성을 갖게 됨. • 청소년들은 영국의 다문화 역사, 현황 및 배경을 이해해야 할 뿐만 아니라, 지역과 국가, 사회의 구성원으로서의 역할과 책임을 학습해야 함. • 사회 통합을 위하여 정치적, 사회적, 경제적, 문화적 변화에 의해 지속적으로 변화하게 될 영국 사회를 이해하고 함께 어울려 공존하는 법을 학습해야 함.

(2) 시민교육 목적의 변화

① 2007년~2015년 교육과정상의 시민교육의 목적

2007년에서 2015년까지 실시된 시민교육 교과의 목적은, 성공적이고 자신감 있으며 책임감 있는 개인을 양성하는 것으로, 자세한 내용은 다음과 같다.[19]

- **성공적인 학습자 양성**

시민교육은 학습자들에게 현대 사회가 직면한 문제를 비판적으로 인식하게 하고 이들이 민주적인 지식과 태도, 기술을 가지고 공적인 생활과 민주적인 과정에서 중요한 역할을 할 수 있게 한다. 이를 위해 성공적인 학습자란 기초적인 문해와 수학 능력의 함양뿐 아니라 복잡한 문제를 해결할 수 있는 능력을 가진 사람, 문제 해결을 위하여 다른 사람들과 협력하고 같이 연구할 수 있는 사람, 독립적으로도 행동하지만 협력하여 행동할 수 있는 사람, 자신의 지역 사회와 세계 사회를 변화시킬 수 있는 사람을 말하며 이러한 성공적인 학습자를 배출하는 것이 시민교육의 첫 번째 목적이라고 할 수 있다.

- **자신감 있는 개인 양성**

시민교육의 주요 목적은 개인이 살고 있는 지역 사회를 조직하는 의사 결정에 참여하는 방법을 이해하고 개발하게 하는 것이다. 이에 시민교육은 학습자들이 자신감을 가지고 참여할 수 있도록 다양한 종류의 경험을 제공한다. 청소년들은 자신을 위해서 행동하고 생각하도록 연습하며 다른 사람과 관련지어 행동하고 생각해 보는 기회도 갖게 된다. 이를 통해 청소년들은 자신의 자아 정체성을 형성하고 사회 속의 복잡하지만 변화하는 정체성에 대해서도 이해할 수 있게 된다.

- **책임감 있는 시민 양성**

시민교육은 개인이 크고 작은 조직에서 자신의 역할을 고민하고, 변화를 위한 결정과 행동에 대해 생각해 보는 기회를 제공한다. 이를 위하여 청소년들은 다양한 종류의 개인과 지역 사회, 환경에 영향을 미치는 정치적, 사회적, 윤리적 딜레마를 경험하게 되고 비록 자신이 동의하지 않을지라도 비판적이고 창조적이며 적극적으로 생각해 볼 수 있는 기회를 갖게 된다. 시민교육을 통해 청소년들은 다른 사람의 삶의 긍정적 변화를 위한 활동이나, 실제의 의사 결정 활동, 정치나 제도의 변화를 위한 의사 결정에의 참여 활동 등을 통해서 임파워먼트에 대한 감각을 익히고 성취감을 느낄 수도 있을 것이다.

이상의 세 가지 시민교육의 목적이 달성되기 위해서는 초기 시민교육에서 가장 큰 문제로 지적되어 왔던 것처럼 시민교육 실천의 문제가 해결되어야 한다. 지식에서 그치는 것이 아니라 실제 행동하는 시민이 될 수 있는 방안이 모색되어야 하기 때문이다. 그리하여 시민교육의 목적 달성 여부를 측정하기 위한 척도의 필요성이 이미 오래전부터 제기되어 왔다.[20]

② 2016년~현재 교육과정상의 시민교육의 목적

현행 교육과정상 시민교육 교과의 목적은 첫째, 청소년들이 영국이 어떻게 통치되고 있는지, 정치 제도는 무엇인지, 민주적 정부 제도 안에서 적극적으로 참여하는 것은 무엇인지에 대하여 충분히 이해하는 것이다. 둘째, 법의 역할과 사법 제도, 입법 과정에 대한 지식을 습득하는 것이다. 셋째, 성인이 되어서도 지속 가능한 자원봉사 혹은 책임감 있게 참여할 수 있는 여러 형태의 활동에 관심을 갖고 적극적으로 참여하도록 하는 것이다. 마지막은 정치적인 사안에 대하여 비판적으로 사고할 수 있는 기술을 기르고, 미래의 재정적 필요를 위한 계획을 세우고 경제를 운용할 수 있도록 하는 것이다.

이 중에서 세 번째 목적인 성인이 되어서도 지속 가능한, 의미 있는 자원봉사 활동과 그에 준하는 책임감 있는 활동에 참여하는 것은 한국의 청소년 활동과 그 개념이 유사하다고 볼 수 있다. 그러므로 청소년을 대상으로 하는 시민교육은 개인적인 관점에서뿐만 아니라 사회적인 관점에서도 다양한 청소년 활동이 주요 시민교육의 전달 방법으로 활용될 수 있다는 것이 중요하며, 한국에서도 청소년 활동의 궁극적 목적이 청소년의 개인적, 사회적 시민성 함양이 되어야 할 것이다.

아래의 표는 한국의 중고등학교에 해당하는 중등학교 'Key stage 3, 4'의 학습 성취 목표이다.

[현행 교육과정상의 시민교육의 학습 성취 목표(2016년 ~ 현재)]

Key stage 3	Key stage 4
• 영국 시민으로서의 역할, 의회 및 입헌 군주제, 민주적 정부와 정치 제도의 발전에 대한 이해 • 선거와 투표, 정당의 역할과 의회의 운영 이해 • 영국의 시민이 누리는 자유에 대한 소중함 인식 • 법과 규칙, 사법 제도의 본질뿐만 아니라 경찰의 역할과 법원 및 재판소에 대한 이해 • 공공 기관 및 시민 사회에 대한 이해와 지역 사회의 발전을 위한 시민의 협치 이해, 학교 기반의 활동에 참여할 기회 제공 • 화폐의 기능과 사용, 예산의 수립과 운용의 위험에 대한 이해	• 의회 민주주의와 입헌 군주제의 주요 요소, 정부의 권위와 시민의 역할, 입법부와 사법부의 역할, 언론의 자유 등에 대한 이해 • 지역과 국가, 유럽 연합과 그 외의 다양한 지역에서의 민주적인 선거 제도와 과정에 대한 이해 • 영국을 넘어서 민주주의 국가와 비민주주의 국가의 다른 제도와 정부 형태에 대한 이해 • 지역과 국가, 국제적 거버넌스에 대한 이해, 유럽과 영연방, 유엔과 그 외의 지역과 영국과의 관계 이해 • 인권과 국제법 이해 • 영국의 법 제도와 법원, 법이 사회의 문제를 해결하는 방식에 대한 이해 • 영국 내의 여러 지역적, 종교적, 인종적 정체성과 다양성에 대한 이해와 상호 존중과 이해의 필요성 이해 • 소득과 지출, 신용과 채무, 보험, 저축, 연금, 재정 상품, 재정의 운용에 대한 이해

표에서 보듯이 현행 시민교육 과정은 이전의 교육과정보다 목적과 학습 성취 목표가 더욱 구체적으로 적시되어 있으며, 가장 크게 두드러지는 점은 바로 경제관념과 경제적 책임감을 갖도록 하는 것이다. 다시 말해, 'Key stage 3' 단계(한국의 중학교에 해당)에서부터 교육과정에서 화폐의 기능과 사용, 예산 수립과 화폐의 잘못된 사용으로 인한 위험을 이해하게 함으로써, 청소년 시기부터 경제에 대한 올바른 인식을 갖도록 하여 경제적으로도 책임 있는 시민을 양성하려고 하는 점이 기존의 교육과정과 다른 점이다. 물론 경제 교육은 다른 교육과정에서도 충분히 다루어질 수 있는 영역인데도 시민교육 과정에서 다루는 것은 신자유주의적인 성향에서 비롯된 것으로 비판의 소지가 있을 수 있다. 그럼에도 영국은 지속적인 시민교육 과정의 개편을 통해서 시대가 요구하는 시민의 양성을 위해 노력하고 있으며, 한국 역시 다양한 주제와 요소로 구성된 시민교육의 활성화가 필요한 상황이다.

한국에서 시민교육은?

가. 시민교육의 주체는 다양해야

국가의 교육과정 안에서 어느 정도 의무적으로 실시되는 시민교육의 방향과 목적에 동의하는 바이지만, 학교 교육만으로 시민교육이 완전하게 전달될 수 있다고는 생각하지 않는다. 죄송한 이야기이지만 한국의 학교 교육 당국은 여전히 청소년이 가진 모든 문제를 학교에서 다룰 수 있고, 풀 수 있으며, 해결해야 한다고 하는 부여하지 않은 사명감을 크게 가지고 있는 것 같다. 유럽 연합은 이미 2000년대 이후 교육 관련한 모든 정책과 사업 프로그램에서 학교 교육의 한계를 인정해 오고 있다. 학교 교육이 가진 자체의 문제도 있겠지만 사회의 빠른 변화와 점점 더 다양해지는 청소년의 필요와 요구에 부응하기 위해서는 다양한 형태의 교육이 필요하기 때문이다. 이러한 인식에서 유럽 연합은 학교와 학교 밖의 다양한 시민 단체나 청소년 단체와 협력하여 교육이 이루어져야 함을 강조하고 있고, 비단 시민교육뿐만 아니라 모든 교육에서 지역 사회와의 파트너십을 권하고 있다.

특히 시민교육의 경우 다양한 형태의 실천이 동시에 이루어져야 하는 바, 학교에서 배운 시민성에 관한 지식이 지역 사회의 참여, 즉 자원봉사 활동이나 청소년 수련 시설에서의 청소년 활동을 통해 실습되고 실천될 때 참여적 시민성이 체득될 수 있을 것이다. 그러므로 한국에서 시민교육의 주체가 다양해질 수 있도록 각급 학교와 학교 밖 청소년 기관에서의 적극적인 협력을 요구하는 바이고, 서로의 노하우를 극대화하여 청소년에게 필요한 시민교육이 이루어져야 할 것이다. 교재와 교육과정을 공동 개발하거나 산학 협력을 통해 다양한 주체와 공동으로 교육과정을 운영하는 등 유연하고 다양한 교육 제도에의 도입이 선행되어야 한다고 생각한다.

나. 시대의 변화에 부응하는 시민교육

대통령 직속 4차 산업 혁명 위원회는 다양한 분야에서 4차 산업 혁명이 미치게 될 영향과 사회적 변화에 대하여 연구하고 대책을 마련하고 있다. 4차 산업 혁명은 인공 지능과 빅 데이터 같은 디지털 기술로 촉발되며 이로 인한 초연결 기반의 지능화 혁명을 말하는데[21] 이로 인해 우리가 살아가게 될, 특히 청소년이 살아가게 될 머지않은 미래 사회는 예측 불가한 것으로 특징 지어지고 있는 상황이다. 이런 상황에서 우리는 지금과는 전혀 다른 사회에 필요한 미래 신역량을 개발해야 하며 어느 세대보다 청소년 세대에게 이러한 신역량은 생존 기술이나 생존 역량으로 인식되고 있다. 경제·인문사회 연구회는 4차 산업 혁명 시대의 학교 교육의 목적과 역할로 '미래의 불확실성과 기존 경제 구조의 해체로 인해 상호 의존성이 더욱 강화되고 있으므로 이를 위해 상호 의존하고 공존할 수 있는 역량을 기르게 하는 것'이라고 밝혔다.[22] 상호 의존과 공존, 협력 등의 가치를 4차 산업 혁명 시대에 필요한 가치라고 규정하고 있지만 이러한 가치들은 사실 시민교육의 중요 가치이자 원리이기도 하다.

2015 개정 교육과정 역시 청소년이 미래 사회의 시민으로 갖추어야 할 6대 핵심 역량으로 자기 관리 역량, 지식 정보 처리 역량, 창의적 사고 역량, 심미적 감성 역량, 의사소통 역량, 공동체 역량을 제시하였다. 결론적으로 4차 산업 혁명 시대를 대비하는, 적어도 교육 및 청소년과 관련된 중요 신역량 중의 하나는 공동체와 공존, 협력 같은 사회적이고 윤리적인 가치라고 할 수 있다. 이러한 가치들이 청소년 시기의 공교육과정은 물론 청소년 활동 현장에서의 체험 활동을 통하여 체득되고 실천되어야 하는 것은 자명한 사실이다. 더욱이 4차 산업 혁명 시대의 학교 교육은 현재 상태를 유지하는 것이 매우 어려울 것으로 예상되는 바, 청소년의 창의성과 자기 주도성, 공동체 의식 같은 시민성을 함양할 수 있는 청소년 활동은 미래 사회의 중요한 교육적 역할을 감당하게 될 것이라고 믿어 의심치 않는다.

나가며

최근 영국 사회의 초 관심사 중의 하나인 브렉시트를 놓고, 필자와 영국의 시민교육 담당 교수들이 사석에서 영국의 시민교육에 대해 이야기를 나눈

적이 있다. 즉, 영국이 한국에 비해 시민교육을 체계적으로 오랫동안 실시해 왔다고 생각하는데 영국 시민들의 선택을 보고 있노라니 그간의 시민교육의 성과가 무색해졌기 때문이다. 영국의 교수들은 그러니 시민교육을 더 열심히 해야 하는 거 아니겠냐고 반문했다. 그리고 한국 시민 사회의 저력, 사상 초유의 대통령 탄핵, 그것도 평화로운 방법으로 이루어 낸 민주주의의 가치에 대해서 대놓고 부러워하기도 하였다. 사실 2009년과 2016년 '국제 시민교육 비교 연구'에 따르면 시민운동이 활발하게 이루어지는 곳, 시민들의 정치 참여가 적극적으로 이루어지는 곳일수록 민주주의의 역사가 짧고 정치와 경제가 민주적이라고 여겨지지 않는 국가들이었다. 다시 말해 민주주의에 대한 결핍이 시민교육의 중요성과 필요성, 그리고 실천적 시민성의 함양을 가능하게 했다고 해석해 본다. 한국은 오랜 정치적 독재와 비민주주의적 경제 구조를 겪으며 민주주의와 시민교육에 대한 열망을 키워 왔고, 그 결과 시민 사회가 여전히 역동적이며 필요한 경우에 촛불을 들고 광장으로 나올 수 있었다고 생각한다. 아이러니하게도 우리는 이런 식으로 시민교육을 해 온 것이 아닌가 싶다.

영국 하버 교수의 말처럼 공짜로 얻은 민주주의에 대한 소중함이 영국은 덜 한 것 같고, 그 대가를 지금 치르고 있는 게 아닌가 싶기도 하다. 반면 한국은 정치적, 경제적 민주화는 어느 정도 이루었고 정치적, 민주적 시민은 많이 길러 내었으나 생활 속의 개인적 시민성을 실천하는, 즉 양심 있고 행동하는 시민, 자신의 역할과 권리를 인식하고 이에 따라 책임과 의무를 다할 수 있는 생활적 시민의 육성은 여전히 부족하지 않나 스스로 반성해 본다. 그래서 앞으로 시민교육이 지향해야 하는 방향은 정치적, 경제적 시민성의 중요성을 높이 평가하되, 개인의 삶에서 실천하는 시민, 책임과 역할을 다할 줄 아는 시민을 길러 내는 생활적 시민교육이어야 한다고 믿는다. 그리고 해외 시민교육 사례도 좋지만, 이러한 사례들은 어디까지나 역사로 흘러간 것들이고 한국이 충분히 한국형 시민교육을 구상하고 만들어 낼 저력이 있다고 믿어 의심치 않는다. 그러니 이제는 우리에게 집중해서 한국에서 시민교육을 우수한 사례로 만들어 유럽에 수출하는 그런 날도 수줍게 꿈꿔 보고 싶다. 마치 K-POP이 한국에서 느끼는 것보다 해외에서, 특히 유럽에서 열광적인 지지를 받는 것처럼 말이다.

마지막으로 현장에서 밤낮으로 시민교육을 위해 애써 고민하고 공부하는 사회과 교사들에게 경이로움과 존경을 표하며, 부디 혼자 담당하려 하지 말고 눈을 돌려 지역의 다양한 기관과 협력하며 힘들지 않게, 오래 같이 걷자고 감히 부탁을 드리며 원고를 맺는다.

박선영

어쩌다가 공부한 시민교육이 두고두고 평생의 숙제이자 과업이 되었다. 한국의 교육 환경에서, 시민교육은 학교 교육뿐만 아니라 학교 밖 청소년 현장에서도 이루어져야 진정한 의미의 실천적 시민성을 함양할 수 있다는 생각은 나이와 함께 더 공고해지고 있다. 언젠가 학교와 지역 사회의 높은 담이 허물어져, 다양한 청소년 현장에서 '좋은', '적극적인' 시민을 함께 양성할 수 있는 그런 날이 올 것이라는 꿈을 꾸기에 스스로 청춘이라 믿고 산다.

이방인의 눈으로 본 공화국 시민
_ 낭만적이지만은 않은

어느 토요일 아침, 도서관에 가려고 집을 나섰다. 트램을 타야 하는 거리였는데, 역에 도착하자마자 시위로 인해 트램 운행이 중단되었다는 내용의 방송이 들려왔다. '아차, 시위가 아직도 이어지고 있었지.' 하는 생각이 뒤늦게 떠올랐다. 몇 달째 토요일마다 이어지는 시위인데도 '이쯤 되면 끝나지 않았을까?' 하고 짐작했던 것이다. 이 작은 도시의 주요 대중교통 수단은 트램이기 때문에, 이로 인해 발이 묶여 버린 나는 다시 집으로 돌아올 수밖에 없었다.

프랑스 전역에서 2018년 11월부터 이어져 오고 있는(2020년 5월, 코로나19로 인한 국가 비상사태 조치에 따라 잠정 중단) '노란 조끼 시위'는 현 정부가 자동차 연료세를 인상하려고 하자 그에 반발하는 시민들의 움직임에서부터 출발했다. 이들은 교통안전 조끼를 입고 고속도로의 톨게이트와 교차로 등지를 점거했고, 이후 이 시위 물결은 전국적으로 시내·외 할 것 없이 확산되었다. 논의도 여러 영역에서 활발히 일어나게 되었는데, 정부의 재산세 및 특별 소득 구간세 완화, 최저 임금 및 생계 보장 지원금 등의 안건에 대한 목소리가 높았다. 이후 정부에서는 관련 이슈에 대한 전 국민의 의견 조사를 시행했다. 비록 형식적인 것이었을지라도 정부가 시민의 의견에 귀 기울이게 한 이 움직임의 근간을 이루고 있는 시민들에 대해 다시 한 번 곰곰이 생각해 보게 된다.

프랑스 공화국 시민

적어도 시위 장면에서 공화국의 시민은 낭만적인 존재가 아니다. 피 튀기는 대혁명을 경험한 프랑스는 우리가 보기에는 다소 과격한 방법을 동원하기도 한다. 예를 들면 내가 있는 도시의 노란 조끼들은 은행과 대형 유통 상

2019년 2월 16일 14번째 노란 조끼 시위 장면 ⓒ Eric Feferberg/AFP.

점, 트램역의 유리를 깨부쉈고, 아직까지 몇몇 트램역의 유리판은 복구되지 않은 상태로 몇 달째 방치되어 있었다. 아마 한국에도 이 시위의 여파로 인해 파리의 개선문 일부가 손상되었다는 소식이 전해졌을 것이다. 물론 시위에 참여하는 모든 이가 폭력적으로 행동하는 것은 아니다. 시위 대열에 묻어 기물 파손을 일삼는 일부 시위꾼들이 문제가 되는 것은 꽤 익숙한 모습일 것이다.

여기에 머무른 지 세 해가 다 되어 가는데, 유독 내가 있는 동안에 시위가 많다. 2년 전에는 대학 파업 시위로 2학기의 절반 이상을 학교에 가지 못했다. 학교 건물 입구는 책상과 의자로 막혀 접근이 불가능했고, 학생들은 목요일마다 총회를 열어 시위를 유지할지 중지할지를 결정했다. 이로 인해 정상적인 수업은 불가능했고, 학기말이 되자 시험은 기한 내에 제출해야 하는 온라인 과제로 대체되었다. 그런데 시위 참가 학생들 중 일부가 학교 전산망의 전선을 뽑아 버리는 무식한(?) 방법을 동원해서, 시한 내에 과제를 업로드하기 위해 컴퓨터 앞에 앉아 있던 많은 학생들을 패닉에 빠뜨린 사건이 있었다. 물론 나도 그 학생들 중 하나였다.

2020년 1월부터 대학가에 다시 시위가 번지기 시작했는데, 이는 연금 개혁법에 반대하는 전국적 시위의 일환이다. 여기에 더해 2월부터는 '대학 교육 및 연구 계획 개혁법' 상정을 놓고, 프랑스 내 다수의 대학들에서 해당 법이 대학 교육의 공공성을 훼손하고 연구직의 고용 안정성을 위협한다는 이유로 시위 움직임이 일었고, 3월 5일을 '대학 교육과 연구 활동을 멈추는 날'로 지정해 파업에 돌입했다. 이처럼 프랑스에서는 현 상황에 대한 불만을 표시하기 위한 시위의 일환으로 파업이 자주 동원되기도 한다. 노조의 영향력이 강한 프랑스에서는 다양한 직군의 노조들이 연합해 시위나 파업을 주도

하는데, 대중교통이나 철도, 항공 파업은 물론 학교에서 교사나 교육 공무원의 파업도 심심치 않게 목격할 수 있다. 실제로 내가 있는 학교에서는 학교 공공 기관 메일을 통해 여러 교사 및 교수 노조들이 파업 및 시위 계획을 안내하고 동참을 제안하기도 했다.

프랑스 시민들을 이토록 움직이게 만드는 것은 무엇일까? 내가 보았을 때 그들은 국가가 보장해야 하는 '공공성'이 침해되었다고 느낄 때 분노하는 것 같다. 앞서 말한 대학 파업 시위는, 각 대학에 학생 선발권을 주는 조치로 인해 시작되었다. 이 조치로 고등 교육을 받고자 하는 학생들이 평등한 교육 기회를 보장받지 못하게 되는 것을 비판하는 시위였다. 이런 모습은 내게 매우 낯선 광경이었다. 입시를 위한 사교육은 차치하고라도, 원하는 대학에 입학할 가능성을 조금이라도 높이려고 생활 기록부 작성에 애쓰고, 이에 더해 수능 대비를 위한 수업이 이루어지는 것이 흔한 우리나라의 학교 현실에 익숙해져 있던 까닭일까. 우리나라에서는 대학이 서열화되어 있다는 사실과, 학생의 역량을 평가해 입학생을 선발하는 것에 문제를 제기하는 경우는 거의 없으니 말이다.

시민을 만드는 프랑스 교육

작년에 수강한 교육 사회학 수업에서 교수가, 유일한 외국인 학생이었던 나를 보며 "프랑스는 전통적으로 사회주의 성향이 강하죠."라고 강조했던 것이 떠오른다. 프랑스에서 교육은 철저하게 '권리'로 인식되고 있으며, 경쟁 논리보다는 합격/불합격의 체제를 고수하고 있다.

프랑스의 학제는 '유치원(3년)-초등학교(5년)-중학교(4년)-고등학교

(3년)'로 이루어져 있다. 보통 유치원과 초등학교는 한 학교에 있는 경우가 많고, 중학교 과정까지는 의무 교육 기간이다. 교육 환경이 열악한 우선 지원 지역의 아동은 의무로 유치원 교육을 받도록 장려하고 있으며, 교육 우선 지원 지역의 초등학교는 효과적인 교수-학습을 위해 반을 두 개로 나누어 수업을 운영하고 있다. 역사적으로 프랑스는 중등 교육이 시작되는 중학교 과정에서부터 계열별로 나뉘어 교육을 받았으나, 1975년에 중학교 과정을 일원화하여 교육의 보편화를 이루려고 했다. 고등학교는 일반/기술/전문 계열로 나뉜다. 고등학교를 졸업하면서 학생들은 바칼로레아를 치르는데, 이는 고등 교육을 희망하는 학생들에게 수학 자격을 부여한다. 일반 계열 학생들은 바칼로레아 합격증을 가지고 일반 대학에 진학하거나, 그랑제콜 준비반에 등록할 수 있다. 일반 대학의 학사 과정은 3년이며, 이후 석사 및 박사 과정으로 학업을 이어갈 수 있다. 그랑제콜 준비반은 2년 과정이며, 이후 선발 과정을 거쳐 국립 행정 학교, 공과 대학 등의 그랑제콜에서 수학할 수 있다. 기술 및 전문 계열 학생은 전문 대학에 진학해 학교 교육과 현장 실습을 병행하며 약 2년간 전문 기술직 자격증을 준비한다.

학생이 교육을 받고자 하는 의지가 있으면 일반 대학의 고등 교육까지는 경제적 부담 없이 받을 수 있게 한다.[1] 대학교의 경우 부모의 소득 수준에 따라 등록금을 내지 않거나 생활비를 지원하는 장학금을 지급하고 있다. 또한 학교 기숙사에 살면서 알게 됐는데, 학교별로 기숙사가 있는 것이 아니라 정부에서 도시마다 국립 기숙사를 운영하며, 장학금을 받는 학생은 기숙사에 거주할 경우 기숙사비도 감면받을 수 있다고 한다. 그도 그럴 것이 프랑스는 OECD 국가 중 국내 총생산 대비 사회 보장 지출액이 가장 많은 나라[2]이다.

시험을 살펴보면, 프랑스에서는 보통 20점 만점을 기준으로 점수를 매기는데, 평가는 절대 평가로 이루어진다. 10점 이상이면 합격이며, 12점 이상부터는 점수에 따라 다소 우수, 우수, 매우 우수의 호칭을 부여하고 있다. 10점 이하일 경우는 불합격으로 재응시하거나, 전체 성적이 10점 미만일 경우 유급을 하게 된다. 초등학교부터 일반 대학까지는 수준이 평준화되어 있기 때문에, 우리나라에서 뜨거운 논란이 되고 있는 자사고와 특목고와 같은 형태의 고등학교가 존재하기 힘들다. 물론 학교별로 국제 섹션과 같은 특수 계열이 개설되어 있는 학교가 있으나, 이는 어디까지나 일반 학교에 해당 과정이 설치·운영되는 형태다.

이렇게 프랑스에서 교육이 시민을 길러 내기 위한 기본 과정의 성격을 띠게 된 것은 현재의 교육 체계가 정립된 공화정 초기와 연관이 깊다. 왕정에서 공화정으로 전환을 맞이하면서, 교회와 국가 분리법에 의해 이전에 교회의 영향권에 속해 있던 교육 영역을 국가가 책임지게 되었다. 이 과정에서 공화정을 성공적으로 유지하기 위해서는 시민 개개인이 자유롭고 의식 있는 존재가 되어야 한다고 보았다. 따라서 프랑스에서 교육의 목표는 자연스럽게 '공화국의 시민을 기르는' 것일 수밖에 없고, 이는 '시민교육'이라는 단독 교과에서뿐만 아니라 교육 전반에 걸쳐서 나타나는 프랑스 교육의 특징이다. 우리도 잘 알고 있는 프랑스의 표어 '자유, 평등, 박애'는 사실 프랑스 학교의 신조이기도 하다(프랑스는 학교마다 교훈이 없다). 프랑스 교육에서는 이 세 가지에 더해 '세속성'까지 포함한 공화국의 가치를 강조하고 있다. 세속성은 어떠한 종교나 다른 신념에서 자유로운 상태를 말하는데, 프랑스 교육이 초기에 교회에서 벗어나는 데서 구축되었다는 점을 보면 이해가 쉽다. 학교에는 잘 보이는 곳에 세속성 헌장이 붙어 있는데, 학교 교육이 종교나 신념의 문제에서 중립적일 것과 동시에, 개인은 타인의 종교나 신념에 대해 관용적인 태도를 갖출 것을 명시하고 있다. 또한 세속성과 관련된 사안은 각자가 충분히 숙고하는 과정을 거쳐 자유 의지에 따른 판단을 내릴 것을 시사하고 있다.

프랑스 교육에 대해 떠올릴 때, 우리는 학생들이 수능에서 네 시간 동안 철학 논술 시험 답안을 작성하는 전통이 있다는 인상을 가지고 있다. 철학이 단독 교과로 중등 교육

세속성 헌장 3

과정에 존재감을 가지고 있다는 것이 먼저 눈에 띌 수 있으나, 사실은 국어 시험인 프랑스어 시험도 마찬가지로 몇 시간의 논술로 치러진다. 이처럼 주요 과목을 선택형이 아니라 논술형으로 평가하는 것은 학생의 사고력을 평가의 중심에 놓고자 하는 의도로 파악된다. 이것은 프랑스에서 교육과정과 관련된 문서를 살펴볼 때나, 선생님들과의 인터뷰에서나 일관되게 포착할 수 있는 부분이었다. 왜냐하면 가장 비중 있게 등장하는 시민으로서의 덕목이 '비판 정신'이기 때문이다. 이 단어는 프랑스 사회에서만 쓰이는 다소 특수한 용어이긴 하지만, 의미하는 바는 '비판적 사고'와 크게 다르지 않다. 이는 어떠한 판단을 내릴 때, 외부의 힘에 영향을 받는 것이 아니라 스스로 생각할 수 있는 힘을 말한다. 이렇게 다져진 사고력을 바탕으로 프랑스 교육은 학생들이 세속성에 대한 판단을 스스로 내릴 수 있고, 나아가 공화국의 가치

에 기여할 수 있도록 하고 있다.

수업 시간에는 주로 철학이나 시민교육, 프랑스어와 같은 교과에서 토론이나 토의가 많이 이루어진다. 프랑스의 일반 계열과 기술 계열 고등학교 3학년에서는 철학 교과가 필수 과목으로 지정되어 있다.[4] 철학 교과가 사실 경우에 따라서는 고리타분하고 외워야 할 것이 많은 과목일 수도 있으나, 친구들의 말을 들어 보면 그래도 철학자들의 생각을 적절하게 인용하는 한에서 자신의 생각을 자유롭게 펼칠 수 있다는 점을 긍정적으로 평가하는 경우가 많았다. 초등학교나 중학교 과정에서는 철학 교과가 따로 있지는 않지만, 가치 판단을 연습하는 토의(민주적이고 철학적인 목적의 토의)가 연관 교과의 수업 시간에 활발하게 이루어질 수 있도록 장려하고 있다.

이방인으로서의 시민

한국에서 나고 자란 내가 이런 프랑스 교육의 구조와 그 바탕에 깔린 가치들까지 이해하는 데는 꽤 많은 시간이 걸렸다. 거꾸로 프랑스 사람들도 한국의 교육 시스템을 이해하려면 상당히 많은 노력이 필요할 것이다. 여기 교수들은 한국에 대해 PISA와 TIMSS[5] 등 각종 국제 평가에서 높은 순위를 차지하는 나라라는 인상을 가지고 있다. 동시에 사교육의 비중과 학생 자살률이 높다는 것까지도 알고 있어, 이와 관련된 질문을 하곤 하는데 실제로 학교 현장이 어떤지 궁금해하는 경우가 많았다.

내가 보기에 프랑스에서 교육은 프랑스 사회의 '공공성'이 가장 잘 드러나는 분야 중 하나이다. 그렇다면 이러한 공공성이 프랑스 교육 제도와 사회 내에서 이방인인 내게는 어떤 모습으로 나타났을까? 프랑스에서 나는 외국인 신분과는 상관없이 학생으로서 받을 수 있는 모든 혜택을 프랑스 시민과 거의 동등하게 받을 수 있었다. 예를 들면 등록금을 프랑스 학생과 같이 40만 원 정도 냈으며, 학생으로서 주택 지원 보조금도 받을 수 있었다. 수업을 듣거나 평가를 받을 때도 프랑스 학생과 별로 다른 점은 없어 보였다.

그렇지만 나는 무엇인가 다르다고 느꼈다. 앞서 말한 대학 파업 시위 현장으로 되돌아와 보면, 시위로 인해 학교가 봉쇄된 상황에서 나는 무슨 생각을 하고 있었나? 솔직히 말하면 나와는 상관없는 '학사'인 '프랑스 학생'들의 이슈라고 여겼기 때문에, 이런 시위가 있을 때 공부를 하러 여기 온 내가 참 운이 없다고 생각했다. 처음에 시위로 학교가 1, 2주 정도 막혀 있을 때는 수업이 없어졌다는 것에 잠시 즐겁기도 했지만, 거의 한 학기가 날아가게 되니 화가 나기 시작했다(게다가 그 시기는 프랑스 내 총파업도 겹쳤던 때라 시위에 질려 버렸다). 시위하는 학생들 때문에 내 수업권과 교육권이 침해되었다고 생각한 것이다. 최근 연금 개혁 반대 시위와 관련해서도 내가 느끼는 바는 크게 다르지 않았다. 프랑스에서 연금을 받을 것이라는 기대가 적은 내게, 연속적인 파업은 그저 방학 기간 동안 제때 한국에 돌아가지 못하지는 않을지 전전긍긍하게 만드는 골칫거리일 뿐이었다.

프랑스 시민이 아닌 내 위치는 나로 하여금 여기에서 일어나는 일들을 거리를 두고 보게 한다. 앞서 말한 시위들과 더불어 2019년 9월부터 프랑스에서는 '기후를 위한 행진'이라는 환경 시위가 한 달에 한 차례씩 있었다. 사실 지금 프랑스에서 환경 문제는 뜨거운 감자다. 정부가 기후 변화를 위한 조치를 취하지 않는다는 이유로, 2019년 12월에는 여러 시민 단체가 연합해서 국가를 법원에 고발하는 일도 있었다. 이 사건에는 '세기의 소송'이라는 이름이 붙었다. 하루는 한 중학교 선생님을 인터뷰하러 갔다 오는 길에 트램

운행이 일시 중단되었다는 안내 방송을 들었다. 무슨 일로 또 중단된 건가 하고 보니, 환경 시위에 참여하는 사람들이 시내 중심지에 운집해 있었다. 스웨덴의 그레타 툰베리의 행동에 힘입어 학교에 가지 않고 시위에 참여하는 고등학생들도 군데군데 보였다. 이때 나는 이런 시위가 만약 우리나라에서 일어났다면 어떤 모습이었을지 처음으로 떠올려 보았다. 그리고 '이 시위에 나는 참여했을까? 얼마나 자주 관심을 가지고 참여했을까?'와 같은 질문을 스스로에게 해 보았다.

그러나 내가 프랑스 사람이 아니라고 해서 시민으로서의 내 모습이 존재하지 않는 것은 아니다. 프랑스의 정치적인 사안과 관련해서는 참여할 이유가 별로 없다고 생각하지만, 분명히 '시민'이라는 이름으로 내가 행하고, 생각하고 있는 것들이 있다. 학교에서는 협업하는 프로젝트에 열심히 참여하고, 집에서는 이웃에게 관심을 가지고, 생활 전반에서는 환경 보호를 위해 최대한 소비와 쓰레기를 줄이는 것. 결국 내가 여기에서 실천하고 있는 시민성은 정치적인 의미는 다소 약화된 '더불어 살기'에 적합한 생활 양식들이라고 볼 수 있겠다.

내가 생각했던 시민교육

이곳에서 학생으로 공부한 기간이 3년 정도 되어 가는데, 3년 전까지 내가 했던 교육 활동들을 되돌아보게 되는 순간들을 마주하곤 한다. 고등학교에서 프랑스어 교과를 담당했지만, 맡은 시수가 많아서 꼭 언어뿐만이 아니라 다른 주제들도 수업 시간에 다루어 볼 수 있었다. 또 학생들이 자기 생각도 있고 표현할 줄 아는, 어느 정도 성숙한 아이들이어서 잘 따라와 주었다. 내 수업은 프랑스어로 의사소통을 수월하게 하는 것을 우선적인 목표로 두고 있지만, 결국 '무엇을 위해서?'라는 수업의 궁극적인 목적을 생각했을 때 약간의 공허함이 있었다. 표현을 아무리 유창하게 할 줄 알아도 전달하고자 하는 메시지를 구성할 줄 모르면, 외국어 교육은 인간을 번역기 기능만 수행하도록 만드는 것밖에 되지 않는다는 고민이 있었던 것이다.

그래서 수업 시간에는 학생들과 함께 종종 생각할 수 있는 시간을 가지려고 했다. 아동 인권 선언도 읽어 보고, 도덕적 딜레마에서 가치 판단에 대한 얘기도 나눠 보고, 바칼로레아 철학 계열 문제로 토론도 해 보았다. 하지만 지금 생각해 보면, 협동을 강조했지만 정작 수행 평가는 평가의 수월성과 무임승차 문제를 원천 차단하기 위해 개별 과제로 내지 않았는지, 아동 인권 선언을 가르쳤지만 정작 학교에서 부당한 일이 일어났을 때 조직적으로 저항할 것을 아이들에게 가르칠 수 있었는지 자문해 보게 된다. 또 외국어 고등학교라는 특수한 환경이어서 그랬는지는 몰라도, 모두가 열심히 공부한다는 사실을 너무나 당연하게 받아들인 나머지, 학생의 참여도가 낮거나 성적이 상대적으로 좋지 않으면 무의식적으로 학생의 노력이 부족한 탓이라고 생각하지는 않았는지 되돌아보게 된다.

프랑스에서 본 시민교육의 단면들

나는 이곳에서 시민교육에 대해 공부하면서 교육계의 다양한 사람들과 만나 의견을 교환할 기회가 여럿 있었다. 주로 학교 선생님들을 많이 만나기는 했는데, 한 중학교 사회 선생님[6]은 시민교육이 지식 습득에 초점을 맞춘 일반 교과와는 다르게 학생들의 생활과 직접적으로 연관되는 문제를 다루는 교과라는 말을 한 적이 있다. 그래서 시민교육 시간에는 학습에 집중도가 높고 성취도가 높은 학생뿐만 아니라 학습에 관심이 없는 아이들도 흥미를 가지고 참여하는 경우가 많다고 했다. 이 말은 내게 관점의 변화를 일으켰는데, 내 짧은 교육 경험에 비추어 보았을 때 학습에 흥미가 없는 학생들을 진지하게 고려해야 하는 경우는 거의 없었기 때문이다. 또 지금에 와서야 생각해 보건대, 사실 선생님이 된 사람들은 대부분 학교 교육을 충실히 수행했고, 학교생활에 대한 긍정적인 기억을 가지고 있는 경우가 많다.[7] 그래서 현장을 맞닥뜨리기 전까지는 자신과 다른 학생들에 대한 이해도가 떨어질 수밖에 없는 것일지도 모른다. '학생들 수준이 낮아진다.'라고 말하기 전에, 모든 학생들이 시민으로서 갖춰야 할 수준이 어떤 것이어야 하는지에 대한 고민이 필요하다고 생각한다. 같은 맥락에서 시민교육 담당 장학사도 매년

프랑스 교육법 1조 총론(일부 발췌)[8]

교육은 국가의 제일 중요한 과제이다. 공공 교육은 기회의 평등에 기여하고 사회·지역적 불평등을 해소해야 하며, 모든 아이가 배우고 성장할 수 있는 가능성이 있음을 인지한다. 차별 없이 모든 아이들을 취학시키며, 교육 기관에서 학생들이 인종 또는 문화적으로 구분되지 않고 섞여서 교육받을 수 있도록 힘쓴다.

학교에서는 지식 전달과 더불어 공화국의 가치 교육을 우선순위로 삼는다. 공공 교육은 모든 학생들이 인간의 존엄성, 양심의 자유와 비종교성의 원칙을 지킬 수 있도록 가르친다.

교육에 대한 권리는 모두에게 보장되며 이는 각 개인이 자신의 인격을 도야하고, 학교 교육 및 평생 교육을 누리고, 사회적 활동 및 직업적 활동을 영위하고, 자신의 시민성을 행사도록 하기 위함이다.

이러한 교육에 대한 권리를 평등하게 보장하기 위해, 학생들에게는 각자의 경제적 및 지역 사회적 여건과 학습 능력을 고려해 교육 보조금이 지원된다.

이를 위해 취약 지역이나 소외 지역에 위치한 학교에 다니는 학생들의 교육을 특히 강화하며, 또한 특히 장애와 같이 학습에 어려움이 있는 학생들이 자신의 출신과 상관없이 학습 개별 보조 혜택을 받을 수 있도록 한다.

'국방과 시민성의 날'에는 프랑스 시민으로서 학생들의 기본적인 지식과 지적 능력에 대한 평가가 이루어지고, 기준을 충족하지 못하는 학생에 대한 관리가 이루어진다고 말했다.

프랑스 학교는 장애를 가지고 있거나 학습에 어려움을 겪는 학생에 대해서 특히 신경을 쓴다. 각 학교에는 이런 학생들을 위한 학급이 따로 운영되고 있으며, 학생들은 기본적으로 통합 교육을 받지만 학생이 수업을 따라가기 어려울 경우 따로 담당하는 선생님과 튜터링 형식의 수업을 받을 수 있다. 시민교육으로 범위를 좁혀 보자면, 학생회에서는 장애 학생 학급을 포함한 모든 학급의 대표가 참여하고 있었다. 특히 기억에 남는 것은 장애 학급 담당 선생님과 이야기를 나눈 것이었는데, 장애 학생 학급 대표들의 제안으로 전체 학생회에서 병뚜껑 모으기 운동과 푸드 뱅크 활동을 진행하게 되었다고 했다.

수업에 대해 이야기하자면, 프랑스 중학교 수준에서는 범교과 수업이 비교적 활발하게 이루어지는 편이다. 앞서 주말에 내 발목을 잡은 노란 조끼 시위를 기억할 것이다. 내가 사례 조사를 한 학교에서, 한바탕 시위로 떠들썩한 프랑스의 시사 상황을 활용한 수업 사례를 들은 적이 있다. 프랑스어와 미술 시간에 학생들이 자신이 지지하는 사안에 대한 시위를 꾸몄는데, '목소리를 높이세요!'라는 이름의 이 수업에서 마지막에는 학생들이 직접 시위하는 퍼포먼스도 했다고 한다. 나라면 과연 학교에서 이런 수업을 구상하고 실행할 수 있었을까.

거리 두기

하지만 프랑스 교육에 대한 지나친 낭만화(?)는 바람직하지 않다. 오랫동안 시민교육의 전통을 이어 왔기 때문에 교육과정에서 시민교육이 안정적인 위치를 가지고 있는 것은 사실이다. 하지만 프랑스의 모든 학교에서 이런 다양한 시민교육이 이루어진다고 보는 것은 무리가 있다. 프랑스는 우리나라보다 교육과정이 상대적으로 덜 촘촘하게 짜여 있어서 교사가 교육 활동 구성의 자유를 좀 더 누릴 수 있다. 물론 그 자유를 충분히 활용할 것인지는 전적으로 교사의 재량에 달려 있다. 또 시민교육과 관련한 주제의 수업에서는 범교과적인 접근이 필요할 때가 많은데, 협업이 잘 이루어지는 학교라도 보통 시민교육은 역사·지리 교과 담당이라고 생각하는 경우가 일반적이다.

앞서 말한 시위를 주제로 한 수업의 경우, 그러한 수업 사례들이 있고 실제로 학교에서 학생들이 시위를 하기도 하지만, 학교에서 시위에 참여해 저항하라고 가르치지는 않는다. 학교생활의 전반적인 면에서 살펴보면, 오히려 규범을 지키는 것을 강조하는 경향이 보인다. 프랑스에는 한국과 달리 학생들의 생활 지도만 담당하는 교사가 학교마다 한두 명 정도 있고, 이들이 출결이나 학생 지도를 전담하고 있다. 교과 교사들과 이야기할 때도 그렇지만, 생활 지도 교사들은 시민교육을 생각할 때 공동체 안에서 더불어 사는 데 적합한 규율과 덕목에 대해 이야기하는 경우가 많았다.

예전부터 프랑스에서는 부모의 사회·경제적 지위가 자식에게 대물림되는 경우가 많으며, 이것이 학교 교육을 통해 이루어진다는 비판이 있어 왔다. 프랑스의 사회학자 부르디외[9]는 1970년대에 학교가 계급 재생산에 기여한다는 연구 결과를 발표했다. 그는 학교 교육을 따라가는 데 적합한 문화 자본의 수준과 생활 양식이 무의식적으로 부모로부터 아이에게 전승된다고 보았다. 예를 들면, 어릴 때부터 가정에서 학업이나 문화 양식에 습관적으로 노출되어 온 아이와 그렇지 않은 아이는 학교에서 성취도에 차이가 나게 되는데, 이 격차는 학교에서 해소되는 것이 아니라 오히려 더 공고해진다는 것이다. 실제로 2015년 PISA에서 프랑스가 OECD 국가 중 학생의 학업 성취도와 부모의 사회·경제적 지위의 관련성이 가장 높은 나라 중 하나로 집계된 것을 보면, 부르디외의 비판이 아직도 유효하다고 볼 수 있을 것이다.

요즘 프랑스 교육계의 흐름을 살펴보면, 얼마 전까지 해외에 가장 많이 수출이 되었고 잘 이루어지는 교육 시스템을 지녔다고 여겨지던 프랑스가, PISA와 같은 국제 평가에서 학생들의 기초 지식에 대한 성취도가 유럽 평균을 밑도는 결과를 받은 적이 있었다. 이는 프랑스 교육계 및 사회에 가히 큰 충격을 주었고, 이로 인해 학생들의 학업 성취도를 높이려고 시험과 경쟁의 요소를 도입하려는 움직임이 일고 있다. 동시에 이는 교육이 신자유주의의 논리를 따르려고 한다는 사회적 질타를 받고 있는데, 특히 교사 노조에서 이런 비판을 신랄하게 가하고 있다.

마지막으로, 현재 프랑스에서는 시민교육을 통해 공화국의 가치를 재조명하려고 하고 있는데, 이것은 1980년대 이후 수면 위로 떠오른 사회 갈등을 완화하려는 시도이기도 하다. 최근 여러 차례의 테러로 공화국을 대표하는 가치인 세속성에 위협이 가해졌다는 판단 아래, 학교에서부터 공화국의 가치를 중심으로 학생들을 교육하려고 하고 있다. 이는 여러 문화가 공존하는 프랑스의 특수성에 기인한 것이다. 이런 프랑스의 다문화성을 한국에 잘 알려진 '톨레랑스(관용)'로 이해할 수도 있겠지만, 사실 프랑스는 이민자를 사회에 받아들이는 과정에서 다문화적인 접근보다는 타문화를 프랑스 내에 동화하는 정책을 펴 왔다. 모든 학교의 잘 보이는 곳에 붙어 있다는 세속성 헌장의 14조를 보면, '공교육이 이루어지는 학교에서는 학생들은 노골적으로 종교적 소속을 나타내는 장신구나 의복을 착용할 수 없다.'라고 명시되어 있다. 따라서 큰 십자가 모양의 액세서리나 히잡은 학교 안에서는 착용할 수 없게 되어 있다. 문화나 종교적 갈등이 뚜렷하게 드러나지 않는 우리나라에서는 잘 그려지지 않는 모습일 수 있으나, 이곳의 한 중학교 교장의 말에 따르면 학교의 상황에 따라 교육 현장에서 세속성이 문제가 되는 경우가 있을 수 있다고 한다.

그렇다면 대한민국 공화국의 시민교육은?

한 나라의 교육은 그 국가의 시민을 만들기 위한 것이라는 사실에는 의심의 여지가 없을 것이다. 여기서 중요한 것은 어떤 시민을 만들 것인지의 문제가 아닐까. 나는 프랑스의 교육을 살펴보면서 교육의 공공성, 세속성, 비판 정신과 긴밀하게 연관된 공화국의 가치들이 교육 전반을 아우르는 기본 토대로서 작용하는 것을 볼 수 있었다. 반면, 우리의 교육이나 시민교육은 어떤 가치들로 설명할 수 있을까? 이에 대한 해답을 찾기 위해 여러 문서를 뒤져 본 결과, 오랫동안 우리 교육의 이념이었던 '홍익인간'이라는 개념을 찾을 수 있었다. 하지만 널리 인간을 '어떻게' 이롭게 해야 할 것인지에 대한 구체적인 논의가 빠져 있는 이 단어는 내가 번역하기에는 역부족이었다.

앞서 프랑스가 높은 순위를 차지했던 교육 불평등에 대한 OECD 통계 결과를 수업 시간에 접한 후, 집에 돌아온 나는 자연스럽게 우리나라는 어떤 평가를 받았는지 살펴보았다. 생각지 못하게도, 우리나라는 학생의 학업 성취도와 부모의 사회·경제적 지위의 관련성이 가장 적은 나라 중 하나로 나와 있었다. 물론 경제 성장의 안정화를 예전에 이룬 프랑스와, 경제 성장을 비교적 최근에 폭발적으로 맞이한 우리나라를 동일 선상에 놓고 비교하기는 어려울 것이다. 이와 같은 맥락에 더해, 우리나라의 문화가 입신양명을 가치 있게 여기는 유교 철학에 바탕을 두고 있다는 점을 고려한다면, 교육을 통한 계층 상승이 하나의 이데올로기로서 기능하는 우리나라에서 이런 통계 결과를 얻은 것은 그리 놀라운 일은 아니다. 개개인이 자신의 발전을 위해 노력하도록 하는 것은 교육이 지향하고자 하는 바이다. 그러나 적어도 '시민교육'의 관점에서라면, 각자가 얼마만큼 성취했는가보다는 모두가 어떤 방향으로 함께 나아가야 할지에 고민의 지점을 둬야 하지 않을까.

김현경

고등학교 때 접한 프랑스어에 매력을 느껴 대학교에서 프랑스어 교육을 전공한 후, 프랑스 교육과 우리나라 교육 현실이 맞닿은 지점에 대한 여러 질문을 안고 고등학교에서 프랑스어를 가르쳤다. 학교시민교육전국네트워크를 통해 여러 전공의, 다양한 학교급의 선생님들과 함께 배우며 고민을 나누고 있고, 현재 프랑스 몽펠리에사범대학교 교육학 전공 박사 과정에 재학 중이다.

독일, 반성과 성찰이 만든 강한 시민성

들어가며 : '가장 독일다운' 것을 찾아서

어느 날 갑자기 마트에서 수입 식품이 모두 사라진다면 어떤 일이 벌어질까? 2017년 독일의 한 슈퍼마켓은 이 상상을 현실로 옮겼다. 매장 내 모든 수입 식품을 없애고, 독일산 원료로 독일 영토에서 생산된 '순수 독일산' 식품만 당일 판매하기로 한 것이다. 그것도 독일에서 두 번째로 인구가 많고 그중 15% 가량이 외국인인 함부르크에서 말이다. 게다가 이때는 메르켈 총리가 시리아 난민의 적극적 수용을 선언한 다음 해이기도 했다. 거주 외국인이 많은 도시에서 난민을 수용하기로 한 정치적 결정 이후에, 순수 독일산 식품만을 판매하겠다는 이 슈퍼마켓의 캠페인을 보고 과거 나치 독일의 인종주의 정책¹을 떠올린 건 나뿐만은 아닐 것이다. 대체 이 슈퍼마켓은 왜 이런 캠페인을 벌이기로 한 걸까? 정말 나치 독일로의 회귀를 바라는 것일까? 이에 대한 대답은 변화된 매장에 세워 놓은 안내판 문구에서 찾을 수 있었다.

캠페인을 벌인 슈퍼마켓의 광고 영상 중에서²

"외국인이 없다면 이 선반이 이렇게 비워질 수 있다는 것을 보고 계십니다."
"다양성이 없다면 (우리 식탁은) 매우 지루할 것입니다."
"다양성이 없다면 우리는 이처럼 초라해질 것입니다."

이 캠페인은 나의 우려(?)와 달리 독일 사회에서 일어나는 외국인 혐오에 대해 경고하고 다양성이 중요함을 알리기 위해 기획된 것이었다. 캠페인이 있던 날 슈퍼마켓 식품 선반은 그야말로 텅텅 비었다고 할 만큼 물건이 없었다. 또 장을 보러 온 고객들은 원하는 것 대부분을 구하지 못하고 돌아가야 했다. 몇 개 되지 않는 순수 독일산 식품만 남은 선반은 독일 사회에 다양성이 결여되면 독일인의 삶 역시 형편없어진다는 것을 직관적으로 보여 주었다.

슈퍼마켓 회사는 이날 매장의 모습을 'The most German Supermarket'이라는 광고로 만들어 이듬해에 세계 유수의 광고제에서 상을 받았다. 당시 한국 사회에서는 '제주 예멘 난민 수용'을 두고 언론과 소셜 미디어에서 한창 논쟁 중이었다. 예멘 난민 수용에 대해 대부분의 미디어는 한국에 거주하는 외국인을 구별하는 시각을 자극하고 배제의 근거를 각인시켰지만, 우리 사회의 다양성과 관용에 대한 고민과 논의에는 이르지 못하고 있었다. 미디어에서 난민 이슈를 쫓다가 우연히 접한 독일 슈퍼마켓의 광고는 감탄을 절로 내뱉게 했다. 특히 광고 제목을 '가장 독일다운 슈퍼마켓'으로 정한 것은 절묘하고 탁월한 선택이었다고 생각한다. 이 제목은 캠페인과 어우러지면서 '가장 독일다운 슈퍼마켓은 순수 독일산만 있는 슈퍼마켓이지?'라고 반어적으로 물어보고 있었다. 마치 인종주의, 전체주의로 망한 나치 독일과 홀로코스트의 고통을 잊었냐는 듯이 말이다. 순수 혈통을 추구하며 자행된 홀로코스트의 역사는 인류사의 오점이자 독일인에겐 수치의 기억이다. 자신들의 치부라고 여길 수도 있는 역사 기억을 끄집어내어 다양성의 소중함을 잊고 있거나 인류애적 연대를 실천하지 않는 자신을 성찰할 것을 요구하는 이 광고가 마치 독일의 성숙한 시민성을 나타내는 것 같았다. 이런 광고를 만들고 향유하며 다양성을 이야기하는 지금의 독일 사회와 시민의 모습을 만들어 낸 독일의 민주시민교육은 어떻게 시작되었고, 어떤 모습으로 진행되고 있을까?

독일 민주시민교육의 바탕

독일은 과거에 민주주의 선거 제도로 선출한 지도자 히틀러와 그 시대의 인물들이 벌인 전쟁과 유대인 학살 등으로 자신들의 역사뿐만 아니라 인류 역사에 씻을 수 없는 오점을 남겼다. 이를 통해 전후 독일은 민주주의에 중요한 것은 민주주의 제도를 운영하는 성숙한 시민의 깨어 있는 의식이라는 사실을 깨닫게 되었다. 이와 같은 각성에서 탄생한 것이 독일에서 정치 교육(Politische Bildung)이라고 부르는 민주시민교육이다.

정치 교육의 출발점: 나치 과거의 청산과 권위주의로부터의 탈주

1945년 제2차 세계 대전 패전 이후 독일 사회는 경제 재건과 나치 과거 극복이라는 두 가지 사회적 과제를 안고 있었다. 서독을 점령한 미국, 영국, 프랑스 연합국은 독일인의 재교육을 통해 나치의 유산을 극복하고 민주적 생활방식을 정착시키고자 했다. 특히 미국과 영국은 나치의 출현이 독일인들의 비민주적 교육 전통의 결과라고 이해했기 때문에, 독일을 민주 사회로 재정립하는 것은 교육에 달려 있다고 보았다. 그래서 수업에서 학생의 민주적 참여 독려, 교과서 내용의 수정과 개정, 새로운 정치 교육 과목 도입 등을 통해 학교 교육을 근본적으로 개혁하고자 했다. 그러나 이 정책은 독일 민주주의 역사와 문화가 영국이나 미국과 다르다는 점을 간과한 연합국 군정의 일방적인 추진과 독일 각 주(州) 정부의 저항으로 큰 효과를 거두지 못하였다. 게다가 전 세계적으로 냉전이 시작되면서 반공산주의 보루로서 서독의 역할이 중요해지면서 독일의 교육 정책은 독일인의 자율적인 결정으로 넘겨지게 되었다.

전후 서독의 수장이 된 콘라트 아데나워 총리는 경제 성장 및 보수적인 가치, 그리고 반공 이념을 내세우며 국가 재건을 우선하는 정책을 펼쳤다. 사회 통합을 위한 정치 이념으로 반공을 내세우며, 그의 정책에 비판적인 목소리를 내는 이들에게는 이념적 공세를 통해 그 세력을 축소시켰다. 또 국가 행정의 전문 인력이 부족하다는 이유로 나치 독일에서 관료로 근무했던 사람들을 과거 행적에 대한 책임을 묻지 않은 채 법조, 행정, 학계, 군부 등의 사회 요직에 재고용하였다. 당시 상급 관료의 66%가 과거 나치당의 당원이었던 사람들로 채워질 정도였다.[3]

이러한 모습은 사람들에게 '나치 범죄는 소수의 잔악한 무리가 저지른 것이고 나머지는 순진하며 죄가 없다.'라는 생각과 함께 나치 전범에 대한 뉘른베르크 재판(1945~1949)을 독일에 대한 연합국의 보복이라고 여기게 했다. 즉, 뉘른베르크 재판은 나치당과 히틀러를 민주주의 제도로 선출했던 독일 국민 전체의 반성을 이끌지 못했고, 그보다는 히틀러와 그 일당만 비난하는 데 집중된 것이다. 게다가 이 재판으로 수감된 전범 중 많은 사람이 조기 석방되고 서독 사회가 경제 부흥에 대한 희망에 부풀며 독일인들은 더 이상 과거사에 얽매이기 싫다는 분위기가 지배적이었다. 따라서 전후 서독에서는 사회 복구를 위한 경제 성장에의 매진과 나치 과거에 대한 침묵과 정치적 무관심이 사회의 지배적인 정서가 되고 있었다.

그러나 1958년 리투아니아 유대인 학살 문제가 불거지고 유대인 묘지가 훼손되는 등 반유대주의적 사건이 증가하면서 나치 과거 청산의 과제가 언론에서 다시 거론되기 시작하였다. 특히 서독 헤센주 검사장인 프리츠 바우어는 종전 후 나치 정권에서 희생당한 사람들을 위한 나치 부역자 처벌과 희생자 보상, 레지스탕스 활동가의 명예를 회복하고자 노력했다. 그의 노력은 독일인 스스로 독일인이 저지른 나치 범죄를 처벌하며 과거를 청산하기 시작한 '아우슈비츠 재판(1963~1965)'에서 빛을 발하였다.

아우슈비츠 재판은 바우어가 아우슈비츠에서 근무한 중하위급 군관 22명을 기소하고 아우슈비츠 생존자 221명을 증인으로 내세우며 나치 독일이 저지른 행위를 독일인에게 철저하게 인식시킨 역사적 사건이다. 3년에 걸친 재판에서 독일인들은 자신의 투표로 뽑은 정부가, 전쟁 중 인종 차이 및 정치적 반감을 이유로 무고한 사람을 생체 실험의 대상으로 삼고 가스실에서 집단 학살로 내몰았다는 사실을 알고 경악하였다. 생존자들의 증언은 1930~40년대 독일인이 나치 시대에 순응하여 함께 저지른 반인륜적 범죄의 실상을 1960년대의 독일인에게 폭로하는 행위였다. 이 재판으로 나치 대학살이 기존 인식처럼 몇몇 악마와 같은 수뇌부에 의해 일어난 범죄가 아니라 중하위층 나치주의자들과도 결탁된 문제이고, 또 이를 묵인한 일반 시민까지 광범위하게 연계된 일임이 드러났다. 아우슈비츠 재판은 나치의 집단 학살이라는 비극에서 그 책임을 벗어날 수 있는 독일인은 한 명도 없다는 점을 일깨웠다. 이는 아데나워 정권의 묵인하에 법조계, 정치계, 학계, 경제계에서 활동하고 있던 나치 관련자들을 찾아내어 그들의 과거 행적을 파헤쳐 지탄받게 하는 것으로 이어졌다. 또 독일 공직 사회에 남아 있던 나치 협력자들을 강제 퇴직시키고 나치 전범과 같이 인종, 성적 취향 등을 이유로 저지르는 살인 범죄에 대한 공소 시효를 폐지하도록 법을 수정하는 등 독일 사회의 강력한 결단을 촉구했다.

독일의 철학자 테오도어 아도르노는 「아우슈비츠 이후의 교육(1966)」에서 "모든 정치·역사 교육은 아우슈비츠가 다시 반복되어서는 안 된다는 것에 중점을 두어야 하며, 이는 범죄 사실에 직면하는 데 대한 두려움을 버리고, 이것에 집중할 때에만 비로소 가능할 것이다."라고 주장하였다. 더불어 그는 민주주의는 성숙한 시민을 요구하며, 성숙한 시민이 된다는 것은 자기가 배운 것을 비판하고 저항하는 능력을 지녔다는 것이고, 이를 위해서 교육은 비판하는 교육, 반박하는 교육이 되어야 함을 역설했다. 그의 사상은 이후 독일 교육의 특징인 '비판 교육'의 철학적 바탕이 되었다. 기존의 질서에 대한 비판적인 안목을 기르는 것, 불의한 권력에 저항하는 능력을 키우는 것이 독일 사회가 지향해야 하는 민주시민교육의 목표가 된 것이다.

히틀러 치하 전쟁 시기에 유년기를 보냈거나 전후 태어나 민주시민교육을 받은 세대는 1960년대 대학의 권위주의적 문화와 기성세대들이 나치 과거를 망각하고 경제적 복구 및 성장과 같은 이해관계만을 추구하는 것에 대해 문제를 제기하기 시작했다. 그런 중에 일어난 미국의 베트남전과 독일 연방 정부가 국가적 긴급 상황에서 국민의 기본권을 제한할 수 있다는 긴급 조치법은 1968년 서독의 젊은이들을 사회의 변화를 외치는 격렬한 시위로 이끌었다. 이들은 나치 과거의 청산과 함께 독일 사회에 깊게 뿌리박혀 있는 권위주의와 자본주의 체제의 노동자 착취를 비판하고, 관습적인 성 윤리에 대해서도 문제를 제기했다. 이들의 핵심적인 주장은 모든 인간을 근거 없는 관습과 권위로부터 해방시키고 인간의 인간에 대한 불필요한 지배를 철폐하라는 것이었다.

아우슈비츠 재판부터 1968년의 학생 운동까지 나치 독일의 과거 청산 및 사회의 전반적인 개혁을 요구하는 일련의 흐름은 극심한 사회 혼란을 일으키기도 했지만, 새로운 독일로 나아가는 원동력이 되었다. 1969년 연방 의회 총선에서 독일인들은 아데나워 총리가 속한 기독교 민주 연합(CDU)을 끌어내리고, 빌리 브란트를 총리 후보로 내세운 사회 민주당(SPD)으로 정권을 교체한 것이다. 그리고 이 정권 교체로 독일은 주변 국가와의 화해 및 동서독 통일의 물꼬를 트는 큰 밑거름을 뿌렸을 뿐만 아니라, 이때 이루어진 교육 개혁으로 현재 독일 민주시민교육의 원칙을 만든 보이텔스바흐 합의 등을 이룰 수 있게 되었다.

민주시민교육의 원칙: 보이텔스바흐 합의

1969년 서독에서 전후 최초로 정권 교체가 이루어지면서 사회 민주당의 빌리 브란트 총리는 광범위한 교육 개혁을 선언하였다. 그러나 정권 교체의 바탕이 된 68운동이 가져온, 기존 권위에 대한 도전과 사회 변화에 대한 급진적인 요구는 보수 정당과 진보 정당 간의 대립을 심화시켰다. 이러한 양 진영 간의 정치적 대립은 교육 정책에서도 첨예한 갈등으로 나타났다. 주 정부가 어떤 성향을 지닌 정당의 영향을 더 많이 받는가에 따라 교과 내용과 교과서에서 강조하는 지점이 확연하게 달라지는 것이었다. 특히 그런 대립의 중심에는 학교에서의 민주시민교육이 놓여 있었다. 민주시민교육은 비판적 인식에 바탕을 둔 민주주의 실현과 사회 변화의 수단이어야 한다는 진보 진영의 생각과 헌법에 기초한 정치 질서를 긍정하고 인정하는 것이어야 한다는 보수 진영의 인식 차가 극명하게 드러난 사안이었다.[4]

한 예로, 1972년 헤센주에서 사회학, 역사, 지리를 통합한 '사회론'이라는 교과를 만들고, 이 교과는 학생들의 성숙한 자기 결정 능력과 공동 결정 능력을 키우는 것을 목표로 함을 밝혔다. 그런데 이 목표가 보수와 진보 진영 간의 격렬한 논쟁과 상호 비난을 일으켰다. 왜냐하면 당시 학교는 학생 개인의 사고와 의사 결정보다는 교사 혹은 국가가 필요하고 올바르다고 생각하는 것을 가르쳐야 한다는 인식이 일반적이었기 때문이다.[5] 이러한 상황은 학교 교육의 정치적 도구화를 방지하면서 이념적 갈등을 해소할 방안을 모색할 필요와 요구로 이어졌다.

1976년 11월 19~20일 양일간 바덴뷔르템베르크주에 위치한 소도시 보이텔스바흐에서 '정치 교육에서의 합의 문제'라는 주제로 진보부터 보수까지 다양한 스펙트럼의 이론가와 교육 관련자들이 모인 학술 대회가 열렸다. 정치 교육을 실행하기 위해 기초적·기본적인 것을 개방적으로, 사실에 근거하여 논쟁하고 이 과정을 통해 학교와 공적 기관에서 수용할 수 있고 의무적으로 적용할 수 있는 최소한의 합의를 탐색하는 것이 목표였다. 이틀에 걸친 그들의 격렬한 토론 내용과 과정은 바덴뷔르템베르크주 정치 교육원의 한스게오르크 벨링이 자세하게 기록하였다. 벨링은 이 학술 대회의 발제문들과 논쟁 내용을 요약하여 세 가지 원칙으로 정식화하였다. '보이텔스바흐 합의'라 불리는 이 세 가지 원칙은 현재까지 독일 정치 교육의 기본 원칙으로 여겨지고 있다. 구체적인 내용은 다음과 같다.

첫째, '강압 금지의 원칙'이다. 아무리 바람직한 견해라도 교사가 그것을 학생들에게 강요하여 독자적인 판단을 방해해서는 안 된다는 것이다. 그래서 이 원칙은 '주입식 교육 금지 원칙'이라고도 불린다. 다만 어떤 행위를 강압과 교화로 볼 것인지에 대해서는 보다 구체적이고 꾸준한 고민이 필요하다. 특정인을 향한 은근한 찬사나 특정 의견에 대한 동조, 불편한 정보의 비공개 또는 특정 규범에 의한 허용 등은 오히려 은밀한 형태의 강압과 교화일 수 있기 때문이다.

둘째, '논쟁성의 원칙'이다. 정치와 학문에서 논쟁적인 것은 수업에서도 논쟁적으로 다루어져야 한다는 것이다. 논쟁성 원칙이 중요한 이유는 상이한 입장들이 균형적으로 고려되지 않거나, 선택의 여지를 주지 않거나, 대안들에 대한 논의가 충분히 이루어지지 않으면 세뇌나 교화로 쉽게 빠져들 수 있기 때문이다. 다만 논쟁성의 원칙을 따를 때 교사의 역할에 대한 혼란이 생길 수 있다. 교사가 심판이나 감독이 되어 학생들의 논쟁을 그대로 방치해야 하는가, 아니면 교정의 역할을 수행하며 새로운 견해나 대안을 제시하는 것이 이 원칙에 부합하는가의 문제이다. 그런데 논쟁성의 원칙 자체가 다양한 주장이나 대립하는 견해의 제시를 강조한다는 점에서 본다면, 교사의 교정적 역할이 정치적 중립성의 의무를 벗어난 개인의 정치적·학문적 견해를 드러낸 것으로 보기에는 무리가 있다. 단, 교사가 제시하는 교정 목적에서의 견해나 대안 역시 비판적으로 다루어야 할 대상이어야 하고, 학생의 선택이나 사고를 확장하는 데 도움이 되어야 하며 강압이 되지 않아야 한다는 제한이 있다.

셋째, '수요자 지향성 원칙'이다. 학생들은 자신의 정치적 상황과 독자적인 이해관계의 실태를 분석하고, 당면한 정치적 문제에 대하여 자신의 이해관계에 따라 영향력을 행사할 수 있는 수단과 방법을 찾을 수 있어야 한다. 다양한 교육 주체들은 남과 다른 자신의 생활사를 다른 참가자들에게 이야기함으로써 다양성과 차이를 정치 교육 수업에서 드러낼 수 있다. 이러한 교육의 장에서 참가자들은 타인과의 의견 차이에 대한 존중과 관용, 민주주의 가치로서 다양성에 대해 경험할 수 있을 것이다.

보이텔스바흐 합의는 사실 공식적으로 합의라는 절차를 거친 것은 아니었기 때문에 이후 그 명칭과 유효성에 논쟁이 없었던 것은 아니다. 그러나 이 합의는 정치 교육을 실행하는 교육자들에게는 직업 윤리적 기초가 되고, 수업 실행 과정에서는 민주적 조직 운영의 원리이자 민주시민의 자질로서 유용성이 높아 정치 교육의 원칙으로 계속해서 사용되고 있다. 이 세 원칙은 각각 '관점의 다양성', '이견의 정당성', '차이에 대한 존중과 관용'을 담고 있다고 볼 수 있다. 그리고 이 원칙은 독일의 진보와 보수를 아우르는 많은 정치 이론가와 교육자들이 참여하여 그들만의 실천적인 언어로 찾아내었다. 그 점에서 보이텔스바흐 합의는 민주주의 그 자체를 독일 사회의 언어로 재탄생시킨 것이기 때문에 존중해야 할 가치로 그 의미와 역할이 커지고 있다.

깨어 있는 시민을 기르는 민주시민교육
과거를 직시하는 공동의 기억이 가진 비판적 성찰의 힘

1970년 12월 7일, 폴란드 바르샤바의 유대인 게토 추모비 앞에서 한 남자가 갑자기 무릎을 꿇었다. 그리고 애통한 표정으로 두 손을 모으고는 고요히 추모했다. 그는 서독의 총리 빌리 브란트였다. 가해국의 총리가, 전 세계가 보고 있는 가운데 무릎을 꿇고 진심으로 용서와 사죄를 표하는 모습은 어느 누구도 감히 예상할 수 없었던 장면이었고, 보는 이들에게는 충격과 감동 그 자체였다. 전 세계 사람들의 마음속에서 자신도 모르게 이전과는 다른 독일이 탄생하는 순간이었다.

나치 독일은 폴란드 침공으로 제2차 세계 대전의 막을 열었다. 폴란드는 이 전쟁으로 인해 약 600만 명에 달하는 국민이 목숨을 잃었고 물적 피해도 극심한 가운데 독일군의 가혹한 점령 통치까지 견뎌야만 했다. 아우슈비츠 대부분이 폴란드에 있었다는 사실만으로도 폴란드인이 겪었을 수난과 고통이 얼마나 컸을지 쉽게 상상된다. 그래서 전후 25년이 지난 1970년 서독의 브란트 총리가 화해를 요청하며 폴란드를 방문한다고 할 때, 폴란드인들은 그에게 노골적인 적대를 드러내며 독일에 대한 분노와 원한을 숨기지 않았다. 그러나 겨울비가 내리는 날씨에도 불구하고 바르샤바의 희생자 추모비 앞에서 무릎을 꿇고 참회하는 서독 총리의 모습에서 폴란드인들의 가슴에는 그간의 분노와 억울함을 위로해 줄 수 있는 용서라는 아름다운 단어가 작은 빛을 내기 시작했다. 세계 언론은 이날 서독 총리의 행동에 대해 이렇게 평하였다.

"무릎을 꿇은 것은 한 사람이었지만, 일어선 것은 독일 전체였다."

재미있는 점은 당시 브란트 총리의 행동이 찬사만 받지는 않았다는 것이

폴란드 바르샤바의 유대인 추모비 앞에서 무릎을 꿇고 참회하는 빌리 브란트 총리
©ullstein bild/Sven Simon

다. 독일 내 보수 우파와 야당은 브란트 총리가 국가의 자존심을 버리는 행위를 했으며 이날 두 나라의 국경을 폴란드의 요구대로 인정한다는 조약을 맺은 것 때문에 그를 반역자, 매국노로 격렬하게 비판했다. 실제 서독 시민 중 48%는 총리의 행동을 '쓸데없는 짓, 과장된 행동'이라고 평가할 정도로, 당시 과거사를 보는 시각에는 나치 일부의 잘못일 뿐이라며 나머지 독일과는 분리하여 보는 경향이 있었다.

그러나 브란트 총리의 사죄는 많은 독일인에게 과거를 마주하고 반성하며 새로운 시민으로 나설 수 있는 시작점이 되었다. 즉 1970년대 독일인에게 나치 독일이 저지른 행위를 부끄러워하거나 기성세대를 원망하는 것을 넘어서서 과거보다 나은 시민이 되기 위해 무엇을 해야 하는가를 알려 준 기회였다.

나치에게 끌려간 희생자가 살던 집 주변에는 이름과 추방일, 사망일 등을 새겨 놓은 슈톨퍼슈타인(걸림돌)이 설치되어 있다. 6

오늘날 독일에는 나치 정권 당시 유대인을 비롯한 희생자들의 고통이 담긴 일상의 장소와 공간, 지표들이 반성과 추모를 위한 기억의 매개로 여러 곳에 만들어져 있다. 국가 차원에서도 나치 희생자를 추모하는 '홀로코스트 기념비'나 나치 독일의 만행을 알리는 데 초점을 둔 '테러의 지형학' 박물관 등의 시설물을 마련하였다. 나치 박해를 받은 동성애자와 집시를 추모하는 기념비도 티어가르텐 공원 안에 있다. 베를린뿐만 아니라 독일 곳곳에 시민들에 의해 설립된 이런 기억의 공간과 지표들이 마련되어 있고, 대부분은 시민들이 쉽게 아무 때나 들어갈 수 있도록 하여 교육의 장소로도 많이 활용된다. 독일 스스로 자신의 아버지나 할아버지 세대가 저지른 과거의 잘못을 인정한 후, 독일의 어린 시민들에게 과거 나치의 만행을 철저히 교육하는 것은 필수가 되었다.

　실제로 이런 곳을 찾는 관람객의 대부분은 단체로 온 학생들이다. 테러의 지형학 박물관에서는 나치 전범들이 집단 학살 후 시신을 땅에 파묻는 장면과 교수형 당한 시신들의 모습을 그대로 보여 주는 영상을 상영하고 있다. 기념비나 박물관 대부분이 희생자의 고통에 초점을 두어 아픔에 공감하고 나오게 되는데, 이곳은 가해자들이 얼마나 잔학무도한 일을 벌였는지 여실하게 드러낸다. 독일 시민들의 제안으로 만들어진 이런 기억의 장소들은 감추고 싶은 치욕적인 과거를 직면하게 하여 깨어 있는 성숙한 시민이 탄생할 수 있는 민주시민교육의 중요한 자원이 되고 있다.

베를린에 위치한 테러의 지형학 박물관. 나치의 비밀경찰 게슈타포와 히틀러 친위대 총사령부가 있던 곳은 전시관으로 바뀌어 나치의 만행을 알리고 있다.[7]

어린이와 청소년을 시민으로 보는 사회

1968년 학생들의 사회 개혁 운동으로 전후 첫 정권 교체를 이룬 서독은 1970년에 연방 의회 선거권과 피선거권을 기존 21세에서 18세까지 확대하였다. 1969년 총리가 된 빌리 브란트는 취임 연설에서 "(젊은 유권자들이) 사회의 다양한 영역에서 함께 결정하고, 결과의 공동 책임자가 되는 것이 사회를 움직이는 힘이 될 것이다. 우리는 더 많은 민주주의를 감행할 것이다."라고 말하며 젊은 세대의 정치 참여와 책임의 중요성을 강조하여 선거 연령 확대를 이끌었다. 그리고 이 선거법 개정은 학교뿐만 아니라 사회 전체에서 민주시민교육을 더 실질적으로 풍성하고 다양하게 하는 동력이 되었다. 현재 독일 사회는 지방 선거(주·구 의회 선거 등)에서는 16개 주 가운데 11개 주가 16살부터 선거권을 부여하고 있으며[8], 14세 선거권에 대한 주장이 나올 정도이다.

독일에서 선거 연령이 확대됨으로써 학교와 사회는 어린 시민을 위해 더 많은 민주시민교육을 제공해야 할 의무를 지니게 되었다. 단적으로 선거와 관련하여, 독일의 청소년들은 각종 선거를 앞두고 개인의 정치적 성향이나 결정에 도움을 받거나, 정당이 청소년을 위한 정책도 개발하도록 만들기 위해 다양한 정치 참여 프로그램에 참여할 수 있다. 대표적인 것으로 청소년 모의 선거 프로젝트인 '유니어발(Juniorwahl)', 자기 생각과 가장 가까운 정당을 찾아 주는 '발오맛(Wahl-O-Mat)' 프로그램, 그리고 만 18세 이하(또는 만 16세 이하) 모든 사람이 참여할 수 있는 모의 선거 'U18(U16)' 등이 있다. 여기에서는 유니어발 프로젝트와 발오맛 프로그램을 살펴보고자 한다.

- **유니어발 프로젝트**

유니어발 프로젝트는 1999년 베를린에서 처음 시행된 이후, 연방 의회나 주 의회 선거, 유럽 의회 선거 등 각종 선거가 있을 때마다 치러지는 독일 최대의 모의 선거 프로젝트이다. 초반에는 중등학교 학생을 대상으로 이루어졌지만, 최근에는 초등학생을 위한 '유니어발 키즈'도 운영한다. 초등학생 대상 모의 선거는 실제와 비슷하나 간소화된 방식으로 운영되고 결과를 외부에 공개하지는 않는다. 중등학교에서는 실제 후보자와 정당을 대상으로 교육도 이루어지고 실제와 똑같은 절차를 거치는 모의 선거를 진행한다.

유니어발은 두 차원에서 이루어지는데 하나는 학교 수업을 통한 민주주의와 선거에 대한 교육이고, 다른 하나는 실제 후보자와 정당을 대상으로 한 모의 선거이다. 유니어발에 참여하는 학교는 담당 교사를 1~2명 두어 모의 투표 이전에 후보자들의 공약집과 토론회 등을 바탕으로 선거에 대한 사전 수업을 4~8시간 진행한다. 이때 교사는 유니어발 프로젝트를 운영하는 단체의 정치 교육 관련 전문가팀이 개발한 민주주의와 선거에 대한 최신 자료를 무료로 받을 수 있는데, 여기에는 모의 선거의 과정 및 워크시트, 특수 학생을 위한 교육 및 참여 방안, 학생들의 수준에 따른 수업 자료, 영상과 같은 디지털 자료가 있다. 또 수업은 정치·사회·경제 교과가 우선적으로 언급되지만 독일어, 역사, 수학, 예술 등 교과와 학제 간 통합을 추천한다. 학생들은 수업에서 민주주의와 선거에 대한 이론과 함께 실제 후보자와 정당의 공약을 비교·평가하는 과정을 통해 자신의 투표권을 올바로 행사하기 위한 도움을 얻을 수 있다.

또 모의 선거에서 학생들은 유권자로서 참여하는 것뿐만 아니라 선거 관리 위원이나 선거 보조원으로서 사전 작업부터 개표까지 참여하여 선거법을 몸소 익힐 수도 있다. 모의 선거의 결과는 이후 수업에서 실제 선거 결과와 비교·분석·토론하는 자료가 되기도 하고, 수학 수업에 비율이나 그래프를 작성하는 데이터 등으로 활용된다. 또한 전국 모의 선거 결과는 실제 선거가 이루어지는 당일 정식 투표가 종료된 직후 발표되어 청소년의 정치적 입지를 높이는 역할을 한다.

- **발오맛 프로그램**

발오맛 프로그램은 선거에 참여할 때 어느 정당이나 후보에게 투표해야 할지 잘 모르는 경우, 정치적 이슈에 대한 사용자의 응답을 바탕으로 어느 정당이 자신의 정치적 입장과 가장 가까운지를 알아내는 데 도움을 주는 선거 조언 애플리케이션이다. 2002년 출시된 이래로 4,350만 명이 사용하였다. 독일 연방 정치 교육원의 재정적 지원으로 운영되는 발오맛은 교사가 수업에 사용할 수 있도록 관련 수업 자료도 함께 제공하고 있다. 발오맛과 연계된 학교 수업을 위한 교재는 수업 계획서와 함께 학생들이 참여하는 활동지를 담고 있으며 수업 내용은 선거, 공약과 매니페스토, 그리고 선거 후 이루어지는 전반적인 정치 과정에 대한 것이다. 특히 정치 활동의 근간이 되는 정당 활동과 정당의 정책적 입장과 연정 협상까지 다양한 내용과 자료를 제공하고 있어 학생들이 사회에서 실제적인 정당의 역할과 책임을 이해하는 데 도움을 준다. 또한 나치 독일의 역사를 되새기며 극우 정당이자 나치 전신당으로 간주되는 독일 민족 민주당에 대한 수업도 발오맛을 활용하여 이루어지고 있으며, 자신이 나치와 같은 위협을 제공할 가능성은 없는지 성찰하게 하고 있다.

발오맛 애플리케이션과 수업 교재는 학생들이 사회 이슈에 대한 자신의 인식을 점검하고, 다양한 정당의 정책에 대한 이해와 비판점을 형성하게 하면서 자신이 선택한 정책적 입장이 무엇인지 확인할 수 있게 해 준다. 앞서 소개한 유니어발 프로젝트도 발오맛 애플리케이션의 도움을 받도록 권장하고 있다. 발오맛은 성인들에게도 정당 정책을 확인하고 자신의 정치적 입지를 성찰하는 데 도움을 준다.

교육 주체의 다양성을 통한 중립성 보장

독일은 국가 전체의 민주시민교육을 총괄하는 국가 기구인 연방 정치 교육원과 주 정부가 운영하는 주 정치 교육원이 유기적으로 연계되어 있다. 이외에도 시민교육을 제공하는 주체는 노동조합, 시민교육 센터, 정당 산하 정치 재단, 학교, 교회 단체 등으로 매우 다양하다. 독일은 다양한 시민교육의 제공 주체를 존중하는 것으로 정치 교육의 편향성을 극복하고 중립성을 유지하고 있다. 이를 위해 연방 정치 교육원을 중심으로 타 기관 및 협회와 유기적으로 연결된 가운데 예산을 지원받기도 하지만, 각각의 활동이 높은 독립성을 유지하고 있다는 점이 특징이다.

독일에서 민주시민교육의 일차적인 장소이자 가장 중요한 요인으로 여겨지는 곳은 당연히 학교이다. 그런데 독일은 공통 교육 기간이 짧은 편에 속한다. 독일은 만 6세에 한국의 초등학교에 해당하는 그룬트슐레(1~4학년, 베를린과 브란덴부르크의 경우 1~6학년)에 입학한 후 초등 교육을 마치면 자신이 결정한 진로에 따라 대학 진학을 목표로 하는 김나지움, 관공서나 일반 회사의 사무직을 위한 레알슐레, 수공예나 산업계 종사자를 양성하는 하우프트슐레 및 이를 모두 종합한 게잠트슐레 등 상이한 목적의 중등학교에 진학한다. 그러다 보니 대부분 4년인 초등 교육 기간이 지나면 진학한 학교에 따라 교육 내용과 범주가 달라진다. 그래서 학교 내외의 시민교육 프로그램이 다양하게 마련될 필요가 있었을지도 모르겠다.

독일 민주시민교육에서 중추적 역할을 하는 연방 정치 교육원은 연방 내무부 산하에 설치된 국가 기관이다. 이 기관은 제2차 세계 대전 이후, 나치즘 청산, 전체주의 방지, 민주시민 사회 육성을 목적으로 1952년 본에 설립되었다. 연방 정치 교육원이 교육 부처가 아닌 내무부 소관인 이유는 민주시민교육이 학생만을 대상으로 하는 것이 아니라 전 국민을 대상으로 이루어지는 것이기 때문이다.

연방 정치 교육원의 중요한 역할은 다양한 정치적·사회적 문제를 공론화하고, 이를 학문적으로 다루게 함으로써 시민의 정치적인 정향을 결정하는 데 도움을 주는 것이다. 구체적으로는 민주시민교육을 위한 자료 개발 및 출판 사업, 대중 매체를 통한 교육 사업, 학술 대회나 학술 행사 지원 사업, 협력 기관 및 단체의 활동 지원 사업 등이다. 연방 정치 교육원은 학교처럼 직접 교육 프로그램을 운영하는 곳이 아니라 매년 연방 예산으로 수백 개의 단체를 지원하고, 학교에서 사용할 수 있는 자료와 자원을 제공하는 등 민주시민교육을 위한 연구 및 지원에 중점을 두고 있다. 또 각 기관의 교육 내용에는 간섭하지 않으며, 대신 지원을 받는 기관은 보이텔스바흐 합의를 준수하고 지원받은 예산을 투명하게 집행해야 한다. 이러한 운영 방식은 시민 단체나 협회 등 사회 하부 단위에서 하는 일을 국가나 주 정부 등 상부 단위에서 중복 수행하지 않고 대신 이 활동을 지원한다는 독일 사회의 운영 원리 중 하나인 '보충성의 원리'를 따른 것이다. 이 원칙은 아래로부터의 시민 참여를 존중하는 국가와 시민 사회의 관계, 국민 개개인의 자기 결정권과 책임 의무를 잘 보여 준다.

연방 정치 교육원이 국가 예산으로 운영되다 보니 집권당의 성향에 따라 기관 운영의 방향과 내용이 좌지우지될 수 있다는 우려가 있었다. 그래서 기관의 정치적 중립성과 독립성을 유지하기 위하여 내부에 '감독 위원회'를 두고 감사받는다. 또 '학술 자문 위원회'를 두어 교육 내용의 이념적 균형과 학술적 독립성을 검토받고 있다.

연방 정치 교육원은 독일 민주주의 교육의 시작과 함께 만들어지고 성장한 기관이기 때문에, 독일 시민에게 영향을 끼친 모든 정치적·사회적 이슈들이 고스란히 자료화되어 있다. 독일 시민이 관심 가질 필요가 있는 국내외 주제를 망라하고 있는데, 그 주제의 스펙트럼만 살펴봐도 폭과 내용의 방대함, 촘촘한 연결망에 깜짝 놀라게 된다. 예를 들어, 누리집에서 '정치'라는 범주를 선택하면 '(정치)배경, 기본 이해, 국내 정치, 극단주의, 선거, 경제'라는 하위 주제가 있고, 각각에 다시 세부 이슈들이 구체적으로 4~8개씩 제공되고 있다. 혹시 한국에 대해서도 자료가 있을까 궁금한 마음에 'korea'로 검색했더니 약 250개의 자료가 추출되었다. 대부분 '남북 관계, 전쟁, 교육, 한일 관계, 과거 청산, 총선, 교육, 이주, 불평등, 발전' 같은 주제와 관련되어 있었다. 연방 정치 교육원이 광대한 자료망을 제공해야 했던 이유는 나치 과거사 청산, 동서독 분단과 통일, 이주민의 증가, 급격한 다문화 사회로의 진입 등으로 벌어진 사회적·정치적 갈등의 이해와 통합을 위해 학문적으로 검토된 객관화된 자료가 필요했기 때문이다.

독일의 16개 주에 설치되어 있는 주 정치 교육원은 연방 정치 교육원과 협력하여 주 내 정치 교육을 총괄한다. 주 정치 교육원은 민주주의적 기본 이념의 홍보, 시민의 정치 참여 촉진, 정치 교육을 위한 물적 지원, 정치 교육 담당 기관 간의 협조 체제 형성, 다양한 정치 교육 자료 발간, 정치 교육 담당자의 연수 등을 담당한다.

정당도 정당법에 근거해 만들어진 정치 재단을 통하여 학술 및 정책 연구, 장학 사업, 민주시민교육 사업, 국제 교류 사업 등을 한다. 일반 시민에게 제공하는 정치 교육 프로그램은 난민·유럽 연합·환경·성소수자·아시아·문학·평화 등 다양한 주제를 다룬다. 연방 정치 교육원과 정치 재단은 서로의 자율성을 존중하여 활동이나 내용에 간섭하지 않는다.

독일의 민주시민교육은 학교 안팎에서 다양한 프로그램과 프로젝트가 연결되고 이를 지원하는 기관과 단체가 체계적, 유기적으로 연결되어 있어 교사의 부담은 덜어 주고 학생의 자발적 참여의 기회를 충분히 제공하고 있다. 민주시민교육을 제공하는 주체의 성격과 수준이 다양한 것이 어쩌면 사회에 혼란을 주지 않을까 우려하게 하시만, 각 시민교육 기관의 자율성과 정치적 중립성이 잘 유지되고 있는 편이다. 그것은 독일 사회가 나치 정권을 통해 깨달은 '다양성을 통한 중립성'이라는 가치의 중요성을 공유하는 것과 1976년에 마련된 '보이텔스바흐 합의'라는 민주시민교육의 원칙이 마련되어 있기 때문이다. 또한 서독 정부가 1960년대부터 함부르크 협정(1963년), 연방 정치 교육법(1966년), 연방 정치 교육 본부법(1969년) 등의 법령을 통하여 민주시민교육을 추진할 기구를 법정화하면서 각종 사회단체, 정당, 교회 등도 정치 교육에 참여할 수 있도록 예산을 지원하였기에 가능한 일이었다.

독일 민주시민교육을 지원하는 다양한 주체의 존재는 교육적으로 '옳은' 것을 누군가의 판단으로 골라내어 제공하는 것보다 큰 원칙 내에서 다양성 그 자체를 있는 그대로를 존중하는 것이 얼마나 민주시민교육의 숲을 풍성하고 생기 있게 만드는지 잘 보여 준다.

나가며: 한 사회에서 '학교'의 의미

독일과 한국은 제2차 세계 대전 후, 타의에 의해 신탁 통치를 받고 이후 분단을 겪었으며, 전후 민주주의 교육을 강하게 요구받았다는 점에서 역사적으로 유사한 교육 배경을 가지고 있다. 그러나 이러한 유사점과는 대조적으로 독일과 한국은 교육에 있어 전혀 다른 문화와 사고를 지니고 있다. 현재의 독일 교육은 패전 이후 그릇된 역사와의 결별을 위한 반나치 교육으로부터 출발하여 권력의 중앙 집권화를 막고 개인의 삶을 최대한 보장하는 데 중점을 두고 있다. 그래서 강력한 중앙 집권적 교육 정책을 펼쳐 온 한국과 달리 독일 연방 정부는 교육의 개괄적인 맥락만 제시하고 주별로 독자적인 교육 체제를 갖고 있으며 심지어 주마다 학제가 다르기도 할 정도로[9] 자유로운 학교 운영을 존중한다. 한국에서 학제뿐만 아니라 학교급별 교육과정, 대학 입시 제도, 교과서 사용 등 대부분의 교육 정책을 정부가 결정하고 시도 교육감이 이를 시행하는 행정 체제와는 근본적으로 다르다. 대신 독일의 모든 교육은 독일 기본법이 추구하는 '제1조 인간의 존엄성은 절대 불가침'이라는 인권 존중 사상을 반드시 지켜야 한다. 또한 주 정부에 따라 다른 교육 상황으로 인한 혼란을 예방하기 위하여 16개 주 정부의 교육과 문화 문제를 담당하는 대표자들이 모인 '교육부 장관 회의(KMK)'가 독일 교육에서 최소한의 지향점과 일반적인 사항을 공통으로 마련하는 역할을 하고 있다.[10]

특히 민주시민교육과 관련하여 독일 사회가 겪고 있는 이민자 증가와 인종 차별 및 혐오 표현의 문제가 사회적으로 강하게 제기되면서 2018년 10월, 교육부 장관 회의는 「역사·정치 교육 및 학교 교육의 목표, 목적 및 실천으로서의 민주주의」라는 권고안을 채택하였다. 이를 통해 독일에서 학교가 어떤 교육을 담당해야 하는 곳인가를 구체적으로 제안하였다. 앞에서 살핀 것과 같이 독일 민주시민교육의 주체는 매우 다양하다. 그러나 그 많은 기관과 단체, 시설 중에서 '학교'는 어린이와 청소년이 특정 시기가 되면 참여하게 되는 첫 사회 제도이자, 이곳에서의 경험과 성취가 학습자의 미래에 큰 영향을 미친다는 점에서 타 기관과 다른 독특한 위치에 있다.

「역사·정치 교육 및 학교 교육의 목표, 목적 및 실천으로서의 민주주의」 권고안을 살펴보면 독일 학교는 '살아 있는 민주주의의 장소'로서 '서로의 존엄성을 자원으로 하여, 타인에 대한 관용과 존중이 행해지고, 시민적 용기가 강화되고, 민주적 절차와 규칙이 지켜지고, 갈등이 비폭력적으로 해결되는 곳'으로 정의된다. 따라서 독일의 학교에서는 지식도 민주적으로 배워야 하며, 학교에서 겪는 다양한 경험 역시 민주주의를 익히고 이해할 수 있는 방법으로 여긴다. 그래서 학교에서 어린이와 청소년은 독일 기본법에 근간하여 경쟁과 성취에 따른 비교보다는 민주주의의 장점과 혜택을 경험하고 자유, 정의, 연대 및 관용과 같은 민주주의의 기본 가치가 경시되거나 무시되어선 안 된다는 것을 체험한다. 다만 이 과정에서 다른 사람의 입장을 이해하고 공감하는 것이 나와 다른 생각을 가진 사람의 자유와 의견을 존중함에 있어 무조건적인 중립을 의미하지는 않는다. 최선의 의도조차도 때때로 좋지 않은 영향을 미친다는 인식을 하는 것도 중요하며, 지나친 자기 과신이나 성실이 자신의 견해를 강요하게 만들 수 있다는 점까지 알게 하는 곳이라고 본다. 그래서 독일에서 학교는 중립적인 장소가 아니다. 학교에서의 교육은 기본법의 기본 권리와 인권에서 파생될 수 있는 가치와 태도를 지향해야 하는 것이다. 이에 덧붙여 헤센주의 교육부 장관인 알렉산더 로즈는 "학교의 특별한 도전은 매우 다른 사회적, 윤리적, 종교적, 문화적 배경을 가진 학생들을 기본법의 가치에 익숙하게 만드는 것이다. 다르다는 것은 배제를 의미하는 것이 아니라 다양성과 문화적 부에 기여하는 것으로 보아야 한다. 학교는 민주주의, 공감, 존중, 소통과 논쟁의 규칙을 배우고 실천하기에 가장 좋은 곳이다."라고 말한다.[11]

사회의 각종 문제에 대처하는 과정에서 학교에 상당한 책임과 역할을 기대하는 것은 세계 여러 나라에서 공통적이다.[12] 그러나 학교는 여러 기능을 복합적으로 요구받는 '사회적 기관'이지만, 정치, 경제, 사회 기능이 아닌 별도의 '교육' 기능이 있는 곳으로서 그 특수성을 충분히 고민해야 하는 곳이기도 하다. 학교가 사회로부터 요청받는 수많은 교육 주제 중에서 정말로 학교 교육에서만 이룰 수 있는 것이 무엇인가를 고민하고 논의하는 것은 반드시 필요하다. 그리고 그런 논의에 근거한 최소한의 원칙과 방향이 정해질 때, 학교 민주시민교육이 지향해야 할 원칙과 모습이 뚜렷하게 보일 것이다.

한국의 학교 민주시민교육에서 우리가 놓치고 있는 부분은 바로 학교가 지닌 그 장소와 시기의 고유하고 특수한 역할에 대한 질문과 고민이 적었다는 점이 아닐까. 우리도 이제 학교를, 경쟁을 통한 선발 기능을 담당하는 곳으로 보던 것에서 나아가, 어린 시민들에게 어떤 특별함을 지닌 장소이자 시간이 되도록 함께 고민하고 활발하게 논의하기를 바란다.

정현이

초등 교사가 되고 나서 상식이라 믿는 내 생각이 우리 아이들에게 자기 목소리를 감추거나 포기하게 만드는 폭력이 될까 걱정되고 두려웠다. 그래서 내린 최선의 결론은 질문을 통해 아이들이 지금의 상식과 시공간을 넘나드는 생각을 할 기회를 주는 것이었다. 그러기 위해 다른 나라의 교육 자료나 수업에서 참신하거나 다양한 관점을 요구하는 질문과 내용을 찾아내어 내 것으로 만드는 일을 재미있게 하고 있나. 아는 것이 많은 것보다 생각하는 힘이 강한 것에 감탄하는 교사가 되고 싶다.

3부

그럼, 우리는?

학교 교육과정, 이렇게 어긋나 있다_ 최은경

혁신 교육의 지향, 제대로 알자_ 이경옥

민주시민의 놀이터, 학교_ 장경훈

학교 교육과정, 이렇게 어긋나 있다

학교와 교육과정

초중등 교육법 제23조에 '학교는 교육과정을 운영하여야 한다.'라고 규정되어 있다. 여기에서 교육과정을 운영한다는 것은 단순히 짜인 시간표대로 혹은 교과서로만 수업한다는 차원이 아니다. 학교에 부여된 자율성을 바탕으로 지역성과 특수성을 살린 개별 학교 교육과정을 편성·운영하는 것을 뜻한다. 현재 교육과정은 '교육을 통하여 전수되는 교육 내용' 또는 '프로그램'을 뜻하는 경우가 많고, 교사가 학생에게 가르칠 내용을 체계화한 문서로 이해되었다.

교육과정과 관련한 우리나라 교사들의 인식은 크게 세 가지로 나눠진다.

첫째는 국가 교육과정이다. 국가 교육과정은 총론과 각론으로 나누어져 있지만 실제로 교사에게 중요한 것은 각론에 제시된 교과별 내용인 성취기준이다.

둘째는 학교 교육과정이다. 학교 교육과정은 국가 교육과정에 제시된 성취기준에 근거하여, 시도 교육청에서 고시한 교육과정 편성·운영 지침에 따라 만든 것이다. 학교 교육과정은 학교 교육 활동을 위한 계획 또는 설계도의 성격이 강하다.

셋째, 교사가 가르칠 때 나타나는 교육과정은 교과 수업을 통해 실행되는 것으로 수업과 동일시되는 경우가 많다.[1]

이처럼 교사들이 가진 교육과정의 이미지는 모두 다르다. 여행객에 따라 그 안에 든 내용물이 다 다른 여행 가방처럼 교육과정 역시 교사의 경험과 이해 그리고 사용 방식에 따라 중층적인 이미지를 가지고 있다.

한편 교육과정이 구현되는 학교는 학생들이 성장하고 발달 능력을 키워 가는 삶의 공간이기도 하다. 학교 교육과정은 교사, 학생 그리고 학부모의 삶을 구성하는 핵심 요소 중 하나가 된다. 그렇다면 지금 여기, 학교 교육과정은 어떤 방식으로 편성·운영되는지 현장 교사들의 학교 교육과정 경험을 들어 보자.

전○○: 고등학교에서 학교 교육과정의 변화는 "수열이 어디 있지? 빠졌나?" 하는 식으로 교과 내용이 주요 관심사입니다. 아이들이 어려워하는 수학을 어떻게 잘 설명할지, 어떤 방법으로 가르쳐야 할지가 가장 중요하죠. '왜 가르치나? 어떤 학생으로 성장해야 하는가?' 이런 질문은 거의 하지 않아요. 교육과정이 수차례 개정되었지만 별 차이는 없다고 봅니다.

최○○: 교육과정 평가원은 시대적 가치를 포함한 교육과정 개발과 교과서 검정 게다가 수능 문제 출제도 하죠. 그런데 수능 기출문제를 보면 내용만 플러스마이너스지 변한 건 없습니다. 과정 중심 평가가 되면서 수업에 변화를 주려고 하는데, 결국 수능이 바뀌지 않는 한 교과 간 융합이나 협력 등 고등학교 교육과정의 창의적인 운영은 힘들다고 봅니다.

김○○: 저는 중학교 교육과정을 오래 다루어 왔습니다. 몇 년 전까지만 해도 '학교 교육과정은 발로도 짠다.'였는데 스포츠 클럽이 들어오고 자유 학기제가 시작되면서 교육과정이 누더기처럼 되어 버렸어요. 교과와 창의적 체험 활동에서 시수를 다 조절해야 하니 일반 선생님들은 거의 해독할 수 없는, 연구부장만 아는 문서가 된 거죠.

신○○: 학교 교육과정은 관리자와 연구부장이 짜고, 학년 교육과정은 학년부장이 계획하고 각 반별로 조금씩 수정합니다. 학년에서 행사나 업무만 조절하고 수업은 알아서 하는 분위기죠. 교대에서 교육과정을 공부하고 재구성도 해 보았지만, 교과서대로 미리 해 보는 거라 실제로 창의적인 교육과정을 짜기는 힘듭니다. 학년에서 비슷하게 교과서 진도를 맞추고 학습지를 공유하고 있습니다.

이○○: 교육과정이 운영되는 방식이, 약 20년 전 제가 초등학교에 다닐 때와 거의 달라진 점이 없다고 느꼈습니다. 창의 융합은 거의 없고 국어 시간에는 국어만, 수학 시간에는 수학만 배우는 방식이 그대로 유지되고 있죠. 또 교과서 진도 나가기에 급급해 따로 심도 있게 아이들을 지도하기 어려웠습니다. 아이들이 국어에서 책 한 권을 온전하게 읽을 기회를 갖지 못한다는 것이 안타까웠습니다.

성○○: 4년 차 혁신 학교 학년부장입니다. 학년 교육과정에 법적 지침에 따라 담아야 할 기본적인 내용이 많다 보니 문서화 작업은 늘어나고, 실제 교육과정에서 이를 다 지켜 운영하기 어려운 지점이 있습니다. 학년이나 학급에서 새로운 시도, 특히 학교 밖에 나가서 하는 활동이나 학교 밖 단체와 협력해서 수업을 진행하려고 할 때 필수적으로 해야 하는 사전 작업, 서류 작업이 많아서 포기하게 되죠. 학기 중간에 교육과정이나 시간표를 바꾸려고 하면 이를 공문으로 결재 받길 원하는 관리자가 대다수여서 교사들이 유동적으로 교육과정을 구성해 나가는 추동력이 잘 생기지 않습니다.

양○○: 혁신 학교로 첫 발령을 받았습니다. 동학년 선생님들과 교육과정을 재구성해서 하고 싶은 내용은 성취기준을 근거로 모두 해 보았고요. 퇴근 시간을 넘기면서 회의하고 연구하면서 아이들 이야기도 많이 했습니다. 힘들지만 열정 많은 선생님들에게 많이 배웠고 저도 교사로서 성장했다고 생각합니다. 모든 학년이 다 그런 건 아니었고 쉽게 가는 학년도 있어서 한 학교에서도 차이는 있습니다.

위 내용은 급별(초중고), 학교별(혁신 학교와 일반 학교) 교사의 학교 교육과정 경험이다.[2] 급별에 상관없이 국가 주도의 교육과정을 그대로 답습하며 교사 개인별 특징과 장점이 전혀 인정되지 않는 경직된 학교 문화와 교실 상황이 여전하다는 것을 알 수 있다. 물론 혁신 학교의 경우 교육과정 재구성을 통해 창의적인 교육과정을 운영하며, 교사가 교육의 주체로 성장한 경험이 포착되기도 한다. 중고등의 경우 국가 교육과정 개정이나 변화에도 불구하고 교과 교육과정 외에 교과 간 융합이나 협력이 쉽지 않음을 알 수 있다. 그 원인으로는 입시와 수능, 교육과정 평가원의 역할 등 외부적 요인을 꼽고 있다. 교사들의 이야기에는 학교 교육과정의 역할과 지향에 대한 문제 제기가 포함되어 있다.

• 국가 교육과정의 잦은 개정에도 불구하고 왜 학교 교육과정은 20년 전

과 똑같이 운영되는가?
- 수능과 입시가 바뀌지 않으면 교과 간 융합이나 통합 등 협력적인 교육 과정 운영은 시도조차 못할 일인가?
- 정부와 사회는 미래 교육을 강조하면서 교사 교육과정과 교사별 평가를 요구한다. 하지만 혁신 학교에서조차 교육과정은 법적 지침과 공문, 관리자의 결재를 거쳐야만 실행할 수 있는 문서다. 유연하고 자율적인 교육과정 운영은 먼 나라 이야기인가?
- 한 학기 한 권 읽기가 교육과정에 도입되고 교사 대상 연수와 실천 사례도 쏟아지는데, 왜 교실에서 아이들은 한 권의 책을 온전하게 읽지 못하고 있을까?
- 학교 교육과정은 어떤 시대적 가치를 담아야 하는가?
- 학생들의 삶을 의미 있게 구성하기 위하여 학교 교육과정은 어떠해야 하는가?

이 글에서는 변화하는 교육과정 담론과 교사의 교육과정 경험을 씨줄과 날줄로 엮어 학교 교육과정의 문제점과 그에 대한 해답을 찾고, 학생의 삶이 의미 있게 구성되기 위해 학교 교육과정이 지향해야 할 바는 무엇인지 밝혀 볼 것이다.

교과서로만 가르쳐라(?)

필자의 학교 교육과정 경험은 '참교육 운동'과 함께 시작되었다.
교대를 졸업하고 경북 영양의 한 초등학교로 첫 발령을 받았다. 대부분 고추 농사를 짓는 마을이라 고추를 딸 때면 아이들 절반이 결석하던 5학년 교실. 작은 어른으로 일손을 보태던 아이들은 교과서 공부보다 동화와 또래 농촌 아이들이 쓴 글을 읽고 자기 생각을 말할 때 눈빛과 말이 살아났다.

당시 필자는 전교조 조합원으로 관리자들의 격한 관리(?)를 받고 있었는데 장학 지도라는 명목으로 관리자는 자주 수업을 참관했고, 아이들의 공책과 읽는 책을 수시로 가져가서 뭔가를 적곤 했다.

6월이 되자 반공과 통일을 주제로 한 글짓기, 표어 만들기, 포스터 그리기, 웅변, 3분 말하기 대회가 수업의 주를 이루었다. 우리 반은 이원수의 동화 「꼬마 옥이」를 읽고 전쟁과 평화에 대한 이야기를 나누고 글을 썼다. 「서울에서 평양까지」, 「우리의 소원은 통일」 노래도 불렀다. 실제로 남북이 가로막힌 것처럼 교실을 둘로 나누어 서로 말도 하지 않고 놀지도 못하는 생활을 하며 '분단'을 몸으로 겪어 보았다.

어느 날 교육청 장학사가 와서 다그쳤다.

"왜 교과서대로 가르치지 않고 교사 생각대로 수업을 합니까? 사유서를 쓰세요."

"왜 교과서로만 가르쳐야 합니까? 교과서보다 더 좋은 작품과 자료를 활용하면 무엇이 문제가 됩니까?"

내 질문에 장학사는 두툼한 교육과정과 교과서, 법령집을 앞에 놓고 이렇게 말했다.

"전 국민이 배우고 익혀야 하는 교과서가 바로 교육과정이고, 교사는 교육과정에 따라 교육을 해야 합니다. 교육과정을 제대로 구현한 교과서, 심지어 전문가들이 만든 교과서에 실린 지식을 제대로 가르치는 것이 교사가 할 일입니다. 교대에서 뭘 배웠습니까?"

그는 장학 대신 야단과 훈계를 늘어놓았다. 장학사의 질문에 명쾌한 답을 못했다는 것이 속상하고 괴로웠다. 교과서로만 가르치라는 말에 동의할 수 없었다. '아이들이 사는 동네도 다르고 좋아하고 잘하는 것도 다른데 어떻게 똑같은 교과서로만 가르치라고 하나?' 답답함이 쌓여 갔다. 관리자를 비롯한 선배 교사들 역시 같은 말을 반복했다.

"교과서로 가르쳐라."

"튀지 마라. 모난 돌이 정 맞는다. 동학년 선생님들하고 똑같이 해라."

교사 모임에서 이 문제를 의논했다. 가장 큰 장애물은 '교과용 도서에 관한 규정 제51조'였다. '(교과용 도서 이외의 도서 등의 사용 금지) 이 영에 의한 교과용 도서 이외의 도서는 이를 수업 중 사용하지 못한다.'라고 명시되어 있었다. 2000년 이 조항이 삭제될 때까지 교사의 교재 구성권이나 창의적인 교육과정 운영은 법령에 의해 닫혀 있었다. 초임 교사로 겪은 학교 교육과정은 자의든 타의든 교과서가 쳐 놓은 선을 넘지 못한 수준이었다.

지금도 여전히 교과서는 막강한 권위를 가지고 있다. 학교 교육과정은 교과서를 가르치는 일이며, 교과서는 진실만을 담고 있어 타협의 대상이 될 수 없다는 생각이 오래된 관행으로 굳어 왔다. 하지만 공교육의 목적은 창의적 인재 양성으로 전환되었다. 관행과 전환 사이 필요한 질문을 찾아 마주해 보자.

- 국가 발행의 획일적인 교과서 제도 개선은 창의적인 학교 교육과정 운영으로 이어질까?
- 학교가 교육과정을 편성·운영하는 주체로 서기 위해 무엇이 필요할까?

이 질문에 대한 여러분의 생각은 어떠한가?

만들어 가는 교육과정과 교과 교육과정의 자율성

1995년 정부는 '5.31 교육 개혁' 정책을 추진했다.

'교육 경쟁력 강화가 곧 국가 경쟁력 강화이다.'

'학교와 교사는 변해야 한다.'

'학교는 학생과 학부모의 요구를 수렴하여 ~을 해야 한다.'

교육 개혁을 위해 6차 교육과정부터 지역화와 학교 교육과정 중심의 논의가 시작되었다. 초등학교에 학교 재량 시간을 주당 1시간씩, 중학교에 주당 3시간씩 선택 교과(한문, 환경 등)를 편성하도록 하였다. 그러나 1996년에 갑자기 초등학교에 영어 교육을 도입하여 1997년 3학년부터 순차적으로 적용하게 함으로써 학교 재량 시간이 사실상 폐지되었다. 중학교 선택 교과의 경우 대부분의 학교가 기존의 필수 과목이었던 한문을 선택함으로써 학교별 교육과정의 의미가 퇴색하였다. 교육 정책에 따라 학교는 자율적인 교육과정 운영을 익히기도 전에 다시 예전으로 돌아갔다. 이후 7차 교육과정이 개정되면서 '만들어 가는 교육과정'(1997년)이 강조되었다.

교육과정을 만들어 간다는 것은 말 그대로 교육과정이 누군가에게서 주어지는 것이 아니라, <u>학교의 경영 책임자인 교장과 수업 실천자인 교사가 교육 내용과 방법의 주인이 되고 전문가의 위치에 서도록, 지역과 학교의 특성, 자율성, 창의성을 충분히 살려서 다양하고 개성 있는 교육을 실현할 수 있도록</u> 하는 것이다.[3]

자율성과 창의성이 화두였다. 교사는 교육 내용과 방법의 주인이 되고 전문가의 위치에서 다양하고 개성 있는 교육을 해야 한다. 국정 교과서를 강조하던 교육 정책이 이제는 학교 교육과정을 새롭게 만들라는 주문을 하고 교육 개혁을 내세웠다. 개혁의 대상은 개혁의 담당자인 학교와 교사가 된 것이다.

'만들어 가는 교육과정'으로 자율성이나 창의성이 요구되었지만 촘촘하게 짜인 국가 교육과정과 개별 교과 교육과정 사이에서 학교가 재량을 발휘하여 독특한 교육과정을 운영하기란 쉽지 않았다. 게다가 '교과용 도서 이외의 도서 등의 사용 금지' 규정도 버젓이 그 힘을 발휘하고 있었다.

그즈음 교육과정 운영과 관련된 일화가 있다. 경북 예천군 전교조 교사들을 중심으로 '만들어 가는 교육과정 실천'을 위한 교사 집회가 열렸다. 교사들은 군 교육청을 대상으로 '일과 중 교사 연수 시간 확보'를 요구했다.

조합원을 중심으로 단위 학교 교사들이 일과 중에 교육과 수업에 관한 연구 모임을 가졌다. 현재 전국 대부분 학교에서 실행되는 '교내 전문적 학습 공동체'를 만들어 활동한 것이다. 그런데 관리자들이 전교조 모임을 한다며 방해를 했다. 교사들은 연수를 막는 교육청과 관료들을 향해 외쳤다.

"친목 배구는 되고 연구는 왜 안 되냐?"

"공부하다 야단맞는 건 이번이 처음이다."

"학생들이 보고 있다. 연구 시간 보장하라!"

좋은 수업과 충실한 교육과정 운영은 교사들의 연구와 협력이 기본이다. 서울도 아닌 지방 군 단위에서 '교사가 공부할 수 있는 시간을 확보해 달라.'는 메시지는 작지만 강렬했다. 계속되는 집회와 교사들의 요구에 힘입어 전교조와 교육청은 '일과 시간 교사의 자율적인 연구 시간 확보'를 단체 협약으로 맺었다.

1989년 전교조 결성과 더불어 교사들의 자발적인 연구 역량은 전국 교과 모임으로 이어졌고, 다양한 학습 자료 개발·활용이 교사의 전문성으로 인식되며 교과 자율성에 대한 요구가 높아졌다.

2000년 전국국어교사모임에서 학생들의 학업 수준에 맞춰 심화, 보충이 가능하도록 만든, 학습 활동 중심의 중학교 1학년 교과서 『우리말 우리글』이 출간되었다. 때마침 국정 교과서 외 다른 교재의 교과 수업 활용을 금지했던 '교과용 도서에 관한 규정 제51조'가 삭제되면서 교사 재량으로 교재를 사용할 수 있는 법적 기반이 마련되었다. 기존의 국어 교과서가 문학 작품 위주의 읽을거리를 담은 책이라는 통념과 달리 『우리말 우리글』은 광고와 만화, 영화, 신문 기사, 대중가요, 그림 등 다양한 콘텐츠를 활용하여 학생들의 마음에 다가가고자 하는 내용으로 구성되었다. 중학교 1학년의 경우 수행 평가가 도입되면서 교사의 학습·평가 재량권이 늘어나 교사가 교과서를 선택하고 활용함이 비교적 쉬워졌다고 할 수 있다.

중등 국어과를 시작으로 역사, 사회, 가정, 미술 교과 모임을 중심으로 다양한 형태의 대안 교과서와 자료들이 출간되었고, 교과의 자율적 운영으로 입시 위주의 획일화된 교육을 바꾸고자 하는 노력이 전국적으로 일어났다. 교과 모임의 결과물이 잇달아 발간되면서, 전국의 교과 교사들이 교실에서 쌓아 온 경험을 주고받으며 다양하고 창의적인 수업 실천 및 새로운 교과 교육과정에 대한 연구가 진행되었다. 그러나 시간이 흐르면서 교과 모임은 한계에 부딪혔다.

대안 교과서 발간으로 기존 교과서에 대해 안티를 거는 새로운 교과

서를 만들었지만, 우리가 만든 대안 교과가 하나라는 것은 또 하나의 획일화라는 점에서 한계다.[4]

교과 모임마다 위기의 종류가 다르다. 영어와 수학 교과의 경우 지나친 학력 신장 문제가 있고, 미술이나 음악 교과의 경우 집중 이수제 논의에 따라 존폐 자체에 대한 문제로 위기의식이 클 것이다.[5]

획일화된 국정 교과서에 맞서 교과 교사의 자율성으로 시대 흐름을 주도했던 중등 교과 모임은 교육과정과 교과 정책 및 현장의 소통 방식의 변화 등으로 회원 수가 줄어들면서 모임 운영에 위기를 맞게 되었다. 위기의 해답을 찾는 새로운 질문이 필요하다.

- 교사는 무엇을 위해 교과를 가르치고, 아이들에게 필요한 배움은 무엇일까?
- 우리 학교를 졸업하면 어떤 아이로 성장할 것인가?
- 분절적인 교과 수업이 아닌 협력적 배움은 어떻게 일어나고, 이를 위해 무엇이 필요할까?
- '교과 이기주의'라는 말을 벗어나 학생의 발달 단계에 맞게 교과 수준과 내용을 적정화하려면 어떻게 해야 할까?

'작은 학교 운동'과 특성화 교육과정

1999년 교육부는 대대적인 농어촌 학교 통폐합 정책을 추진했다. 이는 각 지역 주민들의 반발을 사 '작은 학교 살리기 운동'을 촉발하는 계기가 됐다. 시골의 작은 학교로 처음 언론의 주목을 받은 경기 광주의 남한산초등학교 역시 2000년 폐교될 예정이었다. 그러나 지역 주민과 학부모, 몇몇 교사들의 학교 살리기 운동으로 '새로운 대안적 공립 학교'로 거듭나게 된다.

작은 학교들이 가장 먼저 시작한 일은 관료주의적 관행에 찌든 학교를 과감하게 뜯어 고쳐 <u>교육 활동 중심 체제로 바꾸는</u> 일이었다. ...... 그 다음에 시도한 일은 <u>교육과정을 새롭게 하는</u> 것이다. 학교마다 차이는 있지만 <u>작은 학교들의 특성화된 교육과정</u>으로 블록 수업과 체험 학습 또는 프로젝트 학습을 들 수 있다. 블록 수업은 일반적으로 40분 수업하고 10분 쉬는 교수·학습 리듬을 80분 수업하고 30분 쉬는 리듬으로 바꿈으로써 교수자 중심의 수업 방식을 <u>학습자 중심의 수업</u>으로 바꾸었다. 수업 시간이 늘어나면서 교수 방법을 다양하게 시도할 수 있었고, 소주제 중심의 차시 학습 방식에서 단원 목표 중심의 학습으로 변화를 가져오기도 했다. 아이들의 학습에 대한 집중력과 흥미도 높아졌다. 체험 중심의 프로젝트 학습은 기존의 교과 시수와 진도에 매여 운영되고 있는 교과 운영 틀에서 벗어나 <u>통합적으로 교육과정을 재조직</u>했다. 자연스럽게 교실을 개방하고 프로그램을 공동으로 개발하고 팀 티칭 등을 하게 되기 때문에 수업을 중심으로 학교 공동체가 형성되어 간다. 특히 계절 학교 프로그램은 기존의 40분 단위의 표준 시간표에 따라 운영되는 교사 중심의 교육과정을 바꾸어 한 주 동안, 한 학생이 선택한 주제 교과를 주기 집중형 학습으로 수행하게 된다.[6]

'농어촌 작은 학교 살리기'는 남한산초등학교를 필두로, 아산 송남초 거산 분교(2002. 9.), 완주 고산서초교(삼우초, 2003. 3.), 상주 남부초교(2005. 5.), 부산 금성초교(2006), 양평 조현초교(2007), 순천 송산분교(2008), 이후 단양 가곡초 대곡 분교, 울주 궁근정초 소호 분교, 진안 장승초교, 임실 대리초교, 구례 토지초 연곡 분교, 영광 묘량중앙초교 등으로 성공 사례가 이어졌다.

이들은 학교 교육과정을 통해 행복한 배움을 실현하고자 하였다. 농어촌 지역의 특성을 살리고 어린이의 성장과 발달을 바탕으로 한 학습자 중심의 수업과 통합적인 교육과정 운영이 그것이다. 아이들 몸의 리듬을 따라 수업 시간을 조절하고 30분 중간 활동 시간 운영을 통해 놀이와 쉼을 보장하며, 체험 학습 또는 프로젝트 학습으로 배움의 즐거움을 느끼며 행복한 삶을 가꾸는 학교 교육과정 운영은 공교육 정상화에 대한 희망 보고서였다.[7]

10여 년이 지난 현재 '농어촌 작은 학교 살리기'의 전망은 그다지 밝지 않다. 많은 요인이 보고되었지만 우선 도농 간 교육 격차가 가장 크게 작용한다. 특히 부모의 직업, 학력 등 가정의 사회 경제적 요인이 가장 크다. 둘째는 학교 구성원의 문제다. 작은 학교의 철학과 정체성을 만들어 가는 교사와 그에 동의하지 않은 교사 간의 갈등 그리고 초기에 주축이 되었던 교사들이 교직원 순환 근무제 때문에 일정 기간이 지나면 다른 학교로 흩어지게 되어 지금까지의 노력이 무산될 수 있는 위기에 처해 있다는 것이다.

초등을 중심으로 작은 학교에 특성화된 학교 교육과정은 2009년 혁신 학교 운동과 더불어 전국적으로 퍼져 나가 학교 교육에 새로운 방법론을 제시하였다. 하지만 현재 아이들의 삶의 공간은 대부분 농어촌이 아닌 도시의 대규모 다인수 학급이다. 과밀 학급에서 입시라는 목적에 따라, 성적으로 한 줄 서기를 하는 아이들. 가정과 지역 사회의 격차를 줄이고 제대로 된 교육과정을 실현하기 위해서 '도시 대규모 과밀 학급'에 대한 해법이 요구된다.

교육과정 자율화와 혁신 학교 교육과정

2009년 정부의 '교육과정 자율화 정책'은 이전 교육 정책에 비추어 교사가 학교 교육과정에 적극적인 관심을 기울이도록 하는 계기가 되었다. 교과(군)별 20% 시수 증감 가능, 창의적 체험 학습 도입 등으로 편제나 시수 배정에 대한 자율성이 제도적으로는 거의 완전하게 허용되었다고 볼 수 있다.

정부는 전국 단위, 시도 교육청 그리고 단위 학교 수준까지 연수를 조직하고 자료를 배포하는 등 다각도의 노력을 하였다. 그리고 단위 학교 구성원들의 이해를 바탕으로 차별화된 학교 교육과정 개발과 운영으로 이어지기를 기대하였다. 그러나 여러 연구 결과[8]나 앞서 접한 현장 교사들의 이야기를 보면 기대에 미치지 못함을 알 수 있다. 이런 결과에 대한 근본적인 원인 중 하나는 자율적 운영이 '강요된 자율성'에 가깝다는 것이다. 이러다 보니 학교 교육과정에 다양성이나 특색을 담기보다 시수 편성과 같은 기술적 차원에 머문다는 비판[9]이 제기되었다.

또 하나 교육 내용의 구성 측면에서는, 교과 외 영역은 거의 완전한 자율성이 보장되었지만 교과 영역은 교과 내용의 '순서, 비중, 방법'에 대해서만 교사가 자율성을 발휘할 수 있음이 명시되어 있다. 따라서 교사가 교육과정에 제시된 내용을 삭제하거나 새로운 내용을 추가하는 것은 허용되지 않는다.

하지만 교과에서 학교 교육과정의 자율성을 발휘할 기회가 전혀 없지는 않다. 한 학기 한 권 읽기의 경우 초중고 독서 단원으로 구성되어 교과 내 혹은 교과 간 통합, 주제 통합 등 다양한 방법으로 교사가 텍스트를 선정하여 온전한 책 읽기를 실행할 수 있다. 이때 학생들이 스스로 읽을 책을 선택하고 교사와 협력하여 수업을 진행할 수 있다. 그 과정에서 학교와 교사는 교육과정 구성과 교재 선택에 관한 전문성 신장과 함께 교사 교육과정에 활용할 수 있는 다양한 콘텐츠를 축적할 수 있다.[10]

한편 2009년부터 시작된 혁신 학교 운동은 교육 현장을 크게 바꾸고 있다. 기존의 폐쇄적이고 권위적인 학교 문화를 개방적이고 민주적으로 바꾸고 공동 연구·공동 수업 등 협력적인 수업 문화와, 존중과 배려가 있는 교사와 학생 관계를 바탕으로 창의적 교육과정 운영을 실현하고자 노력하였다. 초등을 중심으로 한 혁신 학교의 약진은 학교 철학과 혁신 학교 실천 전략에 대한 다양한 사례를 보여 준다.[11]

특히 교육과정과 수업의 변화가 주목할 만하다. 혁신 학교 교육과정은 여느 학교와 달리 교사들의 공동 연구를 통해 재구성된다. 교육과정의 개념을 '학교에서 이루어지는 모든 교육 활동'이라 보고 교육과정 재구성을 통해 학생들의 협력적 배움과 성장을 목표로 한다. 교사가 알고 있는 것을 일방적으로 전달하는 것이 아니라 학생과 학생, 교사와 학생의 협력적 관계에서 배움의 기회를 제공하고, 이를 통해 학생 스스로 성장할 수 있도록 지원하는 것이 혁신 학교 교육과정 운영의 핵심이다.

그렇지만 지금의 혁신 학교가 교육 개혁과 교육과정 운영에 있어 정답은 아니다. 학교 혁신의 가능성과 사례가 축적되면서 전국 시도 교육청에서는 해가 거듭될수록 혁신 학교의 수를 늘리고 있다. 혁신 학교의 양적 확대가 그 자체로 학교 혁신을 의미하지는 않는다. '무늬만 혁신 학교'라는 말은 이와 같은 문제를 함축하고 있다. 학교나 교사의 준비 정도나 자발성을 고려하지 않고 혁신 학교의 수를 늘리는 데 집중하다 보니 간판만 혁신 학교로 달아 둔 경우가 속출하고 있다. 이들 학교에서는 혁신 학교가 지향하는 철학과 운영 원리에 기반을 두어 학교 전체를 혁신하기보다는 혁신 학교의 일부 프로그램을 따라 하는 수준에 그치고 있다. 혁신 학교의 지속 가능성과 관련해서도 여러 우려가 제기되고 있다. 한때 학교 혁신에 성공했다는 평가를 받은 혁신 학교가 일부 구성원의 교체로 어려움을 겪는 경우를 어렵지 않게 찾아볼 수 있다.

실제 필자가 근무하는 학교는 혁신 학교 지정 11년 차가 되었다. 참삶을 가꾸는 교육과정 운영을 지향하고 있지만, 매년 비슷한 목표로 비슷한 교육 활동을 하고 있지 않은지에 대한 정직한 평가와 성찰이 요구된다. 초기 혁신 학교의 단기 목표에서 벗어나 중장기 목표에 대한 새로운 비전을 고민하고 연구해야 한다. 혁신은 제안하기는 쉽지만, 실행하기는 어렵고, 지속하기는 극도로 어렵다고 주장했던 하그리브스의 논의를 되새길 때다.

평가 혁신과 수능 체제

학교 교육과정의 실행은 '교육과정-수업-평가-기록'의 단계를 거치며 일상적이고 통합적으로 일어난다. 하지만 실제 교육 활동을 보면 수업 계획과 실행, 평가가 분절적으로 이루어질 때가 허다하다. 특히 수능과 입시 앞에서는 왜곡 현상이 심하게 일어난다. 단순 암기와 문제 풀이식 수업도 그렇지만 오직 선발과 변별을 위한 평가도 온전한 모습은 아니었다. 한 줄로 세우기 위한 평가는 맹목적인 암기식 공부 방법을 낳고, 평가 기록은 성적이 좋은 학생들을 위해 과장되거나 부족한 부분에 대한 피드백보다 두리뭉실

한 미사여구를 사용하는 경우가 많았다.

　그러나 학습자의 역량을 키우기 위한 교육과정의 변화는 평가 패러다임도 바꾸었다. 변별을 위한 선발적 평가보다 학생의 전인적인 발달을 지원하는 발달적 평가관이 요구되었다. 경기도에서는 2018학년부터 학생의 발달을 돕는 성장 중심 평가를 하고 있다. 필자가 근무하는 학교에서는 학기초 학업 성적 관리 위원회를 거쳐 학년에서 공동으로 연구·계획하여 지성, 감성, 시민성을 기본으로 한 진단 활동과 교과 평가를 하고 있다.

　2019년 12월, 6학년 학생들과 과학 수업을 평가했다. 가장 인상적이고 즐거웠던 수업과 관심을 가지고 탐구한 것, 아쉬운 점에 대해 발표하는 시간을 가졌다. '레몬으로 전기 만들기'와 '달 관찰하며 한 시간 전등 끄기'가 꼽혔다. 두 가지 활동은 담임 교사와 전담 교사, 학생과 학부모의 협력적 활동이 요구된다. 특히 '달 관찰하며 한 시간 전등 끄기'는 '지구를 위한 한 시간' 프로젝트로 우리 학교 전체가 참여한 생태 프로젝트 학습이다. 6학년은 국어와 과학을 통합하여 진행하였다. 학생들은 탐구 과정을 영상으로 찍거나 그림으로 그리고 수업에서 알게 된 점을 글로 써서 정리하였다. 평가 과정에서 성취기준에 도달하기 힘든 학생들을 살펴 학교와 학급에서 지원할 수 있는 것(달 모양 자료, 짝 활동 등)을 준비하였다.

> 　'지구를 위한 한 시간'과 '달 관찰 활동'을 같이했다. 어제 본 우리 동네와 오늘 본 우리 동네는 크게 차이가 나지는 않았다. 그렇지만 우리 집은 다르다. 그것은 바로 한 등 끄기를 하면서 가족들이 함께 달을 보기로 한 것이다.
> 　부모님은 "달 관찰도 하고 지구도 살리고 참 좋구나!"라고 했다. 엄마는 "네 숙제 때문에 엄마가 새벽 기도 가면서 달 사진 찍었는데 이제는 혼자 하네. 울 아들 앞으로도 쭉 스스로 하면 좋겠어."라고 하셨다. 아빠는 "한 등 끄기가 수행 평가라니······."라고 했다. 과학 숙제도 하고 지구를 지키는 방법도 알게 되었다. 뿌듯하다. (안신초 6학년 김○○)

"지금까지 달 관찰하기 숙제를 엄마가 해 주셨는데요, 이날은 제가 사진을 찍어야 해서 스스로 했어요. 저 잘했죠? 선생님."

"응, 참 잘했어. 울 ○○이. 선생님도 이날 생각보다 한 시간이 무척 길다는 걸 느꼈어. 내년에도 쭉~."

"좋아요."

아이의 솔직한 이야기에 온 교실이 환해졌다. 한 아이의 이야기가 한 반의 이야기가 되고, 한 학교의 이야기가 온 마을의 이야기가 되면서 아이와 우리의 삶이 변하는 것. 이 과정에서 아이는 나를 알고 이웃을 느끼며 세상을 살아가는 힘을 배우는 것. 이것이 바로 우리가 소망하는, 삶을 가꾸는 교육과정과 수업 그리고 평가가 아닐까. 시도 교육청별로 '성장 중심 평가', '행복 중심 평가', '과정 중심 평가'로 달리 불리지만 '학생의 교육 목표 성취도를 확인하고 교수·학습의 질을 개선하는 데 주안점을 두는 평가'라는 공통점이 있다. 물론 이 평가 정책은 입시에서 그나마 자유로운 초등 중심으로 실행되고 있어 중등 평가에 대한 이해와 실천이 필요하다.

"성장 중심 평가나 과정 중심 평가의 취지는 모두 공감하고 그렇게 하고 싶어요. 그런데 고등학교는 학생들이 반대하고 학부모도 마찬가집니다. 등급과 점수로 좋은 대학을 가니까요."

"중등 교사는 과목에 따라 10개 반을 수업하기도 하죠. 모든 학생이 성취기준에 도달할 때까지 여러 번의 평가 기회를 주기 위해 문항을 개발하고 피드백 이후 기록까지……, 정말 엄두를 내지 못하고 있습니다."

"시스템의 문제이기도 해요. 1~2반, 3~4반 나눠서 각자 수업하지만,

평가는 학년 전체가 동일하게 진행해야 하죠. 교사 중 한 명이라도 반대하면 할 수 없는 구조예요."

"열정을 갖고 하시는 분들도 분명히 있죠. 수능 부담을 갖지 않는 학교나 비중이 적은 과목, 수행 평가도 적은 비중일 때 가능하고 인문계 고등학교는 어렵다고 봐야 하죠."

"수학 능력 시험도 하루 동안 정해진 시간에 단 한 번뿐인데, 학교 평가가 힘이 실릴 수 있는 구조가 아니죠."[12]

학생 평가의 목적은 점수와 등급을 매기는 게 아니라, 교사의 적절한 피드백을 통해 학생이 할 수 없었던 것을 할 수 있게 되는 변화를 경험하는 것이다. 그 과정에서 학생은 발달 능력을 키우고 성장한다. 학생의 변화 과정을 섬세하게 들여다보고 학교 생활 기록부에 적절하게 기록해 학습자의 자존감을 키우고 배움의 설렘을 느낄 수 있도록 하는 것은 학교의 기본적인 의무이다. 그러나 교사들의 이야기처럼 평가는 교육과정과 학교 시스템 그리고 공고한 입시 체제라는 사회적 조건까지 전방위적인 변화와 소통이 필요한 일이 되었다.

평가 혁신이 어려운 또 다른 이유로는 우리 사회가 교사의 전문성을 믿지 못하는 점도 크게 작용한다. 학생부 종합 전형이 늘어나면서 교사의 기록과 평가가 중요해졌다. 하지만 공정성을 이유로 정시 확대나 지필 평가를 늘려야 한다는 주장은 과정 중심 평가가 곧 교사의 개인적인 평가와 판단으로 인식되어 변별력을 갖지 못한다는 논리가 숨어 있다.

그리고 평가를 책임지는 교사의 문제도 있다. 교사에게 과정 중심 평가는 가 보지 않은 길을 개척해야 하는 부담감이 먼저일 것이다. 실제 교대나 사대 교육과정에서 과정 중심 평가를 익히거나, 적절하고 섬세한 피드백으로 예비 교사의 평가 능력이 향상될 수 있는 시스템이 있는지 확언할 수 없다.[13]

이제 평가는 학생의 학습권과 교사의 전문성을 신장시키는 필수적인 교육과정 경험으로 인식되고 있다. 교육의 기승전결이 수능이라면 현재 우리 교육과정은 실패자를 양산하는 통로로 작용한다는 것은 피할 수 없는 현실이다. 초등뿐 아니라 중고등학교에서 평가에 대한 패러다임의 전환과 개혁이 절실하다.

오래된 새 질문 앞에서

지금까지 교육과정 정책과 담론의 변화 및 교사의 교육과정 경험을 통해 학교 교육과정의 어긋남과 그것을 회복하기 위한 노력과 한계를 살펴보았다. 학생의 삶을 의미 있게 구성할 수 있는 학교 교육과정, 정답은 없다. 다만 해답을 찾아 궁리해 본 결과, 몇 가지 제언을 함께 생각해 보기로 하자.

우선 교육과정과 관련한 제도의 뒷받침이다. 교육과정 운영과 관련하여 국가와 시도 그리고 학교의 권한 분배를 바탕으로, 열린 교과서 제도 운영을 위한 시도 교육청 수준의 인정 체제를 마련하는 것이다. 또한 교육과정 전문가로서 교사의 위상과 역량 함양을 어떻게 이루어 갈 것인가 고민해야 한다. '교육과정 문해력'이라는 말로 교사 개인의 역할을 강조하기 이전에, 교육과정 개발에 현재 참여하는 교수만큼 아니 오히려 더 많은 현장 교사가 참여하여 현장의 목소리를 담을 수 있어야 한다. 최근 전라북도 교육청을 시작으로 학교 교육과정 편성·운영과 교사 교육과정에 대한 논의가 새롭게 전개되었다. 학교와 교사는 지역 그리고 학생의 여건을 고려하여 필요한 과목을 편성하고 성취기준을 재구조화하거나 개발할 수 있는 권한과 함께 구성원의 민주적인 합의를 통해 교재 구성권과 평가의 자율성을 가질 수 있는 제도적 변화가 예고되었다. 교육 주체의 요구와 정책의 역설적 대화가 필요하다.[14]

'우리는 왜 가르치는가? 어떤 교사가 되기를 바라는가?'
'우리 아이들이 어떻게 자라기를 바라는가?'
'교사와 학생 그리고 학부모의 의미 있는 삶을 구성하는 학교 교육과정은 어떠해야 하는가?'

오래된 새 질문 앞에 모이기로 하자. 교사들이 모이면 십중팔구 아이들 이야기를 하게 된다. 아이들의 이야기는 교사의 이야기이자 학교 교육과정의 또 다른 모습이다. 아이들과 교사 그리고 학부모의 이야기 속에서 어긋난 학교 교육과정을 바로 세워 함께 성장하고 발달 능력을 키워 가는 새 길이 열리기를 소망한다.

최은경

경북 예천에서 태어났고 인하대에서 아동 문학 전공으로 박사 학위를 받았다. 초등 국어 교과서와 『더불어 사는 민주시민』을 집필했고, 『동화로 여는 국어 수업, 동화로 크는 아이들』(상상의힘)과 『지구인이 되는 중입니다』(교육공동체벗) 등을 펴냈다. 민주 학교를 시작하며 사회 참여 동아리 '소나무' 아이들과 만나 상상하고 행동하는 민주시민교육을 몸으로 배운다. 올 봄에는 감자, 가을에는 배추를 심어서 찐 감자와 김장 김치를 수암동 어르신들과 나눠 먹기로 약속했다. 마을 잔치 소식이 들리면 누구든지 학교로 오면 좋겠다.

혁신 교육의 지향, 제대로 알자

교육 지원청 장학사로 근무할 때의 일이다. 지역에 있던 한 혁신 학교는 교사들 간의 갈등이 학부모들 간의 싸움이 되어 혁신 학교를 유지하자는 쪽과 반대하는 쪽이 팽팽히 맞섰고 시간이 지날수록 보이지 않는 골은 더욱 깊어졌다. 특히 학교의 사정을 모르고 전입해 가는 선생님들이나 학부모들은 이 모든 것이 혁신 학교라서 생기는 문제로 바라보기도 했는데, 급기야 혁신 학교 재지정이 취소되고 말았다. 이는 학교가 나아가야 할 철학에 대한 동의를 구하지 못해서 일어난 갈등이었다. 학교를 혁신하고자 했던 열의만 있었지 갈등을 해결하기 위한 지혜가 부족했다.

요즘은 혁신 학교 종합 평가의 흐름이 변화하여 단순한 성과 보고에 그치지 않고, 혁신 과제를 추진하면서 발생한 문제점을 중심으로 토의 주제를 제시하고 참석자들이 경험을 공유하거나 대안을 제시하는 등 '성장·나눔의 날'을 가진다. 이는 혁신 학교가 평가의 주체가 되어 갈등 상황을 스스로 진단하고 해결 방안을 찾는 과정에 지역의 혁신 학교가 다 함께 참여함으로써 동반 성장하기 위한 시스템으로 진화했다고 볼 수 있다.

필자의 아이가 다니고 있는 이우학교는 제도 교육의 틀 안에서 새로운 교육적 가치를 생산하기 위해 만들어진 대안형 특성화 고등학교이다. 학부모는 자녀가 입학할 때 사교육 포기 각서를 써야 하는데, 이것은 학교가 대안을 만들고 실천하기 위해서는 학부모도 동반자로서 학교 교육의 주체가 되어야 한다는 의미이기도 하다.

1학년 때 아이는 반 전체가 참여하는 연극 발표나 학생 자치회, 풍물 동아리, 학생 축제, 예술전 준비 등 너무나 많은 활동에 열심히 참여하느라 수업 시간을 빼먹거나 과제를 제출하지 않아서 걱정했었다. 그런데 2학년이 되어서는 대부분의 활동에서 물러나 자기만의 시간을 갖는 등 갑자기 변한 아이의 모습에 부모가 어떻게 도움을 줘야 할지 알 수 없어 혼란스러웠다. 그때 가장 힘이 되어 준 건 선생님이나 같은 반 학부모, 선배 학부모와의 대화였다. 실제로 학부모가 학교에 다닌다고 해도 과언이 아닐 만큼 반 모임이나 동아리, 각종 위원회 활동이 많은데 이런 활동에 참여하면서 모든 아이가 내 아이가 되는 소중한 경험, 일개 학부모가 아닌 더불어 사는 민주시민이라는 학교의 철학이 내 삶이 되는 소중한 경험을 했다.

올해는 코로나19로 인해 1박 2일의 신입생 학부모 오리엔테이션을 하지 못하고 있다가 몇 차례의 회의를 거쳐 온라인이라는 낯설지만 새로운 방식으로 만났다. 이를 시작으로 다른 학부모 단체들도 활동을 멈추지 않고 온라인으로 소통하다 보니 퇴근 후 저녁 시간이 온통 온라인 모임이다.

우리는 모두 학교의 주인이다. 그러나 학생이 행복한 학교를 만들기 위해서는 교사의 역할이 무엇보다 중요하다. 우리가 바라는 학교는 학생, 학부모만 행복한 학교가 아니라, 교사들이 행복한 학교이기도 하다.

혁신 학교는 공교육의 틀 안에서 학교 교육이 올바른 방향으로 나아갈 수 있도록 모든 학교 구성원들이 혁신의 주체가 되어 하나의 공동체로 참여하며, 자발적으로 헌신하는 교사가 자율성과 권한을 갖고 학교 혁신의 핵심 역할을 담당하여 학교 조직과 학교 문화, 수업 등의 혁신을 통해 학교 교육을 긍정적으로 변화시켜 나가는 것을 지향하는 학교로 규정할 수 있다.[1] 즉 교사가 학교 혁신의 대상이 아니라 주체이며, 학교 혁신의 원동력이 교사들의 자발성에서 비롯되는 것임을 알 수 있다.

이 글에서는 교사의 자발성에 기초한 혁신 교육의 흐름에 대해 살펴보고 교육으로 행복한 세상을 만들기 위해서 교사와 학부모, 학교와 교육청이 무엇을 해야 할지 고민해 보고자 한다.

공교육 실험 학교

2010년을 기점으로 핀란드 교육에 대한 관심이 집중되었다. '핀란드 교육 혁명', '핀란드 공부 혁명', '핀란드 부모 혁명'에서 보듯, 핀란드 교육에 대해서는 개혁이나 혁신을 넘어 '혁명' 즉 '이전의 관습이나 제도, 방식 따위를 단번에 깨뜨리고 질적으로 새로운 것을 급격하게 세우는 일 혹은 근본적으로 고치는 일'로 마주하게 된다.

핀란드 교육을 직접 체험한 글이나 핀란드 교육의 성취를 한국과 비교한 책들이 연달아 출간되면서 '경쟁 대신 협력', '성장과 발달을 지원하는 교육과정', '공교육에 대한 상상력'이 화두로 떠올랐다.

이즈음 우리 교육계는 '작은 학교 운동'이 '혁신 학교'로 이어져, 현장에서 실천된 학교 개혁 사례를 제도화하여 혁신 학교 정책으로 진행하였다. 교육이 마을과 지역 사회를 변화시킬 수 있다는 가능성을 바탕으로 하여, 혁신 학교는 교육과정을 '학교에서 이루어지는 모든 교육 활동'이라고 보았다. 이에 따라 학생이 행복한 교육을 만들기 위해 수업과 평가의 중요성을 강조했으며 기존의 교육과정 체제와는 다른, 교육과정의 실행과 지원 방식에 있어서의 변화를 보여 주었다.

혁신 학교는 초중등 교육법에 따라 교육감이 지정·운영하는 자율 학교의 한 유형으로 학교 혁신의 모델을 창출하고 이를 일반 학교에 확산시키기 위한 파일럿 스쿨(pilot school)의 역할을 담당하고 있다. 혁신 학교 운영 모델은 동등한 교육 기회의 실현과 협력적인 학교 운영 철학을 기반으로 한 '모두를 위한 질 높은 교육'으로 주목받아 왔다. 또한 기존 학교 교육의 내부 변화에 집중하고 있으며, 새로운 학교 유형을 만드는 '학교 유형 다양화'가 아니라 '미래 역량 중심의 교육과정 다양화'를 표방하고 있다.

하지만 우리나라 혁신 학교의 수준은 유럽의 혁신 학교라고 할 수 있는 공립 학교인 프랑스의 프레네 학교, 독일의 헬레네랑에 학교 혹은 덴마크의 자유 학교와 비교할 때 상당한 차이가 있다. 유럽의 혁신 학교들은 나름의 교육적 가치나 철학을 가지고 오랜 시간 교육력을 축적해 왔다. 반면 우리의 혁신 학교가 지향하는 가치나 철학은 혁신 학교를 '공교육 혁신의 모델 학교'라고 부르는 것에서 알 수 있듯이 공교육 정상화의 수준으로 볼 수 있다.[2]

2019년 학교시민교육전국네트워크 10월 세미나가 끝난 후, 혁신 교육과 혁신 학교가 갖는 의미에 대해 이승현 전 교육부 학교혁신지원실장과 나눈 인터뷰 내용을 소개하면 다음과 같다.

Q: 공교육 정상화를 위한 우리 교육의 과제는 무엇인가요?

A: 우리 교육의 여러 문제 중에서 시급히 해결해야 할 과제는 교육과정과 학교 운영의 혁신이고, 그중 교육과정 혁신은 고등 정신 능력과 정의적 영역의 소홀, 시민교육의 부재를 어떻게 해결하는가가 초점일 겁니다. 교육 내용은 아이들에게 직접적인 영향을 주는데 획일적인 교육 내용은 획일적인 학교 문화를 낳기 때문이에요. 또한 교원의 자발성을 저해할 뿐만 아니라 사교육 문제, 입시 문제, 평준화와 비평준화 갈등, 왜곡된 학력관의 온상이 되기 때문이죠. 독일과 핀란드 등 유럽의 많은 나라가 학교 교육에서 경쟁을 금지하고 있어요. 경쟁보다는 협력이 상호 성장을 가져올 수 있는, 보다 본질적인 방법이라는 거죠. 경쟁은 시험 성적에 의한 것이며, 시험은 객관식을 중심으로 하게 되어 본질에 맞는 교육과정을 운영하기 어렵게 합니다. 이 때문에 전인 교육이 어렵고, 시민 양성이라는 국가의 교육 목표가 왜곡되는 것이죠.

Q: 우리 교육의 역사에서 큰 변화를 이룬 열린 교육과 혁신 교육의 연계성과 차이점은 어떤 것이 있을까요?

A: 혁신 교육은 무엇보다도 열린 교육 이후 교원의 집단적 자발성을 발휘하게 했다는 점이지요. 열린 교육 운동은 1990년대 우리 교육에서 교원들의 교육 활동과 관련하여 집단적인 자발성을 발휘한 예라고 할 수 있죠. 열린 교육은 시도 교육청이 정책으로 받아들이는 과정에서 수업 방법의 혁신으로 방향이 좁혀졌고 그러다 보니 초등에서만 실천되었답니다. 그

러나 혁신 학교 운동은 교육과정과 학교 운영에서 총체적인 혁신을 꾀하고 있으며, 중등도 함께 참여하고 있다는 점에서 열린 교육 운동보다 양적, 질적인 성장을 가져왔어요.

Q: 우리 교육에서 경기도 혁신 학교의 등장은 어떤 의미가 있나요?
A: 혁신 학교는 시도 교육청이 지방 교육의 자치 기관으로서 위상을 정립한 사건입니다. 2009년 13개 학교를 혁신 학교로 지정하면서 제도화되기 시작했고 이후 한국 교육의 새로운 흐름을 주도했죠. 경쟁보다는 협동을, 소수의 수월성이 아닌 모든 학생의 수월성을, 학생의 자발성에 기초한 교육과 창의성을 지향하고 있어요. 경기 혁신 교육의 초기에 진행한 무상 급식, 학생 인권 조례 제정, 경기도 교육과정 개발, 지역 교육청의 지원 센터화, 교원과 전문직의 업무 경감 등은 우리 교육의 해묵은 과제들을 해결하기 위한 의미 있는 조치였습니다. 한마디로 경기 혁신 교육은 교원의 자발성을 존중하여 경직된 학교 운영이나 획일적 교육 내용을 극복하기 위한 '공교육 정상화' 방안으로, 지방 자치 단체의 교육 운동이 전국적인 확산을 가져와 우리 교육의 주요 흐름으로 안착했다는 데 의의가 있습니다.

혁신 교육 10년, 강산의 변화

경기도에서는 2000년 교사 주도의 자생적인 학교 개혁 운동인 '작은 학교 살리기 운동'을 계기로, 혁신 학교 제도가 2009년 첫 주민 직선 교육감 선거의 핵심 공약으로 채택되었다. 2010년에는 6개 지역(서울, 광주, 경기, 강원, 전북, 전남)에서 혁신 학교 공약을 내건 후보가 교육감으로 당선되었고 2014년에는 부산, 인천, 세종, 충북, 충남, 경남, 제주 지역이 더하여 전국 13개 지역에서 혁신 학교를 제도화하였다. 2017년 문재인 정부는 국정 과제로 '교실 혁명을 통한 공교육 혁신'을 명시하고 있으며, 2018년 시도 교육감 선거를 기점으로 혁신 학교는 전국에서 펼쳐지고 있다. 서울형 혁신 학교는 전인 교육을 추구하는 학교, 강원은 함께 여는 강원 교육을 구현하기 위한 행복한 학교, 전남은 행복을 키워 가는 학교, 경남은 행복을 추구하는 미래형 학교를, 그 외 대부분은 공교육 정상화 혹은 혁신의 모델 학교를 지향하고 있다.

혁신 교육의 핵심 과제는 교육과정과 학교 운영의 혁신이다. 교육과정의 혁신은 입시 위주의 획일적 교육 내용을 극복하기 위한 교육 내용, 수업, 평

[시도별 혁신 학교의 도입 시기와 명칭]

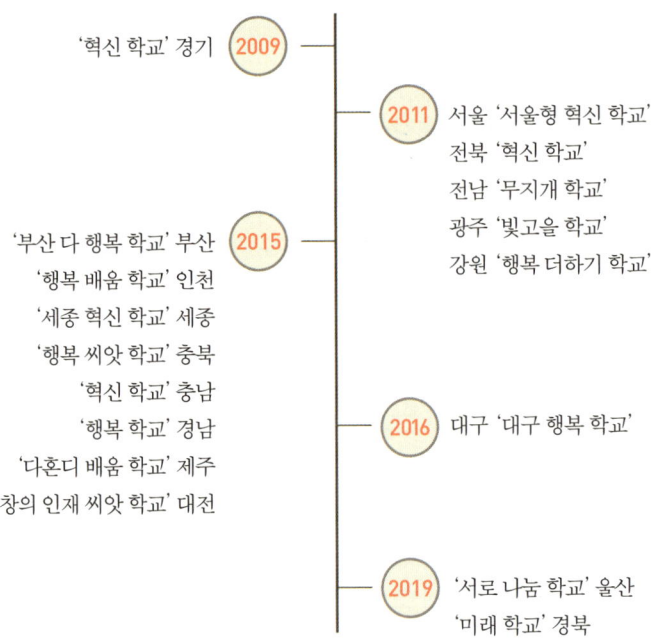

가의 혁신을 의미한다. 학교 운영의 혁신은 학교의 민주적, 자율적 운영을 통해 교사의 자발성을 높이고, 교육과정과 생활 지도에 전문성을 갖도록 학습 공동체를 형성하는 것이다.

무엇보다 혁신 교육은 우리 공교육이 직면한 구조적 문제를 해결해 가는 교육 운동이므로 혁신 학교뿐만 아니라 일반 학교도 동참하는 것이 중요하다. 이를 위해서는 교원들에게 혁신 교육이 앞으로도 지속 가능한 정책이라는 확신을 심어 주는 것이 필요하다. 그 사례로 경기도는 교육과정 재구성, 수업, 평가 혁신을 위한 공동 과제를 제시하고 혁신의 방향과 내용의 공감대 확보를 위한 지원을 확대하였다. 제도적으로는 학교 평가를 자체 평가로 전환하여 학교의 자율성과 자발성을 존중하고, 교원의 업무를 경감하기 위하

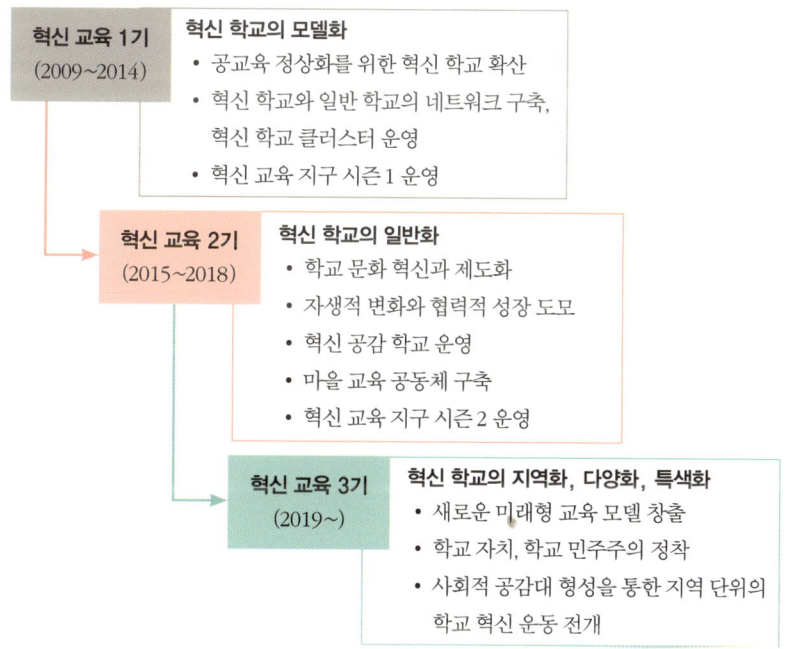

[경기 혁신 교육의 변화]

혁신 교육 1기 (2009~2014)
혁신 학교의 모델화
- 공교육 정상화를 위한 혁신 학교 확산
- 혁신 학교와 일반 학교의 네트워크 구축, 혁신 학교 클러스터 운영
- 혁신 교육 지구 시즌 1 운영

혁신 교육 2기 (2015~2018)
혁신 학교의 일반화
- 학교 문화 혁신과 제도화
- 자생적 변화와 협력적 성장 도모
- 혁신 공감 학교 운영
- 마을 교육 공동체 구축
- 혁신 교육 지구 시즌 2 운영

혁신 교육 3기 (2019~)
혁신 학교의 지역화, 다양화, 특색화
- 새로운 미래형 교육 모델 창출
- 학교 자치, 학교 민주주의 정착
- 사회적 공감대 형성을 통한 지역 단위의 학교 혁신 운동 전개

여 행정 실무사 등의 인력을 지원하고 있다.

바야흐로 경기도는 혁신 교육을 시작한 지 10년의 세월이 흘러, 혁신 교육 3기를 열어 가고 있는데 경기 혁신 교육이 1기에서 2기로 넘어가면서 혁신 교육의 지속성과 내실화를 위한 노력은 어떻게 되었을까?

혁신 교육 2기에서는 학교 밖 교육에 대한 관심은 높아진 반면 혁신 학교를 내실화하려던 노력은 제대로 빛을 발하지 못했다고 볼 수 있다. 그 예로 혁신 교육 2기가 되자마자 '창의지성'이라는 용어를 사용하지 말라는 공문을 시행했다. 창의지성 교육과정[3]은 혁신 교육 1기의 철학적 기반이었는데 그것이 무너지다 보니 배움 중심 수업이나 평가 혁신은 일부 교사들에게는 의미가 있지만 지금까지도 모든 교사에게 확산되지 못하고 있다.

또한 혁신 학교에서 혁신 공감 학교로 혁신 학교 일반화를 위한 양적 확대는 이루어진 반면 전체 교사들을 대상으로 혁신 교육에 대해 얼마만큼 그림을 그릴 수 있는지 등 전수 조사가 이루어지지 않았다. 그러다 보니 각종 정책 연구나 설문 조사도 혁신 교육의 내실화를 위한 균형 있는 비판보다는 교육청 사업의 성과를 정리하거나 홍보하는 수단이 되고 있다. 그러므로 혁신 교육이 한 때의 축제가 아닌 교육과정으로 내면화되기 위해서는 적어도 5년을 주기로 전체 교원을 대상으로 한 혁신 교육과 혁신 학교에 대한 평가가 이루어져야 할 것이다.

혁신 학교 선생님들의 이야기[4]

혁신 교육의 지향과 교육과정 혁신을 실천해 온 여러 선생님들의 이야기 속에서 우리나라 학교 교육은 어떻게 변했는지, 미래의 학교는 어떤 역할을 해야 하는지 상상해 보기로 하자.

혁신 교육은 교사의 자발성을 바탕으로 학교 교육과정 편성 및 운영의 자율권을 강화한다. 학교 안에서 교사는 혼자가 아닌 친밀한 교육 공동체의 일원으로서 협력을 위해 꾸준히 학습하고 노력하며, 학년의 틀을 넘어 통합적인 교육과정을 운영하면서 교육 주체가 교육과정 운영의 주체가 될 수 있음을 보여 준다.

교사 1: 초반에 혁신 학교를 만들고 싶은 선생님들이 모였고 학교 철학을 세워 왔습니다. 초기에 교장 선생님의 역할이 컸죠. 공모 교장제를 통해 교사 대표를 학교 구성원이 선출하였고, 이것을 기반으로 '한 아이의 6년의 과정을 책임지는 교육, 배우고 익히며 참삶을 가꾸는 행복한 학교'라는 비전을 제시하고 공감하는 과정이 중요했습니다. …… 교육과정을 구성할 때는 교육적인 것, 아닌 것, 해야 할 것, 꼭 빼야 할 것으로 나눠서 빼기와 더하기를 했습니다. 우리 학교에서는 생태 교육도 학부모 동아리를 만들고 이분들이 공부를 해서, 숲속 나들이나 취암봉 등반, 따쥐 동산, 꼬마 정원사 활동이 교육과정에 들어왔습니다. 세밀화 그리기, 텃밭 텃는 활동, 과학의 날 어울림 마당을 진행하며 수업 속에서 생태 감수성을 기르고 있습니다.

교사 2: 국어 교육과정은 온작품 읽기로 합니다. 교과서에 제시된 활동 이외에도 통합적으로 수업을 직접 구상해서 하고 있어요. 교과서에 매몰되지 않고 깨어날 수 있는 계기가 되었고요. 동화책이나 시집으로 수업을 하는데 수업 전에 교사들이 먼저 책을 읽고 감동을 받아요. …… 온작품 읽기는 정답이 없어요. 아이들이 주인인 수업이죠. 누구나 읽고 자신의 생각을 말할 수 있으니까요. 그런데 제가 학년부장이다 보니 교육과정에 나온 성취기준을 모두 다루고 있다는 걸, 학년 교육과정에 넣고 시수를 맞추는 문서 작업을 해야 합니다. 형식적으로 하는 일인데, 두 번 일이라 번거롭기도 하죠.

두 교사는 경기도 안산시에 있는 혁신 학교에서 각각 교무부장과 학년부장을 맡고 있다. 학년 단위에서 교육과정 재구성을 통해 교과서가 아닌 문학 작품으로 학생의 성장과 발달 단계를 고려한 수업을 하고 있다. 그런데 수업에서 실제 일어나는 내용을 교과 시수와 맞추는 데 어려움이 많다는 것을 알 수 있다.

교사 3: 진짜 우리 아이들이 원하는 것, 아이들이 일상에서 쉽게 접할 수 있는 것을 수업 재료로 가지고 와서 수학도 하고, 국어도 하고, 사회도 하고, 음악도 해야 아이들이 수업의 주인공이 되고, …… 그 배움이 일상생활 속에서 나와 타인을 위한 공공의 가치를 실현하는 데 이바지하게 될 것입니다. 또한 가정이나 학교 밖의 문제는 나와 별개가 아니며 우리 모두가 연결되어 있음을 이해하고 관심을 가지도록 해야죠. 더 나아가 우리가 할 수 있는 최소한의 실천으로 연대하는 것이 이 사회를 건강하게 만드는 길임을 교육과정을 통해 배우도록 해야 하는 것이죠. 특히 아이들이 이해하는 주제 학습 로드맵을 만들어 보는 것도 한 방법입니다.

'교사 3'은 학생들의 삶에서 쉽게 접할 수 있는 것을 수업 재료로 가져와 지역의 특성을 살려 우리 사회의 민주화 과정을 배우며, 타인의 아픔에 공감하고 연대하는 교육과정으로 재구성하였다. 계기 교육을 통해 세월호 사건, 5.18 민주화 운동, 6월 민주 항쟁, 학생의 날 등 우리 역사 속 시대정신을 잊지 않고, 지식뿐 아니라 의미 있는 실천 활동으로 연계하여 아이들이 직접 주제 학습 로드 맵을 만들고 수업의 주인이 되도록 설계하였다.

교사 4: 동네 탐방 수업을 하는데 이때 부모님들이 그림자 교사로 참여합니다. 그림책을 읽고 동네 주민을 찾아다니며 하는 일을 조사하고 마을 지도도 그리며 즐겁게 수업해요. 자발성과 미술적 역량도 기르고, 무엇보다 아이들이 얼마나 적극적으로 참여하는데요. 2학년인데 협력해서 보고서를 쓰는 것도 잘 하고요. 게시판에 올라온 아이들 글을 보면 정말 뿌듯해요. 그런데 그것을 어느 시간에 넣을 건지, 몇 차시로 배분할 건지 계산을 해야 해서 학년 교육과정 담당 교사는 힘들어요. 자율권 없이 교과와 시수에 맞춰야 하고 그 다음에 또 재구성이라니……. 집에 가서까지 일을 하는데 줄지가 않죠.

위 사례에서는 통합 교과의 성취기준과 학습 내용에, 창의적 체험 활동 중 자율 활동, 진로 활동을 통합하여 교육 내용이 깊고 풍부해진 것을 알 수 있다. 그런데 국가 교육과정에서 요구하는 체계와 시수를 형식적으로 끼워 맞추는 일이 교육과정 재구성보다 더 성가신 일이 된다. 이럴 경우 교육 내용은 국가 교육과정을 넘어서 창의적인 교육과정으로 운영되지만 교사에게는 또 다른 업무가 되는 것이다.

혁신 학교 선생님들의 이야기를 통해 알 수 있듯이 혁신 교육 10년 동안 교사의 교육과정 역량은 크게 성장했고, 집단 지성에 기반을 둔 학교 교육과정 운영의 경험도 깊고 넓어졌다. 또한 교육 공동체가 공유하는 가치를 담은 교육과정의 변화가 학교 공동체와 마을 공동체를 변화시키고 교과서 제도나 평가 제도를 극복하는 가능성을 지녔음을 보여 준다. 무엇보다 교사의 자율적 전문성을 기반으로 한 교육과정 재구성의 가능성과 실천을 확인할 수 있다.

다시 학교로

국가 교육과정의 획일성과 경직성, 교사의 자발성과 헌신에 기댄 교육과정 운영과 과중한 업무로 인한 소진 현상, 개별 혁신 학교의 성과와 긍정적인 노력이 인접 학교로 자연스럽게 전이되지 못하는 문제, 교육청 주도의 정책 사업으로 인한 한계 등 혁신 교육이 학교에 제대로 뿌리내리기는 쉽지 않은 일이다.

아이들의 삶을 가꾸는 공교육의 혁신을 위해 우리는 그 답을 또다시 학교에서 찾아야 할 것이다. 학생이 행복한 교육을 위해 교사와 학부모, 학교와 교육청이 함께해야 한다는 것은 우리 모두의 공통된 생각이다. 지금이라도 혁신 학교에서 교사와 학부모가 겪는 어려움이 무엇인지 가감 없이 살펴보기로 하자.

먼저 개인적인 헌신으로 혁신 학교를 지탱해 온 교사들이 지쳐 가고 있다는 점이다. 한 학교에서 일정 기간 근무하면 다른 학교로 이동해야 하는 인사 제도 때문에, 일반 학교로 간 교사 중에는 계속되는 관리자와의 갈등과 동료 교사들의 냉담한 반응에 자존감이 떨어지다 보니 학교를 바꾸자는 생각은 고사하고 학급 운영을 잘해 나가기도 힘들다고 한다. 또 일부 학교의 교사들은 진짜 혁신이 필요하다는 생각에 동의하더라도 자신의 학교가 혁신 학교가 되는 것은 반대한다. 왜냐하면 혁신 학교가 되면 일반 학교에서는 하지 않는 업무를 더해야 한다는 부정적인 시각 때문이다. 혁신 교육의 리더는 소수인데 이들 교원의 열정만으로는 혁신 교육의 지속성을 담보하기 어렵다. 위와 같은 상황을 반전시키기 위해서는 일반 학교에 근무하던 교사도 혁신 학교에 쉽게 적응하도록, 학교는 동료들과의 소통과 관계 회복을 위한 물리적 시간을 충분히 확보해야 할 것이다.

다음으로 여전히 학부모들은 학교와의 소통이 어렵다고 한다. 행정 편의주의나 관행으로 인해 교원들은 학부모의 적극적인 관심과 참여를 간섭으로 받아들이거나 형식적인 학부모의 학교 교육 참여를 묵인하고 있다. 학부모 또한 학교에 아이들을 맡겨 놓고 모든 걸 다 학교가 해 주길 바라는가 하면, 교육의 발전에 대한 고민보다 당장 자녀의 입시에 어떤 영향을 미치는지에 더 관심을 보이기도 한다. 관계는 만남에서 시작된다. 온라인상에서 가정통신문을 많이 보낸다고 해서 소통이 잘 된다는 것은 착각이다. 여전히 교사는 학부모를 만나는 게 두렵다. 학부모 또한 교사를 만나기가 두렵다면 서로 간의 신뢰를 다질 수 있는 시간을 만들어야 한다.

예전에 학부모회가 단순히 지원만 하는 모습이었다면 혁신 학교에서 학부모는 교육의 3주체로서 혁신 교육의 리더로 거듭나고 있다. 성공한 혁신 학교의 뒤에는 학부모의 강한 지지가 있는데, 이런 지지를 받으려면 학교와 학부모가 정기적으로 만나 서로의 이야기를 주고받아야 한다. 그 소통의 창이 교장 1인일 수도 있고 학년별, 또는 학급 담임일 수도 있다. 그러한 만남이 정기적으로 있고 없고의 차이는 매우 크다.

우리 교육에 대한 성찰과 모색 그리고 교사의 자발성에 기초한 혁신 교육은 스스로 변화와 성장의 서사를 만들어 왔다. 하지만 혁신 교육 10년을 지나며 성장의 서사 이면에 숨겨진 채 빛을 잃어 가는 혁신 교육의 지향점이 무엇인지 톺아보아야 할 것이다.

먼저 학교는 학생을 교화의 대상이 아니라 동료이자 능동적인 참여자로 인정해야 한다. 그리고 학생과 교사, 학부모가 민주시민으로 함께 성장해야 하는 지향점을 놓치지 않도록 해야 할 것이다. 그 첫 번째 지향은 바로 교사, 학생, 학부모가 서로 협력하고 평등한 관계를 맺을 수 있는 민주적인 학교 문화 만들기이다. 그러지 않고서는 무늬만 혁신 학교가 되기 쉽다. 무엇보다 의결 기구로서 교직원 회의의 위상을 정립하고 결정한 것을 번복하지 않는 민주적 기반을 만들어 가야 한다. 또한 학부모회가 학교와 함께 성장할 수 있도록 학교에 대한 정보를 사전에 충분히 안내하고, 학부모회가 기획·운영하는 나눔과 소통의 자리 등 학부모의 역량을 높일 수 있는 시스템을 마련해 나가야 할 것이다.

교육청은 학교를 정책이나 사업을 추진하는 기관이 아닌 교육과정을 운영하는 공간으로 봐야 하며, 교육과정의 궁극적인 목적이 학생의 성장에 있다는 교육의 본질을 잊어서는 안 된다. 따라서 혁신 교육의 내실화를 위해 교사와 학생들이 함께 교육과정을 고민할 수 있는 구조를 만들어 주고, 학생 자치라는 용어에 걸맞게 학생의 정책 참여 확대, 민주적 자치 공동체 운영 등 학교 민주주의를 위한 구체적인 지원을 확대해야 할 것이다.

혁신 교육 10년이 지난 지금 혁신 학교가 외연으로 확대되면서 혁신 학교의 시작이기도 했던 '학교 운영의 민주화'와 '창의적 교육과정 운영'을 다시 살펴야 할 때다. 서로 간의 갈등이 제자리를 찾아 가며 화합하고 단결하며 민주적으로 문제를 해결하려는 노력이 제일 중요하다. 또한 교육과정 재구성을 넘어 교육과정 자체를 민주적으로 바꾸기 위한 고민으로 확장되어야 한다.

민주적인 학교 운영이 학교 문화를 만들고 그 문화가 지역으로 퍼져 나가야 한다. 교육과정 전체가 민주적으로 짜이고, 배움이 민주적으로 이루어지는 민주 학교로 나아가야 한다. 교사들의 삶이 민주적인가를 고민해야 한다. 교사들이 한 사람의 민주시민으로 살아가기 위한 고민이 더해져야 한다. 그래야만 학교에서 서로의 권리와 이해가 충돌하더라도 민주적으로 조정하고 해결하면서 살아갈 수 있는 공동체가 만들어진다. 이것이 혁신 학교가 지향하는 민주적인 공동체이다.

이경옥

2012년 『더불어 사는 민주시민』 교과서 집필에 참여하면서 교육의 본질로 눈을 돌리게 되었다. 5년 6개월 동안 경기도 교육청 장학사로 근무하면서 민주시민교육, 혁신 교육, 학생의 전면적 발달을 돕는 성장 중심 평가 안착을 위해 노력하였다. 지금은 혁신 학교에서 교감으로 근무하고 있다.

민주시민의 놀이터, 학교
_ 시민을 기르는 교육과정

혁신 학교를 중심으로 많은 학교들이 자발적으로 교육과정을 재구성하여 가르쳐 왔다. 그러나 그런 학교들을 제외하면 대부분 학교의 교육과정은 큰 차이가 없다. 국가 수준 교육과정대로, 교과서대로 가르치는 게 별 문제가 없기 때문이다. 아니 그럴 여유도 없이 학교는 바쁘다. 초등은 상대적으로 교육과정을 변화시키는 게 자유롭지만 상급 학교로 갈수록 어렵다. 모든 학교가 똑같은 교육과정과 교과서를 가지고 수업을 하다 보니 그 똑같은 교육 내용을 아이들은 학원에서 미리 경험하게 된다.

"쌤! 나 그거 알아요."

"그래? 그럼 네가 아는 만큼만 설명해 봐."

"음, 몰라요. 분명히 아는데 설명할 수는 없어요."

수업 시간에 벌어지는 흔한 풍경이다. 한 번 본 것과 그것을 아는 건 전혀 다른 차원의 문제다. 학원의 수업은 반복 학습이 주를 이룬다. 그러다 보니 학교 수업은 탐구도 흥미와 호기심도 일어나지 않는다. 심지어 질문도 같고 정답도 같다. 이런 획일성에 기대어 사교육 기관들은 똑같은 교육과정으로 수익을 창출하는 구조다. 똑같은 교육 내용을 먼저 보게 되면 새로운 배움에 대한 기대가 사라져 학생들은 학교 수업에 대한 흥미가 떨어진다. 만약 학교마다 다른 특색 있는 교육과정을 운영한다면 어떻게 될까?

교육과정, 변화가 필요하다

우리 교육 기본법에는 민주시민의 자질 육성을 제시하고 있지만 국가 수준 교육과정의 실제는 소수 엘리트 중심 교육을 해 왔다는 오래된 비판 앞에서 자유롭지 못하다. 2019년 11월 교육부가 실시한 미래 한국 교육과정의 방향에 대한 국민 의견 조사[1]에 따르면, 한국 교육에 영향을 주는 가장 중요한 사회 변동 요인으로는 '경제적 부의 양극화(45.3%)'를, 미래 사회에 대비하기 위해 가장 시급히 추진해야 할 교육으로는 '시민·인성 교육(46.9%)'을 1순위로 꼽았다. 앞으로의 학교 교육 방향으로는 '삶과 교과를 통합하는 교육(55%)'을 꼽았고, 학생들이 수업에 잘 참여하기 위한 방법으로는 '삶과의 관련성을 높인다(41%)'라는 응답이 가장 많았다. 또한 미래 사회에 대비하기 위해서는 '다양한 창의성(56.4%)'을 평가하는 게 중요하다고 응답했다.

대다수 시민들은 국가 수준 교육과정이 평등과 혁신, 민주주의를 중심으로 변화하길 기대하고 있으며, 학교가 삶 속에서 민주주의를 실천하는 공간으로, 모든 학생들이 주인공이 되어 삶의 의미를 찾을 수 있도록 변화하길 요구하고 있다.

국가 수준 교육과정 개정의 방향으로는 최소한의 지침 수준으로 대강화하여 제시하고, 교육 자치의 일환으로 시도 교육청이나 단위 학교에 권한을 주는 분권화, 교육과정 편성과 운영의 자율성을 교사에게 부여하는 교사(별) 교육과정을 골자로 하고 있다. 이러한 변화 요구의 원인을 찾기 위해 두 가지 질문을 던져 보고자 한다.

- 교육과정의 자율성을 저해하는 주체가 누구인가?
- 학교마다 창의적 교육과정 운영이 어려운 이유는 무엇인가?

역설적이지만 교육과정의 자율성을 저해하는 주체는 국가 수준 교육과정이다. 학교마다 창의적 교육과정이 어려운 이유는 국가 수준 교육과정과 각종 지침, 여러 가지 법령 때문이다. 교육과정을 개발하고, 공청회를 거쳐 장관 고시한 후, 개정 교육과정 연수만 하면 교육과정은 개정된다. 그것도 수시로 개정된다. 교사와 학생의 의견은 어디에도 없다.

교육과정을 바꾸는 데 10년이 걸리고, 개정의 전 과정이 실시간으로 공개되며 300명이 넘는 교사가 참여하여 개정 과정의 시행착오를 같이 고민하고, 교육과정이 개정되어도 이미 대부분의 학교와 교사가 그 내용을 알고 있는, 교사의 자율성이 존중되는 교육과정도 있다. 이상한 나라의 이야기가 아니라 다른 나라의 이야기일 뿐이다.

성열관[2]은 교육과정 분권화 단위를 '국가 → 교육청 → 학교'와 같이 제도적 기관 수준에서만 설정하여 교사가 배제되고, 분권화 방식이 시수 결정 권한이나 과목 선택 권한 등으로 한정되었다고 비판한다. 앞으로는 교육과정의 최종 결정권자를 교사로 보고 분권화 단위를 '국가 교육과정 → 교과서 다양화 → 교사의 자율성'으로 설정할 때 실질적인 효과를 볼 수 있다고 하였다. 또한 교육과정 다양화가 교과목 다양화를 포함하지만 이를 넘어 '교육 활동의 다양화' 즉, 전인 교육 관점에서 교육의 다양화가 실현되어야 한다는 것이다.

교육의 다양화가 실현되려면 교육과정에 자율성을 주어야 한다. 예를 들어 국가 수준 교육과정이 20% 정도의 기본적인 핵심 내용만 제시하고, 30%는 시도 교육청에 위임하고, 50%는 학교의 자율에 맡겨야 한다. 그 정도 되면 민주적 시민을 기를 수 있다. 그래야만 구성원의 합의로 학생들의 이야기를 녹여 내고, 되돌아보며 함께하는 성찰이 가능해진다. 정답을 강요하는 게 아니라 생각을 묻는 역사와 전통이 각기 다르게 흘러가는 순환(안내와 지킴)과 변환(오르기)의 교육과정을 만들 수 있고, 민주적 교육과정이라고 부를 수 있다. 백워드, 이해 중심, 부르너, 블룸, 타일러, 학문 중심, 구성주의, 핵심 역량 등등이 중요한 게 아니라, 이런 것들 없이도 교육과정은 민주적으로 잘 만들어질 것이다.

우리도 교육과정 개정하는 데 한 10년씩 걸리고 그 기간 동안 교육과정 초안을 서로 공유하면서 이런저런 생각도 보태고, 많은 사람이 교육과정에 관심을 가지고 미리 현장에 적용해 보면서 문제점을 고쳐 나가면 좋겠다. 그렇게 다져진 교육과정을 가지고, 교육의 미래를 준비하는 사람들이 서로의 생각을 공유하면서 충분한 시간과 지원을 바탕으로 아이들의 발달 단계를 고려한 교육과정을 만들면 좋겠다. 'A는 B다.'가 아니라 'A는 B도 되고 C도 되고 D도 될 수 있다.'는 그런 교육과정을 말이다.

추구하는 인간상

국가 수준 교육과정 총론에서는 '추구하는 인간상'을 제시하고 있다. 추구하는 인간상이란 원래 인간이 가진 본능이나 성질보다는 가장 좋은 그 무엇인가가 있다는 전제하에, 아이들을 그런 인간형에 맞추고 싶은 의지로 읽어 볼 필요가 있다. 2015 개정 교육과정에서 제시한 '창의 융합형 인재'는 학생들이 되고 싶어 하는 인간일까? 아니면 기업이 필요하다고 요구하는 인간일까? '창의 융합'이라는 신조어는 어떻게 해석해야 할까? "창의적으로 융합해."라고 명령하면 그대로 될까?

이런 인간상 말고 훨씬 민주적이면서 우리 아이들도 될 수 있는 인간상을 제시하는 게 좋을 듯하다. 김상곤 전 교육부 장관이 경기도 교육감 시절 내세웠던 '더불어 사는 민주시민'은 되기도 쉬울 뿐 아니라 모두에게 도움이 될 것 같다는 생각이 든다.

우리나라 교육 이념을 바탕으로 민주주의, 인권, 평화에 대한 가치를 추구하는 시민, 공감과 연대, 소통과 배려의 감성을 지닌 시민, 권리와 책임을 인식하는 시민, 사회 현상에 대한 문해력을 바탕으로 비판적으로 사고하는 시민, 사회 문제를 파악하고 해결하기 위해 능동적으로 참여하는 시민, 생명체와 환경에 대해 책임감을 지닌 시민이 시민교육이 추구하는 인간상이 되어야 한다. 그러나 이것보다 더 좋은 것은 추구하는 인간상을 없애는 것이다.

삶이 담겨 있는 교육과정

우리는 교과서가 교육과정인 나라에서 살아왔다. 많은 교사들이 교과서를 중심으로 가르친다. 그러나 대부분의 교사들이 교과서만 가지고 아이들을 가르치지는 않는다. 교과서는 수업을 위한 하나의 도구일 뿐이다. 다양한 수업 자료를 활용하면서 교과서는 꼭 쓰는 교사가 많다. 교과서만 쓰는 교사는 별로 없지만 교과서를 안 쓰는 교사도 별로 없다.

교과서의 주인공들은 염색도 안 하고, 바른 자세로 욕도 안 하고 좋은 말만 하고 있다. 즉 실제 세상을 반영하지 못하는 것이다. 현실 사회의 아픈 부분이나 부조리가 담겨 있지 않은 교과서는 삶을 보여 줄 수 없다. 재미있다는 것은 단순히 흥미롭다는 게 아니다. 유행이 지난 옷은 아이들의 관심을 사로잡을 수 없다. 유행이 끝나기 전 그 옷을 입혀 봐야 하지 않을까? 최신 자료와 사회 문제 등은 아이들과 이야기하면서 생각을 열 수 있는 좋은 자료다. 2018년부터 우리 사회는 '미투' 운동으로 사회적 변화를 겪고 있다. 이 불씨는 성평등 논란으로 번졌다. 그럼 우리 교과서에서는 이 문제를 어떻게 다루고 있었을까? 고등학교 선택 교과에서 일부 다루고 있을 뿐 성평등을 주제로 한 교과서는 인정 교과서 두 개뿐이었다. 그중의 하나는 『더불어 사는 민주시민』이다. 그러니 현장 교사들 중에서 일부는 스스로 준비한 자료를 가지고 계기 교육을 했을 것이다. 시간이 없어서인지 관심이 없어서인지는 몰라도, 교과서에 없는 내용을 가르치지 않았을 교사들이 대부분이다.

학교가 살아 있으려면 수업의 생동감이 넘쳐야 한다. '미투' 운동과 난민 문제가 TV 토론에서 어른들의 주제일 뿐이고 아이들의 삶과 아무 상관없는 이야기가 아니라, 학교에서 토론하고 이야기를 나누는 주제여야 한다. 사회적 갈등은 어른들만 해결할 수 있는 전유물이 아니다.

교과서에 정해진 정답으로 아이들을 도덕적으로 계몽하거나 교화하는 수준에서 벗어나야 한다. 민주시민교육은 사회적 실천을 통해 공동체와 자기 자신을 함께 변화시킬 수 있는 시민이 되도록 격려하고 지원하는 것이다. 이를 위해 교육과정은 학생들에게 민주시민으로서 필요한 자질을 키워 주어야 한다. 자질은 자격과 다르다. 교육을 통하여 질적 변화를 가져와야 한다. 모든 학생이 전인적 인간으로 성장하기 위해 학생이 가지고 있는 잠재력을 최대한 발현할 수 있도록 학생의 전면적 발달을 꾀하여야 한다. 그런 아이들을 키워 내기 위해 교육과정은 다음과 같은 질적 변화가 필요하다.

첫째, 아이들은 학교에서부터 연일 쏟아지는 사회적·정치적 갈등에 대해 문제를 찾고 평가할 수 있는 능력을 길러야 한다. 교실에서 상대방에 대한 비난 금지를 기본으로 한 뒤, 정답을 찾는 게 아니라 다양한 답을 탐색해 보는 말로 하는 장난을 칠 줄 알아야 한다.

둘째, 정보의 바다에서 적절한 정보를 선택하고 문제 해결에 필요한 논리를 만들 수 있어야 한다. 문제 제기나 문제 해결보다 더 중요한 것이 그 과정에서 이루어지는 아이들의 발달이다. 함께 보고 배우고 느끼면서 결론에 자신의 감성을 나타낼 줄 알아야 한다.

셋째, 다양한 정보의 출처가 신뢰할 수 있는지를 판단할 수 있어야 한다. 프랑스나 핀란드의 경우 특정한 학년이 되면, 내일부터 교복을 입어야 하며 머리와 복장 규정이 어떻고 하는 내용이 담긴 안내장을 받는다. 부모도 의아해하고 그걸 지켜야 하는 당사자인 아이들은 더 분노한다. 아이들은 대부분 그 안내장의 규정을 어기고 한판 붙을 모양새로 다음 날 학교에 등교한다. 학교에서 일부러 잘못된 안내장을 보낸 걸 알게 되고 그 또한 교육의 일환으로 논의된다.

넷째, 문제에 직면해서도 어떤 맥락에서 생긴 문제이며 그 속에서 찾아내야 할 가치가 무엇인지를 이해할 수 있어야 한다. 일본의 독도에 대한 망언, 경제 보복 등에 대해서 아이들은 어떤 생각을 할까? 오랜 시간이 지나도 해결되지 않는 문제들의 경우에 특히 그렇다. 어른들도 해결하지 못하는 다양한 문제를 다른 시각으로 볼 수 있어야 한다.

다섯째, 문제 해결을 위해 제공되는 해결책을 적용할 수 있거나 새롭게 구성할 수 있는 능력을 가져야 한다. 재생산과 변증법은 창조의 좋은 방법이다. 창의성에 가려 있긴 하지만 여전히 아이들의 발달에 좋은 장난감들이다.

여섯째, 더 나아가 자신과 관점이 다른 사람들이 처한 상황과 논리를 이해할 수 있어야 한다. 이해하기 위해서는 말로 해야 한다. 직접 가 보고 실제로 해 봐야 한다. 모든 일의 당사자가 되진 못해도 적어도 자신의 주변에서 일어나는 일들에 관심을 갖고 함께 해 봐야 한다. 공감은 가만히 앉아서 일어나지 않는다.

마지막으로 자신이 속한 공간에서부터 정당한 결정이 지켜지도록 참여를 통해 영향력을 행사할 수 있는 능력이 있어야 한다. 태안 앞바다에서 고무장갑과 마스크를 착용하고서 기름때를 닦아 내는 봉사자가 광장에서는 촛불을 들기도 한다. 참여하지 않으면 내 것이 아니다. 다른 누군가가 나를 위해 모든 걸 해결해 주리라는 환상이 권력을 유지해 왔음을 우리는 경험으로 배웠다. 환상은 깨라고 있는 것이다.

민주시민을 기르는 민주적 교육과정

아이들은 어른의 방식으로 갈등을 해결하는 데 서툴다. 그러나 저희끼리는 어른보다 훌륭한 갈등 해결 방식을 가지고 있다. 잘 놀다가도 싸우고 금세 아무렇지 않게 화해한 후 뒤끝도 없다. 이런 아이들의 갈등이 언제부터 사회 문제가 되었을까? '학교 폭력, 왕따, 빵 셔틀' 같은 용어가 익숙해지기 시작할 무렵이다. 갑을 관계와 금수저와 흙수저 논쟁이 그 뒤를 따랐다. 신자유주의 정책의 결과라고 하면 어렵지만 빈부격차 때문이라고 하면 쉽게 와 닿는다. 어른들이 만들어 놓은 갑을 관계에서의 폭력, 누군가를 소외시키는 왕따가 학교 내 아이들 문화로 파고든 점을 간과해서는 안 된다. 교실 속 문제는 우리 사회 문제의 축소판이고 아이들의 갈등은 어른들 갈등의 대리전이다. 이런 사회 문제를 아이들이 해결할 수는 없다. 사회에서 일어나는 어른들의 갈등 때문에 가장 약한 아이들이 학교에서 홍역을 치르고 있다.

교육 기본법 제2조[3]에 교육 이념으로 적시해 놓은 '민주시민의 자질'을 기르기보다는 좋은 대학에 들어갈 암기 능력을 가진, 기업이 원하는 소수의 창의 융합형 인재만 기르는 데 집중하고 있다는 오래된 비판에 대하여, 역시나 그 치유법은 민주시민교육이다. 학교에서부터 먼저 아이들을 시민으로 인정하고 그들이 필요한 것을 요구할 수 있게 하는 교육을 이야기해야 할 때이기도 하다. 권리를 아는 아이에게는 책임이 따른다. 무거운 책임감만 가득 얹어 주고 '권리를 주장하기 전에 책임부터 져라.'라고 말하지 않았는지 되돌아봐야 한다. 우리 교육의 목표는 민주시민을 길러 내는 데 있다. 민주시민은 교육된 존재다. 교육 목표는 도달할 종착역이 있어야 하는데, 우리 교육은 왜 이 목표에 제대로 접근하지 못하고 있는지 살필 필요가 있다.

듀이의 『민주주의와 교육』의 관점에서 우리나라 교육 현장에 민주주의를 적용해 보려고 했던 '새교육 운동'을 지나 학교 밖에서 시작한 '대안 학교 운동', 공교육 정상화를 향한 '혁신 학교 운동'은 교육과정에 민주주의를 더해 가는 과정이었다. 민주적으로 교육과정을 바라보기 위한 노력이었다.

1990년대 교육 운동가들은 '대안 교육'이라는 이름으로 입시 위주의 경쟁 교육을 대체할 교육을 고민했었다. 비록 교육부에 의해 '열린 교육'이라는 이름을 달고 왜곡, 변질되었지만 답답하기만 했던 우리 교육에 던진 파장은 컸다. 많은 교육자들에게 공교육의 변화 가능성을 꿈꾸도록 만들었다. 이러한 교육 운동의 흐름은 꾸준하게 자라나 경기도를 시작으로 전국에 '혁신 학교' 바람을 일으켰다. 또 하나, 기존의 교과 교육 위주의 지식 교육을 벗어나 교육과정의 관점을 주제나 가치 중심으로 재구성해서 가르쳐야 한다는 방향도 잡게 되었다.

그 시절 공교육 정상화를 위해 대안 교육 운동가들이 이야기했던 '인성 교육'을 2014년부터 국회는 법으로, 교육부는 기본 계획으로 강제하고 있다. 인성 교육을 법으로 해결하려고 하는 것은 사회 폭력의 고름이 가장 힘없는 아이들에게서 터져 나오는 '학교 폭력'을 법으로만 해결하려는 것과 같다. 예, 효, 정직, 책임, 존중, 배려, 소통, 협동에서 그쳐 버린 '인성 교육 진흥법' 8대 덕목의 한계를 지적하며, 21세기 민주적 시민성을 교육해야 한다는 교육계와 시민 사회의 목소리는 커다란 움직임이 되어 왔다.

'교과'화 되어 버린 분절적 지식을 넘어 민주주의, 사회 참여, 연대와 정의, 평화와 인권, 생태 감수성, 사회적 감정과 같은 공공선을 지향하는 제도와 가치를 학교에서부터 체계적으로 교육해야 한다는 목소리가 학교의 담을 넘어서고 있다.

학교에서의 민주시민교육은 특별한 정답이 없는 교육이다. 남의 이야기를 잘 듣고 나의 이야기를 하면서 스스로의 생각을 찾아 나가는 맥락이 살아 있는 교육이다. 그렇다면 우리는 교실에서 아이들에게 어떤 방식으로 시민 교육을 해야 할까?

우리나라 교육 목표에서 요구하는 민주시민교육은 국어, 수학, 사회 등의 교과를 가르치는 것이 아니다. 국어와 수학 등의 교과를 통하여 민주시민을 길러 내야 한다. 교과 중심의 교육에서 벗어나, 더불어 사는 능력을 기르기 위한 가치나 주제를 중심으로 통합하여 재구성한 수업을 통해 가르쳐야 한다. 그러기 위해 별도의 시간을 확보하는 것도 좋지만 모든 교과와 어우러지게 통합하여 교육하는 것이 좋다.

　코로나19로 촉발된 21세기 공교육의 변화와 위기의 기로에 선 학교는 사회적 실천을 통해 공동체와 자기 자신을 함께 변화시킬 수 있는 민주적 시민을 키워야 한다. 학교라는 공간은 민주주의를 경험하고 깨닫는 공간이 되어야 한다. 그런 공간이라면 아이들은 학교에서 개인의 존엄을 지키는 것과 더불어 서로의 권리가 충돌할 때, 더 어렵고 힘든 사람의 권리를 존중하는 것을 배우면서 자랄 수 있다. 학교에서 교육과정을 중심으로 이루어지는 시민교육을 통하여, 우리 사회가 경제적인 동물의 집합체가 아닌, 시민으로서의 인간들이 더불어 살아가는 사회로 진화해 나아갈 수 있다.

철학이 있는 학교 교육과정

　학교 구성원들이 철학을 공유한다는 것은 서로 교육에 대한 자기 주관을 드러내고, 같은 언어로 학교의 나아갈 길을 말하려고 노력하는 것이다. 옳고 그름, 맞고 틀림의 문제가 아니라 서로의 삶을 이해하고 같은 학교 구성원으로서 함께 살아가고 있음을 모두 인식하고 있는 것이다.

　학교 교육과정은 학교에서 추구하는 철학이 학교 및 학급 운영, 교수·학습 활동까지 일관성 있게 반영될 수 있도록 체계적으로 구성되어야 한다. 현행 교육과정은 교과와 창의적 체험 활동으로 구분되는데, 이미 교과 교육과정 안에 일반적인 학교 교육의 목표나 민주시민교육과 같이 범교과 영역에서 다루어야 한다고 주장하는 내용이 다수 포함되어 있다. 먼저 교과 교육과정의 핵심 내용을 파악하여 학교의 철학에 맞게 학교 및 학년 교육과정으로 재구성해야 한다. 학교 교육과정에서부터 교사 교육과정까지 민주시민교육의 맥이 이어진다면 단위 수업과도 유기적으로 맞물릴 수 있다.

이를 위해서는 지역 사회와 함께 아이들을 어떤 시민으로 키워 나가야 하는지에 대한 수평적 논의 구조와 협력 관계를 구축하는 일이 매우 중요하다. 학교에서는 '학교 교육과정 위원회'를 구성하여 교육 주체 간의 민주적 관

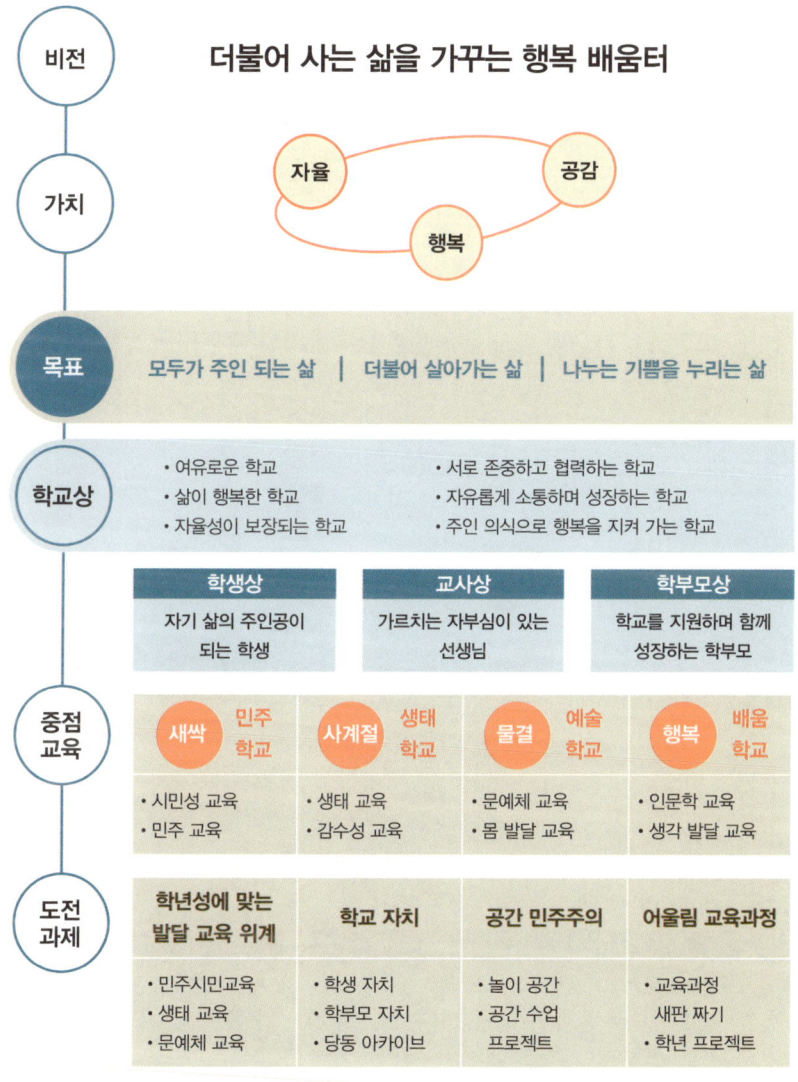

학교 교육과정 방향 잡기(경기 당동초등학교 사례)

계를 중심으로, 공동 연구와 공동 토론을 통해 새로운 교육과정을 구축해 가야 한다. 또한 교사가 연구할 수 있는 여유 시간을 확보하게 하고, 학년 단위로 교육 내용을 재구성해서 덜어 내게 하는 것도 필요하다. 내용적인 측면에서는 인권, 노동, 평화 같은 영역들과 존중, 자율, 연대 등 민주시민교육의 근본 가치가 학교 교육과정에 반영되도록 해야 한다. 민주시민교육의 근본 가치가 학교 교육과정에서 학교 행사나 학급 교육과정 안에 부분적으로 담겨 있기는 하지만, 대부분 그 비중은 매우 적다. 앞으로 다가올 시대에는 영어나 한자보다 인권 의식, 평화 감수성, 주권자의 권리가 더 중요할 것이다.

교육과정의 재구성을 위해서는 먼저 학교 구성원이 철학을 공유하고 방향성을 고민하는 가운데 학교 교육과정 안에 합의된 내용을 체계적으로 실

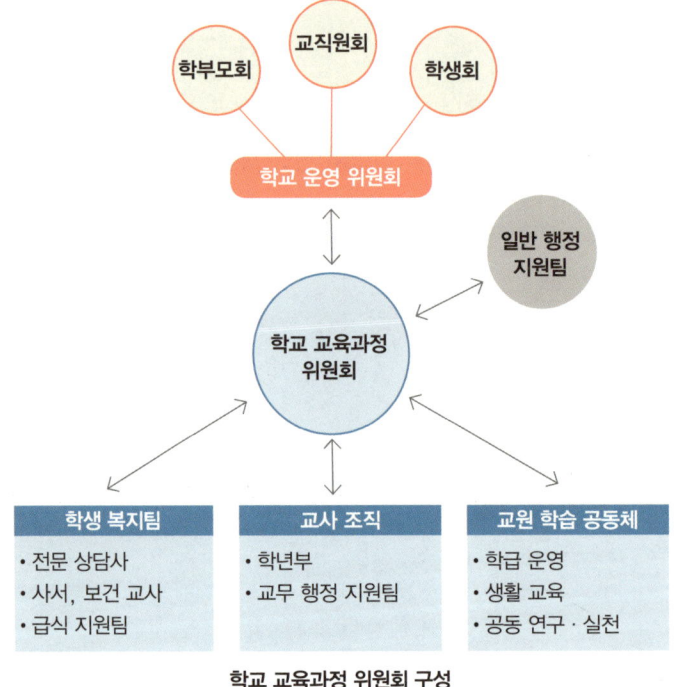

학교 교육과정 위원회 구성

시할 방안을 찾아내야 할 것이다. 이를 바탕으로 목표 및 운영 방침, 실천 과제 및 기대 효과 등을 제시한다면 학교 교육과정은 학년 및 학급 교육과정을 구안하기 위한 실제적인 민주시민교육 지침서의 역할을 하게 될 것이다.

협력의 꽃, 학년 교육과정

학년 및 학급 교육과정을 재구성할 때에는 교과 및 창의적 체험 활동 재구성, 주제 중심 통합 교육과정, 교과 교육과정 재구성, 교육과정 새판 짜기 등 학교와 학생의 특성을 고려하여 다양한 시도를 할 수 있다.

• 교과 및 창의적 체험 활동의 재구성

민주시민교육의 일부 요소는 다른 교과들과 아주 쉽게 조화를 이룰 수 있다. 따라서 교과 및 창의적 체험 활동의 재구성은 민주시민교육이 필수 교과가 아닌 우리나라의 현실에서 시수 확보를 위해 바람직한 방법이다. 교과 및 창의적 체험 활동을 재구성할 경우, 실제 문제와 접목하여 적용하기 가장 좋은 교과에서 학습 프로그램 요소들이 개발될 수 있다는 장점이 있다. 반면에 모든 교사가 민주시민교육을 자신의 수업에 녹여 내는 데는 한계가 있고 교사 교육과정에 나타내기가 어렵다는 단점이 있다.

교과 및 창의적 체험 활동을 재구성하기 위해서는 주제별로 관련 교과 및 학교 교육과정을 분석하고, 이를 바탕으로 교과 속에 민주시민교육을 녹이기 위해 프로젝트 수업을 구안하는 등의 방법이 있을 수 있다.

• 주제 중심 통합 교육과정

주제 중심 통합 교육과정은 교과별 개념 정리를 통해 공통된 개념을 찾아 통합하여 교육과정을 구성함으로써 이루어지는데, 이에 대한 교수 방법도 따로 구성된다. 통합 교육과정은 아이들의 흥미에 기초하여 교사가 선정한 주제나 아이들이 관심 있는 주제를 중심으로 계획하여 운영할 수 있다. 통합 교육과정을 편성하고 운영할 때에는 학년별 국가 교육과정의 교과 내용에 포함된 개념(지식), 기술, 태도 등을 분석하여 교과 상호 간에 관련되는 부분을 추출하고, 이러한 부분을 가장 포괄적으로 설명할 수 있는 개념을 확인하여, 그 개념을 주제로 삼아 주제 중심으로 통합된 교육과정을 구성하는 노력이 요구된다. 민주시민교육에서 제시된 영역을 주제로 하여 읽기, 쓰기, 수학, 자연, 사회, 미술, 음악 등의 교과 활동을 통합하여 지도할 수 있다. 이러한 주제 중심의 통합 교육과정을 운영하려면 1주 이상 혹은 해당 시수를 따로 확보해야 하므로 관련 교과의 재구성이 반드시 필요하다.

- **교육과정 새판 짜기**

국가 수준 교육과정에서 제시한 성취기준을 중심으로 완전히 새롭게 교육과정을 구성할 수도 있다. 2019년 경기 당동초등학교의 5학년 교육과정을 보면, 월별로 주제를 정해 교육과정을 새롭게 구성하여 운영하고 있다. 교육 내용이 선행되어 있지 않아 아이들의 흥미와 자발적 주의 집중이 일어나는 좋은 예이다.

3월 민주주의: 함께 살아가기
4월 인권: 소중한 인권
5월 정의: 정의의 사도 어벤져스
6월 노동: 사람들은 일을 해요
7월 다양성: 무지갯빛 세상
9월 평화: 평화를 만들어요
10월 미디어: 미디어가 내 손에
11월 환경: 지구도 살리고 나도 지켜요
12월 연대: 함께하면 행복해요

교육과정 마술사, 교사 교육과정

2016년 「감정 시대」(EBS)라는 다큐 제작을 위해 '노동 인권'과 관련된 수업을 촬영했었다. 코미디 프로그램의 한 코너인 '갑과 을'의 일부분을 시청한 뒤 갑을 관계에 대해 얼마나 아는지 아이들에게 물어봤다. 음식점 주인과 에어컨 수리 기사가 순식간에 뒤바뀌는 갑을 관계에 대해 5학년 아이들은 너무나 잘 알고 있었다. 수업 시간 활동으로 아이들은 식당에서 일하는 사람과 손님의 입장이 되어 보았다. 자연스레 노동 인권에 대한 이야기가 오고 갔다. 모멸감이라는 어려운 말도 나누었다. 노동자에 대한 부정적인 시각에 대해서 이야기를 나누었고, 아이들은 부모님이 노동자라는 사실도 문득 깨달았다.

수업을 마친 후 걱정이 밀려왔다. 몇 시간의 인권 수업으로 민주시민교육을 했다고 말할 수 있을까? 수업 시간마다 인권을 말하고 학교생활에서 민주주의의 가치를 가르쳐야, 그제야 민주시민교육을 했다고 할 수 있지 않을까?

20년 전으로 돌아가 보면, 학급 교육과정이란 게 있었다. 펼쳐 보면 맨 앞부분에 국가 수준·도 교육청·지역 교육청·학교 교육과정 내용을 요약하여 한 쪽씩, 연간 시수표, 진도표, 아이들 명부, 학부모 조직 및 생활 지도 내용, 상담 일지 등이 지면을 채우고 있었다. 학급 경영록이 학급 교육과정으로 변화한 것이었다.

세기가 바뀌고 교사별 교육과정이라는 용어가 교육계에 등장했다. 그리고 교육과정 문해력이 중요하다고 한다. 그러나 문해할 내용은 국가 수준이나 시도 교육청 수준에서 제시한 교육과정이 아니라 아이들의 변화이다. 더욱 중요한 것은 어려운 말로 교육과정을 채우는 게 아니라 누가 봐도 쉽게 알 수 있는 교육과정이어야 한다. 교육과정 편성·운영에서부터 교육 내용 선정, 평가까지 교사의 자율성이 있어야 가능한 이야기다. 그리고 어디에도 없는 그 반 아이들만의 것이어야 한다.

　교사 교육과정이 꽃을 피우려면 교육과정 문해력이 아니라 교사의 자율성과 전문성이 존중되어야 한다. 요즘은 '교직은 성직'이라고 말하는 사람은 사라진 듯하다. 교사가 어떻게 노동자냐고 외치던 그들은 모두 어디에 있을까? 대부분의 교사들은 아이들 교육 외에도 감정 노동과 잡무에 시달리고 있다. 오죽하면 대부분의 혁신 학교조차도 아직까지 업무 경감을 외치고 있으니 말이다. 교직은 기계나 사물이 아닌 아이들을 대상으로 하는 교육 전문가이다. 이국종 교수가 자신을 '의료 노동자'일 뿐이라고 말한 것처럼, 교육에 대한 전문성을 가진 노동자일 뿐이다. 교사를 성직 근처에라도 가게 하려면 자율성을 주어야 한다. 자율성은 자발성을 가져온다. 자발성이 있는 교사들은 개인적 차원의 전문성을 키우는 단계에서 벗어나 함께 전문성을 키워 나갈 수 있다. 자율성과 전문성은 교사에겐 든든한 힘이 되어 준다.

민주시민교육의 플랫폼 민주 학교

　민주적인 학교 문화를 정착시키고 체계적인 민주시민교육이 이루어지기 위해서는 일반화가 가능한 공교육 모델이 필요하다. 잘 알려진 것처럼 경기도를 시작으로 확산되기 시작한 혁신 학교는 이러한 가능성을 보여 주었고, 혁신 학교가 전국적으로 들불처럼 번져 나가면서 혁신 학교 운동은 이미 하나의 큰 흐름을 형성했다고 할 수 있다. 그러나 수적으로 늘어난 혁신 학교가 모두 잘 운영되고 있는 것은 아니다. 또 잘 운영되다가도 운영 주체인 교사들이 교체되면 학교 혁신이 중단되는 사례도 종종 발생하고 있다. 나아가 현실적으로 혁신 학교가 학생들이 행복한 학교를 만들기 위해 교사들의 자발적 무한 희생을 요구하고 있는 측면도 무시할 수 없다. 이미 이 과정을 거친 교사들에게는 웃으면서 회상할 수 있는 하나의 역사이지만, 새로 전입해 온 교사의 입장에서는 쉽게 동의할 수 없는 장면이 반복되곤 한다. 이런 상황에서는 혁신 학교가 담보한 성공을 언제까지 기대할 수 있을지 우려되는 것도 사실이다.

민주 학교는 일차적으로 수업 혁신을 특징으로 하는 혁신 학교의 장점을 더욱 발전시키면서도 일정 부분 교사의 희생을 요구하는 혁신 학교의 구조적 문제를 개선하여 지속 가능한 공교육 모델을 발전시키는 것을 목적으로 하는 학교다. 수업뿐 아니라 학교생활 전반에 민주주의를 구현함으로써 학교생활을 통해 민주시민교육을 체험할 수 있도록 제도화하고, 학교 운영 주체들로 하여금 민주주의 관련 교육 내용을 자율적으로 편성할 수 있도록 하여 궁극적으로는 학생들의 시민적 역량을 강화하는 것을 목적으로 한다. 교육과정을 지역 사회 및 노동 교육과 적극적으로 연결하여, 단순히 입시를 위한 교육이 아닌 사회 속에서 실제로 적용 가능한 교육이 이루어질 수 있도록 학교 및 수업을 재편하는 것이 민주 학교의 최종 목표이다.

이러한 민주 학교는 기존에 운영되고 있던 혁신 학교와 반드시 별도로 운영될 필요는 없다. 혁신 학교나 일반 학교를 불문하고, 이하에 제시된 적절한 기준을 충족하면 민주 학교로 운영될 수 있을 것이다. 다만 이왕에 학교 혁신을 진행하던 혁신 학교 구성원들로서는 혁신의 연장선상에서 민주 학교의 대의나 운영 방식에 동참하기가 쉬울 수도 있고, 반대로 혁신 학교에 대한 피로감이나 자부심으로 인하여 또 다른 형태의 민주 학교에 대해 거부감이 들 수도 있다. 이하에서 조금 더 상세히 살펴보겠지만 민주 학교는 제도적으로 넓게는 학교 자치 위원회, 좁게는 교직원 회의의 의결 기구화, 민주주의를 실천하는 교육과정을 핵심 내용으로 한다. 몇몇 혁신 학교에서는 이미 이런 방식으로 학교를 운영하고 있다. 그런 면에서 민주 학교는 혁신 교육의 연장선상에서 검토·적용될 필요가 있으며, 특히 교사의 관점에서 기존 혁신 교육 및 학교 민주주의의 발전 방향을 체계적으로 짚어 본다는 점은 이와 별개로 강조될 필요가 있다.

민주 학교는 민주적 학교 운영에 가려 상대적으로 놓치고 있었던 교실 민주주의에 대한 우려에서 출발했다. 2015년부터 실시하고 있는 경기도 교육청의 학교 민주주의 지수 결과를 보더라도, 혁신 학교와 일반 학교의 차이는 명확하다. 그러나 「인성을 갖춘 민주시민 육성을 위한 학교 문화 개선 방안 연구」에서 실시한, 학급 자치를 비롯한 교실 민주주의에 대한 학생들의 평가를 보면 혁신 학교와 일반 학교의 차이가 없다는 것을 알 수 있다.

민주 학교가 기존 혁신 학교의 장점을 수용하면서도 민주적인 구조와 민주시민교육의 측면에서 더 나아가기 위해서는 민주 학교의 선정 기준부터 분명하게 제시할 필요가 있다. 이 기준을 적절하게 제시하기 위해 우리는 기존의 혁신 학교에서 학교 혁신이 지속 가능했던 이유에 주목해야 한다. 예를 들어 학교 혁신을 주도했던 구성원이 바뀌거나 학교장이 바뀌어도 혁신 학교가 지속되게 만드는 요인을 봐야 한다. 기존 혁신 학교들의 경험을 종합할 때 그 요인은 바로 '민주적 학교 운영'이라고 할 수 있다. 이런 점에서 여러 가지 변수에도 불구하고 혁신 학교의 민주성을 지속적으로 유지하고 있는 학교들의 공통된 요소를 추출하여 민주 학교의 선정 기준을 정리해 보면 다음과 같다.

첫째, 학교 자치 위원회가 구성되어 실질적으로 운영되어야 한다. 이것은 학교 운영과 관련하여 학생회, 교사회, 학부모회가 전부 또는 일부 측면에서 의결 기구로서의 위상을 지니는 것을 의미한다. 물론 각각의 권한과 범위는 명확히 규정될 필요가 있다. 예를 들면 교육과정, 교원 인사, 예산 및 결산, 학사 일정, 학칙 개정은 교직원 회의를 통하여 결정되어야 할 것이며, 학교 운영 위원회 활동, 교육 활동 전반에 대한 감시와 평가, 견제는 학부모회에서 담당해야 한다. 학생회는 학칙의 제·개정, 학생회 구성과 운영, 학생 복지, 학생 자치에 대한 권한을 가져야 한다. 이러한 권한 배분이 이뤄진 가운데 학교 자치 위원회가 운영된다면, 민주적 의사 결정에 따라 학교를 운영한다는 점에서 민주 학교의 중요한 특징을 지녔다고 할 수 있다.

둘째, 학교 구성원의 의견을 반영하여 교장이 선출되어야 한다. 교장 공모제나 내부에서 선출되는 교장 선출 보직제 등의 방식이 활용될 수 있다. 이러한 방식을 통해 선출된 교장은 기존의 제왕적 권한을 가진 학교장과 달리 민주적인 집단의 리더로서 역할을 담당할 수 있다. 그리고 이러한 교장과 함께 학교 내의 여러 가지 권한들도 민주적으로 분배될 수 있을 것이다.

셋째, 학교 운영의 자율성이다. 기존의 자율 학교와 마찬가지로 예산 운영의 자율성, 교육과정 편성·운영의 자율성, 교과서를 포함한 교재 선정의 자율성이 전제될 때라야 민주 학교가 실질적으로 기능할 수 있을 것이다.

넷째, 시민을 기르는 교육과정을 편성하여 운영해야 한다. 민주 학교는 학교 자체의 민주적인 구조뿐만 아니라 민주주의를 직접 가르치는 학교로서 위상을 가져야 한다. 그리고 민주주의를 유지하고 발전시키는 데 필요한 민주적 시민성의 핵심 가치들을 교육과정 속에 녹여 내는 것이 필요하다. 물론 이를 위해서는 교과 중심의 지식 교육이 아니라 체험과 참여가 중심이 되는 다양한 주제 중심의 교육과정이 필요하다. 다양한 교과를 통해 민주시민교육을 실현할 수 있어야 하며, 동아리 활동이나 자치 활동 등을 통해 학생들의 사회 참여 공간을 열어 주는 것이 민주 학교의 주된 역할이다.

다섯째, 민주적 시민성을 가진 학부모들이 학교의 변화와 발전을 위한 밑거름이 되어 주어야 한다. 학교의 변화는 교장이나 교사의 노력만으로는 한계가 있다. 그런 이유로 멈춰 선 혁신 학교들이 꽤 있다. 학부모들이 때로는 학교를 지원하고 때로는 변화의 주체가 되어 주어야만 학교는 비로소 완전한 민주적 공간으로 탈바꿈할 수 있다. 그런 학교를 다니는 아이들은 그런 사회를 만들게 될 것이다.

민주 학교가 민주시민교육의 거점 학교로서 기능해야 한다는 것은 혁신 학교의 성공 사례에도 불구하고, 자칫 기존의 교육부 및 교육청 차원의 연구 학교나 시범 학교들이 보여 주었던 잘못된 운영 방식으로 오해될 우려가 있다. 이런 점에서 민주 학교는 그 선정, 운영, 확산을 보다 치밀하게 계획할 필요가 있다.

민주 학교의 선정에 앞서 민주 학교가 될 수 있는 모델 학교의 운영 사례를 연구·분석하는 과정이 필요하다. 이것은 민주적 학교 운영 구조와 같은 민주 학교의 다양한 조건들을 드러낼 것이고, 일차적으로 이러한 조건을 잘 운영하는 학교를 중심으로 민주 학교를 선정할 수 있다. 기존의 교육부 시범 학교들은 원래 학교의 특성과 무관하게 단순히 시범 학교로 선정되기 위해 노력하지만, 선정된 이후에는 정책 방향에 따라 시범적으로 운영하고 긍정적인 결론만을 제시한 채 스스로 이러한 정책 방향을 포기하는 경우가 많았다는 점에서 비판을 받아 왔다. 이런 점에서 민주 학교는 민주적 학교 운영이 지속적으로 가능한 학교를 모델 학교로 하여 지원한다는 점에서 기존의 교육부 연구 시범 학교와는 차별화된다. 즉, 민주 학교로 선정된 학교에 새로운 교육 프로그램이나 시스템을 제안하는 것이 아니라, 그 학교에서 오랜 기간을 거쳐서 시도하고 정착되어 왔던 교육 내용과 시스템을 연구하고 분석하여 다른 학교에 적용 가능한 방법을 찾는 것이 민주 학교 선정에 있어서 핵심이 되어야 한다.

다음으로 민주 학교는 운영에 있어서도 기존의 시범 학교와는 구분된다. 즉, 민주 학교에 대해서는 운영의 자율성을 부여하고 예산을 지원하지만 그에 대한 평가와 결과 분석은 별도로 진행될 수 있다. 이와 함께 민주 학교는 민주시민교육의 내용과 방식에 있어서 뚜렷하게 구분되는 방식으로 운영되어야 한다. 민주 학교로 선정된 학교에 대해서는 기존에 진행해 왔던 창의적 체험 활동이나 학생 자치회, 교육 공동체 활성화 등의 프로그램을 지원하는 것은 물론이고, 다양한 시민교육 교과서와 교재의 활용, 창의적 체험 활동과 연계한 민주시민교육 프로그램 개발 등으로 민주 학교라는 이름에 걸맞은 교육과정이 자리 잡을 수 있도록 지원해야 한다. 또한 학급 회의부터 학생회 대표 회의, 교육 주체 대토론회에 이르기까지 다양한 교육 주체들이 다양한 방식으로 참여하는 민주적 의사 결정의 조직 문화를 운영하고 지원해야 한다.

마지막으로 민주 학교가 거점 학교로서 의미를 지닌다고 할 때 민주 학교의 성과를 확산하기 위한 노력도 필요하다. 기본적으로 민주 학교 운영 결과는 단기적인 시각에서 1~2년 내에 평가되는 것이 아니라, 시도 교육청별로 초중고 각 일정 비율의 모델 학교를 선정하여 지원한 후 1~4년간 운영된 결과를 기반으로 이루어져야 한다. 특히 교육청 차원에서 민주 학교를 늘려 가는 방식으로 성과를 확산하기보다는 이미 민주 학교로 선정된 학교를 중심으로 교원 학습 공동체나 직무 연수 등을 활용하여 민주 학교의 성과가 주변 학교에 자연스럽게 공유될 수 있도록 지원해야 한다. 또한 민주 학교를 중심으로 지역별 학생 자치회 협의체를 운영하는 것 역시 학생 자치 활동을 강화하는 동시에 학생들을 통해 민주 학교의 성과가 확산될 수 있는 중요한 계기가 될 수 있다.

장경훈

동해 바닷가에서 아이들을 처음 만나 동료 선생님들과 아이들에게 배우며 살아가고 있다. 멋있는 선생님들을 만나 교육과정과 민주시민교육을 주로 공부했다. 『더불어 사는 민주시민』을 집필했으며, 교육부 민주시민교육과가 신설되었을 때 교육 연구사로 파견되어 과원들과 함께 민주시민교육 활성화를 위한 기본 계획을 세상에 내어놓았다. 현재는 현장으로 복귀하여 두 번째 혁신 학교에서 근무하고 있다.

4부

작지만 의미 있는 움직임

경기 당동초 | 어린이 시민을 키우는 협력과 체험 중심의 민주시민교육 _ 성나래

광주 선운중 | 민주주의를 살다 _ 김유진

부산 부경고 | 모자이크로 그리는 학생 자치 _ 이윰

어린이 시민을 키우는
협력과 체험 중심의 민주시민교육

교실을 넘어선 민주시민교육의 시작

비밀스럽게 시작된 지구 지킴이 활동

모든 교사들이 매번 겪으면서도 가장 긴장되는 일은 학교를 옮기는 일 아닐까? 2016년 나 역시도 새로운 학교(경기 당동초)에서 적응해 나가기 위해 고군분투했다. 새 학교에서 함께 3학년을 꾸려 가는 동학년 선생님들은 쾌활했고, 낯섦이 가득한 나에게 많은 도움을 주었다. 그럼에도 동학년 선생님들과 수업에 관해 이야기를 나눈다는 것은 나에겐 아직 어려운 일이었다. 선생님들에게 내가 필요 이상으로 진지하게 보일까 봐 두렵기도 했고, 불편함을 주지는 않을까 고민하기도 했다.

새 학교에서 적응기를 겪고 있는 나에게 평소 알고 지내던 다른 학교 선생님이 환경 관련 수업을 구성해서 학생들과 함께해 보면 어떻겠냐고 제안해 주었다. 그리고 수업의 내용을 환경 단체에서 발표해 달라는 것이었다. 평소 나는 환경 문제에 관심이 있었고, 작게나마 삶 속에서 실천하려고 노력하고 있었기에 흔쾌히 그러겠다고 했다. 그리고 시간이 흘러 약속한 날짜가 얼마

남지 않아 더 이상 수업을 미룰 수 없는 때가 다가왔다. 그사이 동학년 선생님들과 수업 이야기를 나누지 못한 나는 두려움, 불편함에 동학년 선생님들에게 알리지 못한 채 홀로 수업을 시작하게 되었다.

우선 환경 수업을 통해 학생들이 무엇을 배우고 느끼면 좋을지 생각해 보았다. 하나는 수업을 통해 학생들이 사소한 부분이라도 생활 습관을 바꾸어 환경 보호를 몸소 실천하게 되는 것이었다. 더불어 다른 사람들에게도 함께 실천하기를 권유할 수 있는 의지를 갖게 되길 바랐다. 이를 위해서 환경 보호를 위한 실천 방법을 학생들이 적극적으로 알아보는 활동, 주변 사람들에게 환경 보호를 위한 실천을 권유해 보는 활동으로 구성해야겠다고 생각하고 준비를 시작했다.

첫 번째로 『더불어 사는 민주시민』 교과서를 살펴보았다. 환경과 관련한 내용은 평화를 주제로 한 단원에서 다루고 있었다. 교과서에서 수업의 흐름상 필요한 내용들을 골라냈다. 환경과 관련된 노래를 불러 보고, 자연을 표현한 낱말을 찾아 한 문장 글짓기를 하는 활동을 학생들과 해 보기로 했다.

그다음으로는 학교 도서관으로 향했다. 사서 선생님에게 환경을 주제로 한 도서 가운데 3학년 학생들이 읽을 만한 책들을 추천해 달라고 부탁했다. 사서 선생님이 골라 준 20여 권의 책을 두 손 가득 들고 교실로 돌아왔다. 한 권 한 권 책의 목차, 내용, 그림들을 보면서 적당한 책들을 다시 추렸는데, 그중에는 학생들과 함께 읽을 그림책도 한 권 포함하였다.

수업 첫 시간에는 학생들에게 『보글보글 지구가 끓고 있어요』라는 그림책을 읽어 주었다. 그림책 내용을 함께 보며 학생들은 기후 변화가 무엇인지에 대해 자연스럽게 배울 수 있었다. 그리고 민주시민 교과서에 있는 환경 관련 노래를 함께 배웠다. 노래에서 자연을 나타내는 '강물', '하늘', '땅' 등의 낱

말을 찾아보고 한 문장 글짓기를 했다. 학생들이 한 문장 글짓기를 하는 동안 나는 칠판을 크게 가로지르는 강물, 땅, 하늘의 구름, 바람을 그렸다. 한 문장 글짓기를 완성한 학생들은 낱말에 어울리는 그림 자리에 붙임쪽지를 붙이고 함께 내용을 나누었다. 마지막으로 환경을 지키는 다양한 방법에 대해 알아보고, 실천하는 '지구 지킴이'가 되는 프로젝트 수업을 할 것이라고 예고했다. 멋진 '지구 지킴이'가 되기 위해 교실에는 도서관에서 빌려 온 환경 분야의 책들을 두고 학생들이 읽을 수 있도록 했다.

교실 너머 다른 반 학생들이 우리 반 수업을 돕다

내가 생각한 지구 지킴이 활동은 학생들이 글쓰기를 통해 환경 문제의 심각성, 환경 보호의 필요성과 방법을 다른 사람들에게 알리는 것이었다. 학생들이 글쓰기를 하기 위해서는 주제에 대한 탐구가 필요하기 때문에, 교실에 둔 책을 읽고 스스로 학습하는 시간을 가졌다. 실제로 자신의 글이 다른 사람들에게 영향을 줄 수 있다는 생각에 학생들은 진지하게 책도 읽고, 스스로 조사도 했다. 비밀스럽게 시작한 수업은 결국 동학년 선생님들에게 도움을 구할 수밖에 없게 되었다. 복도에 게시해 두는 것만으로는 읽은 사람들의 적극적인 반응을 기대할 수 없었기 때문이다. 첫 번째 수업을 마친 후 함께 연구실에 모여 수다를 떨다 동학년 선생님들에게 넌지시 부탁을 했다.

"우리 반에서 환경 수업을 하고 있는데, 학생들이 환경 보호 실천을 권유하는 글을 쓰려고 해요. 글쓰기를 마치면 각 반 학생들에게 글을 읽고 답장 쪽지를 써 달라고 부탁해도 될까요?"

거절당하면 어쩌나 하는 생각도 잠시, 선생님들은 흔쾌히 "그 정도쯤이야!"라는 반응을 보였다. 그리고 우리 반 학생들의 글쓰기는 진행되었다. 나른 반 친구들이 읽게 될 것이라고 말하니 학생들의 표정이 진지해지기 시작했다. 평소와는 너무 다르게 조용해진 교실에는 학생들의 연필 소리만 가득했다. 그렇게 완성된 제안 글들은 3학년 6개 반에 배달되었다.

각 반으로 배달된 글에는 큼직한 붙임쪽지에 빼곡히 답장이 채워져 있었

다. 나조차도 감동스러웠다. 자신의 글과 답장 쪽지를 받아 본 학생들은 아는 친구가 답장 쪽지를 써 줬는지, 어떤 반응을 해 주었는지 설레어하면서 글을 읽어 나갔다. 그리고 학생들은 자신감이 붙었는지, 학교의 다른 학생들에게도 글을 보여 주면 좋겠다고 이야기했다. 전교생에게 글을 보여 주지 않으면 원망을 들을 것 같은 분위기였다. 결국 다른 학년 복도에 글을 붙여 답글을 받아 보기로 했다. 혹시 답글이 너무 없으면 학생들이 실망할까 봐 전교 선생님들에게 학교 메신저로 도움도 구하고, 상품으로 유혹도 해 보았다. 여러 층 복도 벽에 글을 붙이는 일은 동학년 선생님들이 같이해 주었다.

반 학생들이 함께 만들어 낸 작은 결과

반 학생들은 자신의 글에 대한 반응들로 기분이 한껏 좋아진 모양이었다. 첫 시간에 배웠던 노래는 학생들이 부르기 어려워해서 다른 노래를 하나 들려주었다. 그 노래가 또 다른 시작점이 되었다.

북극곰이 멸종해서 미래의 아이들이 사진으로만 북극곰을 보게 될지도 모른다는 걱정을 담고 있는 노래였다. 실제로 이 곡은 환경 보호 캠페인을 위해 제작된 노래로, 쉬운 가사와 멜로디 때문인지 학생들이 좋아했다.

그래서인지 학생 한 명이 이 노래로 뮤직비디오를 만들어 유튜브에 올리면 좋겠다는 이야기를 먼저 했다. 학생이 수업 활동을 제안한 것이다. 그리고 환경을 보호할 수 있는 실천 내용을 그림으로 표현해 많은 사람들이 보고 함께 실천할 수 있도록 하면 좋겠다고 의견을 모았다. 학생들은 각자 표현할 환경 보호 방법을 이야기했고, 나는 학생들이 말한 내용을 칠판 가득 적었다. 내용이 겹치지 않도록 담당을 정해서 나누니 약 30여 가지의 환경 보호 방법이 마련되었다. 학생들이 생각보다 다양하게, 많은 방법들을 찾아낸 것이다.

그러고는 열심히 자기가 담당한 내용을 글과 그림으로 표현했다. 표현한 것들을 한 장 한 장 사진을 찍고 영상으로 만들어서 유튜브에 게시했다. 학생들은 유튜브 영상에 달린 댓글 하나에도 즐거워했다.

많은 선생님들과 수업을 나누다

전교에 본의 아니게 소문이 나고, 우리 반 학생들의 의욕도 넘쳐 나던 시점에 혁신부장 선생님의 제안으로 관내 선생님들을 대상으로 마지막 차시 수업을 공개하기로 했다. 관내 선생님들이 오신다면, 이왕이면 실수가 적은 수업을 하고 싶었다. 그래서 동학년 선생님들에게 공개 수업 전에 다른 반에서 계획한 수업을 해 보고 수업안을 개선할 수 있게 도움을 받을 수 있는지 물었다. 선생님들은 "수업해 준다면 좋지. 언제든 들어와요!"라며 농담 반 진담 반의 허락을 해 주었다. 전담 시간 틈틈이 3개 반의 학생들과 수업을 해 볼 수 있게 되었다. 처음 만나는 다른 반 학생들과의 수업이란 지금까지 경험해 보지 못한 것이었다. 내가 수업을 진행하는 동안에 그 반의 담임 선생님은 수업을 봐 주었고, 수업 전에는 생각지 못한 문제들을 찾아 주었다. 그리고 더 나은 수업을 위한 고민도 함께해 주었다.

수업 공개를 하루 앞두고 이것저것 준비에 바빴다. 마무리 활동으로 학생들이 쓰게 될 쪽지를 준비하고 있었다. 연구실에 있던 동학년 선생님들은 나보다 의욕이 넘쳤다. 빨간 종이를 동그랗게 오리려고 했더니, 입체 종이 나무에 사과 모양 쪽지를 걸면 좋겠다면서 모든 선생님들이 가위를 들고 나섰다. 빨간 종이를 사과 모양으로 오리고, 녹색 종이로 잎사귀까지 만들기 시작했다. 의도치 않게 연구실은 사과 쪽지 만들기 공장이 되었다. 선생님들의 도움 덕분에 예쁜 쪽지가 마련되었다. 쪽지를 들고 교실로 돌아와 수업 공개 준비를 마무리해 나갔다.

공개 수업에는 관내의 많은 선생님들이 찾아왔다. 수업은 지구를 살리는 방법을 정지 역할극으로 표현하고, 학생들이 어떤 행동을 하고 있는지 이야기를 나누는 활동으로 시작하였다. 그리고 평화의 의미를 알아보고 자연과 평화롭게 살아가기 위한, 진정한 지구 지킴이가 되기 위한 다짐 쪽지를 쓰는 활동으로 마무리했다. 학생들의 다양한 다짐들은 사과 모양 쪽지에 실려 나무를 아름답게 만들었다.

수업을 마치고 수업 협의회를 통해 민주시민교육, 생태 교육에 관한 다양한 생각과 조언을 들을 수 있었다. 한 선생님은 학생들이 직접 환경 보호를 실천하는 활동이 있었으면 좋겠다는 이야기를 해 주었는데, '아차!' 싶은 생각이 들었다. 다른 사람에게 알리고, 역할극을 통해 몸으로 익히는 활동을 했지만 실제 학생들의 생활 속에서 환경 보호를 실천하는 변화는 일어나고 있는가에 대해 다시금 고민해 볼 수 있었다.

우리 반의 수업은 다른 반의 수업으로 이어진다

수업 공개를 마치고 며칠 뒤, 복도에는 여러 가지 전시물들이 눈에 띄었다. 복도 벽면에는 환경 보호를 위한 내용을 담은 작은 포스터들이 둘러져 있었다. 내가 수업하는 것을 지켜보고, 반 학생들에게 이야기해 봄직한 주제라고 생각한 4반 선생님이 반 학생들과 포스터 제작 활동을 했다고 한다.

또 다른 편 복도에는 작은 곰 인형이 앉아 있었다. 가까이 가서 보니, '북극곰을 도와주세요.'라는 제목이 눈에 들어왔다. 곰 인형은 빽빽한 얼음 조각 위에 앉아 있었다. 5반 선생님이 반 학생들과 우리 반 학생들이 제작한 「북극곰아」뮤직비디오를 보며 노래를 배우고, 얼음이 녹아서 북극곰이 계속 수영하고 있는 영상을 학생들과 함께 시청하고 북극곰을 돕기 위한 다짐을 적어 보는 활동을 했다고 한다. 작은 곰 인형에게 이렇게 긴 사연이 있을 줄이야. 이것을 본 나는 5반 선생님에게 멋지다고 말했다. 5반 선생님은 "선생님이 우리 반에서 수업하고 난 뒤, 이런 거 해 보면 어떨까 하는 생각이 들더라고요. 이 정도야 뭘……."이라며 너스레를 떨었다.

교실 안의 우리 반 학생들뿐만 아니라 교실을 넘어 여러 학생들은 함께 배운다. 교사인 우리도 함께 배우고, 함께 학생들을 가르친다. 수업은 또 다른 수업으로 이어지고 변화해 나간다.

학생들의 삶에는 어떤 변화가 있을까? 몇 번의 수업으로 당장 환경 보호 실천가가 되지는 않는다. 다만 경험은 작은 변화로, 그 작은 변화는 큰 변화를 만들 것이라고 믿는다. 비밀스럽게 시작한 우리 반만의 수업이 결국 다른 반 학생, 동학년 선생님들, 여러 선생님들에게 작은 변화를 일으키듯이.

교사도, 학생도 함께하는 민주시민교육
수업을 위한 교사들의 고민, 함께 수업을 만들다

수업을 마치고 학생들이 돌아간 오후, 하나둘 연구실로 모여든 교사들의 수다가 이어진다. 그 수다는 주제를 가리지 않는다. 그렇게 이런저런 이야기를 하다 보면, 결국 교사라는 정체성을 가진 우리들은 수업 이야기로 돌아올 수밖에 없다. 이 날의 주제는 사회 교과이다. 사회 교과 때문에 볼멘소리가 한창이었다.

"4학년 애들한테 지방 자치는 내용이 너무 어렵지 않아요? 애들은 경기도

랑 군포시의 관계도 잘 이해 못하는데…….."

"그러게요, 지방 자치 단원을 어떻게 해야 할지 고민이에요."

"작년에 모의 선거 활동해 봤는데 괜찮았어요. 체험해 보니까 그래도 선거 과정과 지방 자치에 대해 좀 이해하는 것 같더라고요."

"그럼 올해도 그렇게 해 보면 어때요? 작년 자료 좀 있을까요?"

작년에 4학년을 담당했던 선생님이 모의 선거 방식의 수업을 이야기하자 다른 선생님들도 관심을 보이기 시작했다. 그렇게 함께 수다를 떨다가 결국 함께 수업을 만들어 낸다.

작년 수업 방법을 떠올려 대강의 수업 흐름을 그려 보고, 세부적으로 필요한 사항을 다듬어 나갔다. 먼저 『더불어 사는 민주시민』 교과서부터 연구실로 가져와 관련 내용을 찾아보았다. 2단원에 선거의 중요성과 과정을 배울 수 있는 활동들이 있었다. 각 반에서 정당을 만들고, 정당 내에서 후보자를 선출하여 선거 과정에 따라 투표해 보는 활동을 계획했다. 그리고 활동 시 중점 사항을 선생님들과 이야기하며 함께 정리해 나갔다.

첫째, 모의 선거 활동을 통해 선거의 중요성과 과정을 직접 체험하고 학생들끼리 정당을 구성하여 활동을 진행함으로써 협력이 일어나도록 할 것. 둘째, 선거 활동의 행위에만 집중하지 않도록 공약 선정 시 우리 지역의 문제점과 그 개선 방향을 생각해 볼 수 있는 활동을 구성할 것. 셋째, 선거 활동을 마치고 그 활동과 연계되는 지방 자치 활동을 구성할 것. 넷째, 학생들이 스스로 모든 배움의 내용을 구조화할 수 있는지 평가를 통해 확인할 것. 이렇게 정리를 하고 보니 구체화하여 수업을 진행하기까지 교사가 준비해야 할 것들이 생겨났다.

먼저 지역 선거 관리 위원회에 전화를 걸어 기표소를 빌릴 수 있는지 알아

보았다. 다행히도 우리가 계획한 선거일에 기표소를 빌릴 수 있다는 답을 받았다. 선거일 전날 4반 선생님이 기표소를 선거 관리 위원회에서 받아 오기로 했다. 그리고 민주시민 교과서에서 필요한 활동을 골라내서 알맞게 배치하고 변형하여 수업 활동을 다듬었다. 정당원 모집을 위한 서류, 군포 시장 및 시의원 입후보 서류, 투표용지 등 수업에 필요한 문서들을 제작했다. 모든 반이 선거 일정을 동일하게 맞추어 활동을 진행하기로 했다.

아이들은 협력하고 체험하며 성장한다

사회 시간, 모의 선거 활동에 대해 안내했다. 우리 반 학생들의 기분은 이미 교실 천장까지 올라갔다. 학생들의 다양한 질문이 쏟아졌다. 첫 번째 난관은 정당 구성이었다. 반에서 정당을 구성하여 그 정당 내에서 시장과 시의원 후보를 선정하여 후보자로 등록하도록 했다. 정당 구성에 있어 학생들의 눈치 싸움이 시작되었다. 혹시 어떤 팀에도 끼지 못하는 학생들이 생길까 봐 학생들의 행동과 말 하나하나를 살피며 노심초사했다. 평소 수업 시간에 별다른 재능을 발휘하지 못했던 학생들이 오히려 다양한 이유로 먼저 정당에 스카우트되었다. 예를 들어 의견을 적극적으로 내지는 않지만 영상 편집을 잘하는 아이, 그림을 잘 그리는 아이들이었다. 정당원을 모집한 뒤에는 정당별로 모여 신중히 후보자를 선정했다.

각 후보자의 공약은 정당원들의 토의를 통해 결정했다. 주택, 교통, 환경을 주제로 하여 하나씩 공약을 만들고 그 외에 추가하고 싶은 공약 한 가지를 넣을 수 있도록 했다. 학생들은 인터넷으로 검색하고, 시청 누리집에서 민원 내용도 찾아보고, 직접 주변 주민에게 의견을 물어 오기도 했다. 이 과정을 통해 공약을 정한 뒤 후보자를 홍보할 수 있는 포스터, 공보물, 영상 등을 제작했다.

　어느 정당에도 속하지 않은 학생 2~3명을 두어 선거 관리 위원으로서 선거 활동 진행, 불법 선거 활동 감시, 선거 독려 활동을 하도록 했다. 선거 관리 위원이 된 학생들은 신이 나서 선관위 도장을 만들겠다고 지우개를 파기 시작했다. 이처럼 각자 맡은 역할에 몰입해 필요한 일들을 해 나갔다. 각 정당의 다양한 홍보물, 선거 관리 위원회의 선거 독려 홍보물이 탄생했다. 수업을 마치고 잘 만들어진 홍보물을 연구실로 들고 갔다. 선생님들의 손에 각 반의 다양한 홍보물들이 들려 있었다. 그리고 정당 이름, 공약 내용, 홍보물의 구성에 대해 함께 이야기를 나눴다. 이때 진행 중 생기는 문제들을 함께 해결하기도 했다.

　수업 시간에 우리 반의 한 학생이 근심 어린 표정으로 이야기했다.

　"선생님, 근데 열심히 선거 활동했는데 내가 내 정당에 투표를 못한다는 것이 좀 속상해요. 근데 모두 자기 정당을 찍으면 정당원이 많은 당이 유리할 것 같기도 하고……."

　그 이야기를 듣고서 나도 고민이 생겼다. 각 반에서 투표하기로 했기 때문에 자기 정당을 선택할 수 있게 하면 결과가 뻔해질까 봐 자기 정당에 투표하지 못하게 했는데, 열심히 선거 활동을 했는데 자기 정당을 선택 못한다고 아쉬워하는 학생의 모습이 마음에 남은 것이다. 실제 지방 선거에서 후보자나 정당원은 자신, 자신 정당의 후보자를 선택하는데 말이다. 모인 김에 선생님들에게 이 이야기를 했다.

　"그럼 우리가 일곱 반이니까 2~3반씩 묶어서 투표를 하되, 우리 반 정당 중 하나, 다른 반 정당 중 하나에 투표할 수 있도록 하면 어때요? 그럼 자기 정당에 투표할 수도 있고, 다른 반은 어떻게 활동하고 있는지 서로 관

후보자 토론회를 하고 있는 학생들

심도 갖게 되고……."

"괜찮네요. 그럼 투표 전에 투표를 같이하는 반끼리 묶어서 후보자 연설도 진행하면 도움이 될 것 같아요. 홍보물은 해당 반끼리 선거 운동 기간 동안 공유하고요."

이렇게 이야기해서 고민거리 하나도 해결. 다음 날 바뀐 부분을 이야기하니 학생들의 얼굴에 기쁨이 비친다.

홍보물을 제작하고, 선거 운동을 하고, 후보자 토론회를 준비하고 진행하는 모든 과정은 정당을 중심으로 이루어졌다. 선거가 후보자 개인의 자질이 아닌 정당원의 합의를 통해 구성되길 의도했다. 열띤 토론회와 소견 발표, 그리고 투표 과정을 통해 학생들은 긴 시간 한 역할을 맡아 역할극을 하게 된 셈이었다. 학생들은 자기 역할에 최선을 다해 참여했고, 이는 협력의 기쁨과 깊은 몰입을 가져다주었다. 이 활동을 통해 학생들은 선거의 중요성과 진행 과정을 배웠고, 후보자를 선택할 때 어떤 기준을 생각해야 하는가와 이에 따라 신중하게 투표해야 한다는 것을 알게 되었다. 이 경험은 판단력 있는 유권자를 길러 내는 데에 도움이 되리라 생각한다.

협력의 경험이 시민을 만든다

교사들이 함께 만들어 가는 수업은 결국 학생을 시민으로 길러 낸다. 그 수업에서는 다양한 협력이 일어나기 때문이다. 모의 선거 활동에서 학생들은 정당 설립을 위해 다양한 구성원을 모았다. 소위 공부 잘하고 똑똑한 학생뿐만 아니라 평소에는 눈에 띄지 않던 학생에게도 각자 필요한 역할이 있다는 것을 자연스레 알게 된 것이다. 그리고 지속적인 토의를 통해 다양한 의견을 나누고, 비판적으로 생각하고, 대안을 만들어 나가는 과정을 경험하게 되었다.

이런 학생들을 지켜보는 교사는 학생들이 잘 협력하고 토의할 수 있는 다양한 장치들을 마련했다. 다양한 특성을 가진 구성원이 정당에 도움이 될 수 있다고 넌지시 흘려 이야기하거나, 공약의 세부 주제를 환경 문제, 주택 문제 등으로 정해 주어 우리 지역과 밀접하고 실천 가능성이 있는 공약을 만들 수 있도록 했다. 학생들이 토론회를 준비할 때, 다른 정당의 공약을 살펴보고 예상 질문과 답변을 구성해 보도록 권유한 것도 토론이 소위 말 잘하는 사람에게 유리한 것이 아니라 다양한 생각과 측면을 나눌 수 있는 활동임을 경험할 수 있도록 하기 위한 장치였다. 교사가 마련해 둔 장치들은 학생들이 활발하게 수업에 참여하고, 다양한 구성원이 어울리고, 서로의 이야기에 귀 기울여 대안을 만드는 데에 집중하도록 도왔다. 교사가 학생을 돕는 협력이 활발하게 작용한 것이다. 그리고 매 수업을 마치고 때론 우리 반 수업을 자랑하고, 때론 고민을 해결하려고 연구실에 모여든 선생님들 사이에도 협력은 피어나고 있었다.

시민교육의 가치로 교과를 바라보다
한 학기 한 권 읽기와 민주시민교육

여느 때와 다름없는 어느 날 오후, 연구실에 모여 앉은 선생님들은 동료 장학에서 어떤 수업을 함께하면 좋을지 이야기를 나누기 시작했다. 2015 개정 교육과정을 시작하면서 바뀐 교육과정이 처음 적용된지라 이런저런 혼란들이 있었다. 그중 우리에게 고민은 국어 교과에 도입된 '한 학기 한 권 읽기'였다. 동료 장학에서 한 학기 한 권 읽기를 중심으로 수업을 구성하여 공개하면 선생님들이 참관하고 도움을 주고받을 수 있을 듯했다. 그래서 동학년 선생님들과 한 학기 한 권 읽기로 수업을 구성해 보자고 의견을 모았다. 처음 시도해 보는 것이라 어떻게 하는 게 맞는지 각자의 생각들이 달랐다. 그리고 무슨 책을 고르고, 어떤 활동을 해야 할지 막막하게 느껴져서 대화는 좁혀지지 않았다. 일단, 어떤 책을 선정하고 어떻게 수업을 진행할지 각자 생각하고 책도 골라 본 뒤 다시 이야기하기로 했다.

당장 학생 수만큼의 책을 구입하기도 어렵겠거니와 학생들과 긴 호흡으로 책을 읽을 수 있는 일정이 되지도 않았기 때문에 글밥이 많지 않으면서 4학년에 적당한 책을 골라야만 했다. 나는 민주시민교육 연구 모임에서 선생님들과 함께 읽었던 책 한 권을 떠올렸다. 학교 도서관으로 가서 책을 빌렸다. 『목기린 씨, 타세요!』라는 얇은 동화책 표지에는 목이 긴 기린과 귀여운 돼지가 버스 정류장에 함께 앉아 있었다. 책을 들고 의기양양하게 연구실로 갔다.

 수업을 마친 선생님들과 함께 한 학기 한 권 읽기 활동에 관한 회의에 돌입했다. 각자 생각해 본 책들의 내용을 이야기하며 장단점을 살펴보았다. 나도 내가 가져간 동화책을 선생님들에게 소개했다. 동물들이 주인공인 귀여운 설정, 짧은 이야기이지만 생각거리가 있다는 점이 선생님들의 마음을 끌었다. 자연스레 책 내용을 살피며 학생들과 나눌 수 있는 질문들을 떠올려 갔다. 뒷이야기 상상하기, 이야기 인물들의 성격 알아보기, 이야기 인물 인터뷰하기 등 다양한 활동들에 대한 아이디어들이 샘솟았다. 그리고 동화가 말하고자 하는 주제에 대해 고민을 나누었다.

 이야기의 주인공 목기린 씨는 화목 마을로 이사를 오게 된다. 화목 마을은 모든 동물들의 특성을 고려하여 버스를 운행하고 있었는데, 목기린 씨가 이사 오면서 그 평화로움은 깨지게 된다. 목기린 씨는 목이 길어 버스를 타지 못하고 매일 걸어서 먼 거리를 출퇴근하게 된 것이다. 목기린 씨는 버스에 타기 위해서 다양한 노력들을 하게 되고, 결국 버스를 탈 수 있게 된다. 이야기를 바탕으로 우리는 '다양성'의 가치를 아이들에게 어떻게 가르칠 것인가에 대한 생각들을 나누었다. 선생님들은 다르다고 차별하는 것이 아니라, 다름을 인정하는 자세를 학생들이 익혔으면 좋겠다고 생각했다. 요즘 학생들은 나와 다름에 대해 인정하지 못해 극단적으로 혐오의 감정을 느끼고 이를 거리낌 없이 표현하는 경우도 꽤나 있다. 그래서 다양성에 대해 인정하는 마음을 갖게 하는 것이 다른 의미로 중요한 수업의 목표가 되었다.

 이야기가 무르익어 가던 중에 1반 선생님이 의문을 제기했다.

 "다름을 인정한다는 것은 무엇일까요? 보통은 사회적 소수자 또는 약자에게 양보하라고 가르쳤는데, 그게 다름을 인정하는 것일까요? 약자를 배려해서 양보하는 것이 인정하는 것과는 좀 다른 차원인 것 같아요."

"그렇죠. 배려, 양보라고 하면 내가 가진 것을 포기하는 것, 또는 나에게는 도움이 되지 않지만 좀 참는 것이라고 생각할 수도 있으니까요. 어떻게 보면 마음에서 진정으로 인정하는 것은 아닌 거 같아요."

"그래서 배려하고 양보하라고 가르치면 안 될 것 같아요. 다양성을 인정한다는 것은 결국 다양한 사람들, 다양한 특성들이 어울릴 때 모두에게 좋은 결과가 오는 것임을 이해하도록 해야 하지 않을까요? 일방적인 양보가 아니라 문제 상황에서 모두가 조금씩 양보해서 좋은 결과가 되도록 하는 것, 이것이 진정한 의미의 타협이라고 생각해요."

이런저런 이야기가 오가다 보니, 마지막 차시의 수업은 차이가 차별이 되는 상황에서 문제를 어떻게 해결하면 좋을지 생각해 보는 활동으로 구성하게 되었다. 실제 우리 생활에서 접할 수 있는 문제들에 대한 해결책을 고민해 보는 활동으로 말이다. 그런데 막상 일상생활에서 차이로 인해 차별, 불편이 생기는 문제를 쉽사리 떠올릴 수 없었다. 바람직한 해결이 이루어진 경우도 마찬가지였다. 그래서 각자 좀 더 생각해 보고 다시 이야기하기로 했다.

하루가 지나 선생님들은 다시 모여서 이야기를 시작했다. 1반 선생님이 이야기를 꺼냈다.

"옆 아파트에서 있었던 일인데, 아파트 입구 쪽에 버스 정류장이 있었어요. 그래서 아파트에 사는 사람들은 아주 좋았던 거지. 근데 몇백 미터 옆에 노인 복지 회관이 생겼어요. 그러다 보니 버스를 타고 노인 복지 회관으로 오는 할머니, 할아버지들이 늘어났는데 그분들이 불편했던 거예요. 버스 정류장에서 복지 회관까지 몇백 미터여도 노인 분들은 걷기가 힘드니까. 그래서 시청에 버스 정류장을 복지 회관 앞으로 옮겨 달라고 민원을 넣었고, 결국 버스 정류장을 복지 회관 앞으로 옮겼죠. 이번에는 그럼 아파트 주민들이 불만일 거 아니에요? 그래서 아파트는 샛길을 내서 버스 정류장으로 바로 갈 수 있는 지름길을 만들었어요. 이런 경우가 서로 조금씩 양보해서 모두에게 좋은 결과를 만들어 낸 타협이지 않을까요? 버스 정류장을 노인 복지 회관 앞으로 옮겨 놓기만 했으면, 아파트 주민들은 계속 불만이 쌓였을 테고, 노인 복지 회관을 왜 여기에 지어서 우리한테 불편을 주냐고 느꼈을 수도 있는데 조금씩 양보해서 적당한 해결책을 찾은 것 같아요. 이렇게 되면 다양한 사람들의 요구를 들어주면서도 약자를 위해 배려한 것이라고 볼 수 있겠죠."

그 이야기를 듣고 사회적 소수자를 위한 행동이 모두에게 도움이 된 사례들에 대해 좀 더 생각해 보게 되었다. 이제는 일상화된, 지하철역과 학교에 설치된 엘리베이터는 장애인과 노약자를 위한 것이지만 그 외의 사람들도 그 혜택을 받을 수 있게 된 것이 떠올랐다. 생각은 꼬리에 꼬리를 물고, 선생님들과 이야기를 하며 몇 가지 문제 상황들을 골랐다. 그리고 수업 활동에서 이 문제 상황들을 해결할 방법을 학생들이 토의하여 마련하도록 구성하기로 했다.

함께하는 경험이 더 나아갈 수 있는 수업을 만든다

각 차시별로 선생님들의 수업 공개가 이어졌다. 다른 반 선생님들의 수업을 보면서 함께 만든 수업이 실제로 어떻게 실행되는지, 내가 수업할 때와 다른 점들은 무엇인지, 어떻게 하면 좀 더 좋은 수업을 할 수 있을지 생각했다. 그리고 수업 시간 동안 그 반 학생들의 반응, 집중도, 활동 수행 정도를 눈여겨보았다.

드디어 기대하던 마지막 차시 수업 공개가 있는 날. 난 서둘러 3반 교실로 향했다. 긴장된 기색이 역력한 학생들, 그리고 3반 선생님의 활기 넘치는 수업 진행. 다양성, 차이, 차별, 이 낱말들로 선생님들과 함께 나누었던 고민들이 어떻게 풀려 가는지 3반 교실에서의 수업 장면을 보며 확인할 수 있었다. 선생님은 모니터로 학생들에게 한 장의 사진을 보여 주었다. 뚱뚱한 승객이 비행기 가운데 좌석에 앉아 있는 사진이었다. 이 상황에서 가운데 그리고 양 옆에 앉은 승객들은 각각 어떤 생각을 할지, 서로의 불편함을 어떻게 해결할지, 각자의 다른 특징으로 인해 차별하는 것에 대해 어떻게 생각하는지와 같은 다양한 질문들을 제시하며 수업은 시작되었다.

그 다음에는 『목기린 씨, 타세요!』속 목기린 씨처럼 남들과 다른 특징 때문에 차별받는 경우를 찾아보고, 목기린 씨가 문제를 해결하여 모든 동물들이 다시 화목해진 것처럼 우리 사회에서 일어나고 있는 문제들을 어떻게 해결하면 좋을지 모둠별로 문제 상황이 주어졌다. 모둠의 학생들은 함께 문제를 읽고 다양한 해결 방법들을 모둠 내에서 나누어 보고, 가장 적합한 해결 방법을 결정하여 전체 학생들에게 발표했다. 모둠에 제시한 문제 상황은 다음과 같이 일상생활에서 우리가 쉽게 볼 수 있는 것이었다.

[상황 1]
우리 반 교실에는 방과 후에 바로 집으로 가지 않고 남아 있는 친구들이 있어요. 나도 그중 한 명이죠. 방과 후 수업 시간에 맞추어 가려고 교실에서 책을 읽으며 기다리곤 해요. 오늘은 교실 뒤편에서 보드게임을 하는 친구들, 공기놀이하는 친구들이 있는데, 신이 난 친구들의 목소리가 점점 커지는군요. 나는 책을 읽고 싶은데 집중이 되질 않아요. 조용히 해 달라고 했더니 책 읽는 사람은 저 혼자라며 친구들은 계속 시끄럽게 해요. 정말 속상해요.

[상황 2]
　2학기에는 동아리를 우리가 만들어서 결정할 수 있다고 하네요. 축구를 좋아하는 민식이는 축구부를 만들어서 부원을 모집하고 있어요. 26명을 모집하는데 현지와 소라가 축구부에 들어가고 싶어 하네요. 하지만 여자는 축구를 잘 못한다고 끼워 주지 않고 남자들끼리만 축구를 하자고 속닥거리고 있어요. 현지와 소라가 몹시 속상해하네요.

　문제를 해결할 때는 모두가 만족할 수 있는 방안을 마련하는 것에 중점을 두도록 했다. 수업을 구성할 때 교사들이 스스로 제기했던 고민들을 수업에 적용한 것이다. 모두가 만족할 수 있는 방법이라고 하니 학생들의 고민은 깊어졌다. 누군가가 일방적으로 양보하는 것이라면 아이들은 해결책을 쉽게 던졌을지도 모른다. 양보해야 하는 사람이 자기가 될 수도 있다는 생각을 하지 않기 때문이다. 하지만 모든 구성원이 만족할 수 있도록 해결하려면 다양한 상황을 고려해야 하기 때문에 해결의 어려움이 커진다. 그래서 모둠 토의 시간에 학생들은 해결책 마련에 어려움을 겪고 있었다. 토의는 신중해지고, '모든 사람이 만족하는 해결책이 될 수 있는가.'라는 기준에 집중되어 있었다. 어려운 토의를 거치고 전체 활동으로 문제 상황과 해결책을 공유하는 시간을 가졌다.
　한 모둠씩 나와 문제 상황을 이야기하고 해결책을 발표했다. 그리고 해결책은 모두를 위한 선택인지 함께 의견을 나누었다. 그리고 실제 상황에서 어떤 식으로 문제가 해결되고 있는지, 교사는 노인 복지 회관 앞으로 버스 정류장이 이동하게 된 사례를 이야기했다. 학생들은 다양성을 인정하는 것이 태도뿐만 아니라 문제 상황에서 어떤 선택을 하느냐의 판단에도 중요한 영향을 미친다는 점을 알게 되었을 것이다. 그리고 해결책을 토의하는 과정에서 어려움을 겪었듯이, 실제 우리 생활에서 모두가 만족할 만한 해결책을 찾는 타협의 과정은 긴 대화, 신중한 접근을 통해 이루어짐을 경험하게 되었을 것이다. 이는 교사 역시도 마찬가지였다. 일상에서 대수롭지 않게 생각했던 일들, 우리는 불편을 느끼지 못해서 지나쳤던 사소한 것들이 누군가에게는 큰 문제가 될 수도 있다는 것, 다양성을 인정하는 것이 단순히 태도의 문제가 아님을 깨닫고 나의 일상도 되돌아보게 되었다. 3반 선생님의 수업을 참관하며 나도 우리 반 학생들과 어떻게 이 수업을 마무리할지 생각해 보았다. 그리고 수업을 통해 우리 반 학생들도 다양성이라는 가치에 대해 깊이 생각해 볼 수 있는 기회가 되었다.

　동화 속 동물들의 이야기는 단지 상상의 이야기가 아니라 우리의 일상과 닮아 있었고, 일상에서의 문제를 깨닫게 해 주었다. 그리고 스치는 일상을 다른 시선으로 보게 하는 감수성을 가져다주었다. '차이가 차별이 될 수 없다.'라는 명제가 지식으로만이 아니라 나의 삶과 내 주변의 사회에 영향을 미치고 있음을 알고, 다양성이 지닌 가치와 이를 인정하는 태도를 삶 속에서 어떻게 실천해야 하는지 경험해 보는 시간이었다.

　모든 반에서 수업을 마치고 다시 연구실에 모여든 교사들은 서로의 수업을 되돌아보았다. 수업을 잘 마쳤다는 홀가분함과 서로에 대한 격려의 말을 주고받았다. 그리고 다양성이라는 주제에 대해 우리가 떠올렸던 생각들을 함께 이야기하고, 수업을 통해 실현시켜 나가는 과정이 의미 있고 소중했음을 되새겼다. 각 반에서 수업하면서 아이들이 마련했던 문제 상황에 대한 해결책 중 좋았던 의견들도 나눌 수 있었다. 함께하니 내가 미처 생각하지 못했던 다양한 관점에서 다양성에 대해 생각할 수 있었다는 것도 신선한 경험이었다.

민주시민교육 주제로 교육과정 구성하기
교육과정의 중심에 민주시민교육을?

차곡차곡 쌓인 경험들은 나에게 민주시민교육이 어렵지 않다는 것, 모든 교과와 어울려 다양한 활동으로 구성할 수 있다는 것, 그리고 선생님들이 함께하면 부담감을 덜고 쉽게 나아갈 수 있다는 자신감을 만들어 주었다.

그래서 또 다른 학년으로 새로운 시작을 하게 되었을 때, 자연스레 민주시민교육의 주제들을 중심으로 교육과정을 구성해 보면 의미 있겠다는 생각이 들었다. 학생들이 현재의 삶을 주체적으로 살아가는 어린이 시민이 될 수 있도록, 민주시민의 자질을 갖춘 성인으로 성장하도록 돕는 교육과정을 만들어 보고 싶었다. 내가 넌지시 건넨 제안은 속전속결로 우리 학년의 한 학기 교육과정 구성의 방향이 되었다. 2015 개정 교육과정으로 인해 새롭게 시작하게 된 5학년 교육과정을 『더불어 사는 민주시민』 교과서의 10가지 주제를 중심으로 구성해 보기로 한 것이다.

봄 방학 때, 잠시 학교에 나와 동학년 선생님들과 교육과정 구성에 대해 이런저런 이야기를 나누었다. 그리고 민주시민교육 주제를 중심으로 교과 성취기준과 내용들을 정리하고, 각 주제별로 중점적으로 다루어야 할 생각거리들도 모았다. 이 생각의 그물들은 월별로 민주주의, 인권, 노동, 다양성 등의 민주시민교육 주제를 중심으로 한 교육과정으로 구체화되었다.

민주시민교육 주제를 중심으로 교육과정을 운영하기 위해서는 동학년 선생님들과의 협력이 중요했다. 완전히 새로운 교육과정을 오롯이 혼자서, 우리 반만의 학급 교육과정으로 운영하는 것은 무리가 있었다. 그래서 동학년 선생님들과 민주시민교육 주제에 관해 이야기를 나누고 교육과정 내용을 구체화하고, 차시별 내용을 함께 고민하고 정리해 나갔다. 물론 바쁜 새 학기를 헤쳐 나가며 새로운 교육과정으로 모든 수업을 해내는 데 어려움이 발생하기도 했다. 하지만 함께 어려움을 해결하기 위해 고민하다 보면 혼자 고민할 때보다 수월하게 해결되는 부분들이 많았다. 수업에 대해 이야기를 나누고, 함께 교과서를 뒤적이고, 자료를 찾아 만들고, 수업에서 잘 되었던 부분과 부족했던 부분들을 나누면서 조금씩 안정을 찾아갔다.

교육과정의 주제에 대한 철학을 공유한다는 것

동학년 선생님들과 수업의 방법과 자료 측면에서의 고민뿐만 아니라 '이 수업을 왜 하는가, 어떤 부분을 의미 있게 생각해야 하는가.'를 함께 나누며 한 차원 성장한 교사들의 모습을 발견하게 되었다.

인권을 주제로 수업을 할 때였다. 수업을 하다 보니 나는 인권을 막연하게 '인간이라면 누구나 누려야 하는 권리' 정도로 생각하고, 내 삶 속에서 인권의 소중함을 발견하지 못했다는 것을 깨닫게 되었다. 학생들도 인권의 의미를 자신의 삶 속에서 인식하지 못하고 있었다. 내 삶 속의 인권을 인지하는 것이 인권 감수성을 높이는 데에도 중요하다는 판단이 들었다. 인권 첫 수업을 마치고 선생님들과 이야기를 나누어 보니 다들 비슷한 고민을 하고 있었다. 그래서 체험 활동을 좀 더 추가하고, 생각거리를 세밀화하여 인권을 다룰 필요를 느끼게 되었다. 철학을 함께 나누면 수업의 내용과 활동도 달라진다. 인권에 대해서, 행복한 삶을 위해 꼭 필요한 것을 생각해 보는 활동, 다양한 권리를 이해하고 일상의 문제 상황에 놓인 사람에게 권리를 선물하는 활동, 우리 사회의 소수자에 대해 생각해 보는 활동 등을 중심으로 수업하니 한결 학생들의 배움이 달라진 것을 느끼게 되었다. 낱말로만 존재하는 인권이 아니라 내 삶 속에 자리 잡은 인권을 발견할 수 있었다.

다양성으로 인한 문제를 읽고 해결 방법을 토의하는 학생들   권리 카드 선물하기 활동을 하고 있는 학생들

　봄에서 여름으로 넘어가며 슬며시 더위가 찾아온 6월, 우리 학년은 노동을 주제로 수업을 계획했다. 교육과정에서 중요한 부분으로 다루고 있는 진로 교육에 대해 되짚어 보고, 진로 교육과 더불어 노동 교육이 필요하다고 생각했기 때문이다. 자신의 진로를 탐색하는 과정 이전에 현재 우리 주변의 노동을 알아보고, 노동에 대한 바른 이해와 긍정적인 생각을 갖게 하는 것이 미래를 탐색함에도 영향을 준다고 생각했기 때문이다. 초등학생에게 노동 교육을 한다는 것이 생소할 수도 있지만 미래의 노동자가 될 학생들이 노동에 대해 바른 인식을 갖고, 일상에서 노동자를 만나게 된다면 우리나라가 좀 더 노동 친화적인 사회로 변화할 수 있다고 생각했다. 그런 사회적 변화가 있다면, 학생들이 직업을 선택할 때에 임금 외에 다양한 기준을 고려하는 데 주저함이 없게 될 것이다. 그런데 초등학생을 대상으로 노동 교육을 처음 해 보는 선생님들이 대다수였기 때문에 세밀한 준비가 필요했다.

　선생님들과 함께 노동과 노동자의 개념, 노동 교육이 지향해야 할 관점에 대한 의견을 나누고 철학을 함께 공유했다. 그리고 이에 알맞은 수업 내용을 구성하고 자료를 제작했다. 학생들이 노동에 쉽게 접근할 수 있는 그림책, 동화책, 영화, 뉴스 등의 자료를 활용하기로 했다. 그리고 진로 교육도 겸하여 진로 탐색 활동도 추가했다.

한 선생님은 한 학기 한 권 읽기로 선정한, 노동을 주제로 한『행복마트 구양순 여사는 오늘도 스마일』의 활동 자료집을 만들어 주었다. 그리고 나는 민주시민 교과서에서 연계해서 쓸 수 있는 활동 자료를 추리고, 수업 시간에 쓸 그림책을 활용하기 좋게 편집했다. 또 다른 선생님들은 진로 탐색 활동에 필요한 자료를 찾아보고, 실과와 미술 교과에서 관련된 자료들을 추렸다. 이 모든 것이 합쳐져 6월의 노동 수업은 이루어졌다. 수업을 마치며 변화된 학생들의 모습을 발견했다. 평소에는 고맙게 생각하지 못했던 급식 조리원, 배움터 지킴이, 아파트 경비원에게 웃으며 인사하는 학생들을 보았다. 노동자를 생각하는 작은 마음들이 모여 좀 더 노동자의 삶이 행복해지는 미래가 올 것이라 기대하게 되었다.

1학기를 마치고 2학기 교육과정을 구성하기 위해 모인 자리에서 동학년 선생님들의 다양한 의견을 들을 수 있었다. 민주시민교육에 대해 전혀 몰랐지만 하다 보니 관심을 갖게 되었다는 선생님, 학생들끼리 협력해서 무언가 해내는 긍정적인 경험을 하게 되었다는 선생님. 2학기 교육과정도 1학기와 마찬가지로 민주시민교육의 주제로 구성하기로 했다. 1학기 교육과정을 통해 얻은 자신감으로 평화, 미디어, 안전, 연대라는 주제로 교육과정을 함께 만들어 나갔다. 미디어 리터러시를 주제로 비판적으로 미디어를 해석하고 활용하는 것을 목표로 한 수업 공개, 모든 반 학생이 함께 모여 기쁨을 나눈 연극 발표회 등 교사도 학생도 뿌듯함을 경험한 한 해였다.

함께 고민하고, 수업하고, 평가하고 다른 빛깔로 펼쳐 내기

함께 고민하고 수업을 만들어 가지만 교실에서 이루어지는 수업은 모두 다를 수밖에 없다. 때론 이 점을 잊고, 함께하는 것에 집중해서 각자의 개성을 무시하는 실수를 하기도 한다. 여럿이 함께 철학을 공유하고 수업을 만들고, 수업을 평가하지만 각자의 수업은 다른 빛깔로 펼쳐진다는 것을 잊지 않아야 한다.

함께 고민하고 의견을 공유하되 각자의 빛깔을 드러내는 수업, 그 과정에 민주시민교육은 자리 잡고 있다. 이는 주체적으로 삶을 살아가는 시민을 길러 내고자 하는 민주시민교육이 지향하는 이상적인 모습이기도 하다. 민주시민교육은 학생들 간의 다양한 협력을 통해 함께함의 힘을 경험하고, 체험을 통해 마음으로 겪어 내는 수업이 되어야만 한다. 이런 수업의 모습은 학생과 교사의 활발한 소통을 통한 협력, 교사 간의 수다 속에서 피어나는 즐겁지만 가볍지 않은 협력을 통해 발현된다고 믿는다.

함께 고민하고, 수업하고, 평가하라. 그리고 교사 각각의 빛깔로 펼쳐 내라. 그것이 살아 있는 민주시민교육이다.

성나래

새내기 교사 시절 민주시민교육과의 첫 만남을 시작으로, 민주시민교육을 통해 조금씩 성장하며 아이들을 어린이 시민으로 키워 나가려고 노력하는 초등 교사. 아이들과 울고 웃으며 수업하고 시간을 보내고, 선생님들과 수다 떨고 공부하며 생활하고 있다. 초등 『더불어 사는 민주시민』 수정·보완 위원으로 참여하였다. 전국의 여러 선생님들과 학교시민교육전국네트워크에서 시민교육에 대한 고민을 함께 나누며 활동하고 있다.

민주주의를 살다
_ 민주시민교육 모델 학교 운영

삶을 위한 민주시민교육

2001년 봄, 나는 처음으로 1980년 5월 광주를 보았다. 공권력의 폭력이 고스란히 담긴 피비린내 나는, 한이 서린 사진들이었다. 이 땅의 민주주의는 때로는 외세와 때로는 독재와 맞서 싸우는 과정에서 아스라이 진 저 수많은 별들이 힘들게 우리에게 물려준 소중한 유산이라는 것을 스무 해를 살아 내고 나서야 알았다. 수많은 별들의 업적을 깎아 내리는 것은 절대 아니나, 자세히 보면 우리가 물려받은 민주주의는 정치 분야에 집중되어 있으며 절차적·제도적 민주주의다. 이것만도 어디인가! 하지만 안타깝게도 자신의 삶 자체를 민주적으로 만들어 나가는 일상적 민주주의는 완벽하게 물려받지 못했다. 시민 사회의 주인으로서 자신의 삶에 영향을 미치는 정치·경제·사회·문화 분야와 삶 속 모든 관계의 대상에게 관심을 갖고 소통하며 비판하고, 연대하며 참여하는 일상적 민주주의 사회는 아직 실현되지 못했다.

더욱이 일상적인 삶에서 논쟁거리(혐오, 난민, 젠더 등)가 많아졌고 선거권의 연령이 낮아졌으며, 삶의 영역이 외연적으로(사이버 공간, 전 세계 등) 확장되면서 일상적 민주주의 실현의 중요성이 더욱 강조되어야 할 때는 지금이다. 그래서 학교는 공교육 기관으로서 학생들이 스스로 삶을 바로 세우고, 인간의 존엄을 존중하며, 공동체 내에서 함께 어울려 참여하며 살아갈 수 있도록, 그리고 그런 삶을 사는 것이 왜 중요하고 필요한지 알려 주어야 한다. 더불어 그 배움이란 지식과 실천이 맞물리는 것이어야 하며, 교육과정은 민주적 삶과 관련된 경험들로 구성되어야 하고, 그 경험은 미래 각자의 삶에 긍정적 영향을 미치는 것이어야 한다.

　민주적 시민성 함양을 지향점으로 삼고 공동체가 함께 만드는 민주적 교육과정과 공동으로 실천하는 수업이 아닌, 일회성 프로그램이나 민주주의와 이론적으로 관련된 교과에서만 민주시민교육을 다룬다면 여전히 지식과 실천은 분리될 위험성이 있으며, 참여와 성장은 더딜 것이다. 왜냐하면 학교의 교육과정은 '형성적 기획'으로서 학생들의 민주적 시민성과 덕성 함양에, 결국엔 민주시민으로서의 삶에 지속적이고 강력한 영향을 미치기 때문이다.

　학교에서 치러지는 '학생회 선거'를 들여다보자. 필자의 학교에서는 2018학년도 전교 학생회 선거를 위하여, 교사들은 선거 관련 계기 수업을 준비하고 학생회와 학생회 담당 교사는 선거 과정을 관리하고 운영하였다. 다음 학년도에는 교사들 간 사전 협의의 부재로 교과 수업과 연계한 선거가 치러지지는 못했다. 2020학년도 전교 학생회 간부 구성의 중심 학년인 2학년 부장 교사의 회의 시간 중 발언 내용이다.

"제대로 된 선거 교육이 필요하다고 생각합니다. 그러지 않고서는 학생 후보자의 질도, 정책의 질도, 유권자의 의식 수준도 담보할 수가 없습니다. 물론 학생들이 이제껏 선거에 대하여 배워 온 것도 있고 스스로 잘할 수 있다고 믿습니다. 그렇지만 이 공동체에서 이번 해의 선거는 처음이니 기본적으로 배워야 하는 것은 배운 다음에 선거를 치러야 하지 않을까요?"

학생과 교사의 민주적인 마음과 삶이 가능하게 하는, 교육과정의 중요한 역할을 말하고자 한 것이 아닐까? 학생회와 관련한 민주시민교육 모델 학교(이하 민주 학교¹)의 운영 내용은 학생회 간부 학생들의 역량 함양에 치우쳐 있었다. 하지만 의미 있는 제안으로 교사들과 학생회 간부들이 교육과정을 공동으로 기획하고 선거를 치렀다. 협의체를 만들어 운영한다거나 수차례 협의 과정을 거치는 거창한 공동 기획은 아니었다. 관련 있는 교사와 학생 몇몇이 모여 학생들의 수준과 요구 정도를 파악하고 그에 맞는 기획을 소소하게나마 해 보았다.

선거 시작 전에 교과 교육과정에서 '참정권'을 주제로 학년별 특성을 고려한 수업이 진행되었다. 1학년의 경우에는, 학급 내 모둠마다 정당을 만들고 각 정당에서 경선을 거쳐 최종 후보를 선출하고 공약을 정하여 홍보물을 만들고 선거 운동과 정책 토론으로 활동을 이어 갔다. 그리고 유권자들은 어떤 기준으로 어떤 후보에게 투표할지 각자의 생각을 공유한 후 투표로 활동을 마무리했다. 수업 후, 실제 학생회 선거 입후보가 끝나자 학년별로 모여, 후보자 간 정책 토론을 지켜보고 마지막 순서에 유권자들의 질문으로 후보자와 정책을 검증했다. 선거가 끝나기 전까지, 수업 시작 5분 동안의 화제는 매번 '선거'였을 정도로 학생들의 관심과 더불어 공동체 구성원으로서의 권리와 의무감을 엿볼 수 있었다.

공간, 민주적 학교 문화의 시작

필자의 학교에서는 예술 창작 공간인 '꼬물'과 카페 형식의 인문학 공간인 '2037'을 운영하고 있다. 학부모, 학생, 교사, 지역 주민들에게 열려 있는, 사전에 기획을 공지하고 일정만 조율하면 자율적으로 활동하고 사용할 수 있는 공간이다. 두 공간은 민주시민 교육과정을 운영하는 공간으로서, 민주적 학교 문화를 만드는 공간으로서 제 역할을 톡톡히 해냈다.

'꼬물'은 공동체 구성원들이 자신이 생활하는 공간(집, 학교, 사무실 등)을 바라보고 필요하다면 공간을 재해석하여 새롭게 구성하는 것이 가능하도록 돕는 창작 공간이다. 다양한 프로젝트 활동의 결과물과 학생, 교사, 학부모 동아리 활동의 결과물들이 만들어지고 그것들로 공간이 새롭게 구성된다. 학부모 수공예 동아리 활동 중, 자녀의 주된 배움의 공간인 교실의 의미를 찾아보는 시간을 가졌다. 학부모들은 교실을 한 명도 빠짐없이 즐겁게 배우는 공간, 모두가 존중받는 공간으로 이해하고 있었다. 그 후 학부모들은

꼬물

2037

이런 의미의 교실을 만들기 위해 구체적으로 자신들이 무엇을 할 수 있을지 고민했다. 학부모들이 직접 작성한 응원 문구가 새겨진 스탠딩 책상을 '꼬물'에서 제작하여 각 학급에 선물하자는 데 생각이 모아졌다. 학생들이 소외되지 않기를 바라는 마음을 응원 문구로 표현하고, 모든 학생들이 배움의 과정에서 인권을 존중받을 수 있도록 다양한 형식의 학습 도구들이 있었으면 하는 취지를 스탠딩 책상의 형태에 담은 것이었다. 교사와 학생들에게 학부모들의 생각과 마음을 전했고, 1학년 6개 학급에 제작된 책상을 두기로 협의했다. 책상이 교실로 들어오던 날, 학부모들의 활동 내용과 마음을 다시 한 번 듣던 학생들의 감동 어리지만 어색하면서도 엄숙했던 표정이 잊히지 않는다.

또 다른 공간인 '2037'에서는, 학생들이 일정 기간 매점을 운영하여 수익금을 기부하는 활동, 위안부 피해 할머니들을 기리기 위한 캠페인 활동, 학교 내 문제를 찾아 개선책을 제안하는 활동, 사회적 현안을 탐구한 결과물들을 전시하는 활동 등 다양한 활동들을 진행한다. 이 공간을 통해서 학생들은 자존감을 얻고, 도덕적 덕목을 형성하고, 시민적 역량을 함양하기도 한다. 물론 그 공간이 항상 따뜻한 것만은 아니다. 학생들은 의견 차이로 갈등을 겪기도 하고, 기획한 것들이 뜻대로 실천되지 않아 털썩 주저앉아 울기도 한다. 하지만 자신도 그 공간의 주인이라는 생각에 학생들이 가장 좋아하는 공간이기도 하다. 가끔 그곳에서 수업한다는 공지만 띄워도 교실에서 환호성이 터질 정도니 말이다.

'꼬물'과 '2037' 외에도 각 층에 마련된 공간으로 '따뜻한 바다'와 '편안한 숲'이 있다. 이 두 공간은 학생들의 프로젝트 수업으로 작가와 함께 기획하고 만든 곳이자, 학생들에게 사용의 권리가 온전히 주어진 곳이다. 학생들

따뜻한 바다　　　　　　　　　　편안한 숲

은 이 공간에서 친구를 위로하기도 하고, 즐겁게 게임도 하며, 선생님과 상담도 하고, 공연도 한다. 즉 학생들의 삶이 담기는 공간이다.

학생들은 공간을 삶과 연결하여 생활한다. 공간을 배움과 삶에 연결하여 사용하는 것에 자연스럽다. 누군가의 표현처럼 배움에 대응할 수 있는 공간이나 배움을 위해 열린 공간도 필요하지 않을까? 더욱이 그 공간을 만드는 주체가 배움의 주인공인 학생들이면 더 좋지 않을까?

민주시민 교육과정 운영

교사에게 집중되어 있는 배움의 주권은 학생들에게도 주어져야 한다. 무엇을 배울지, 어떻게 배울지, 배움을 어떻게 실천할지 등을 학생들이 결정할 수 있는 기회를 여러 교육과정에서 부여해야 한다는 것이다. 다소 어설플지라도 학생들은 해낸다. 어설픔의 농도가 옅어지기 위해서는 교사가 어떤 역할을 하느냐가 중요하다. 교사는 주제와 관련된 다양한 관점의 지식을 제대로 가르쳐야 하며 판을 깔아 줘야 하고, 안전한 환경을 만들어 주면 된다. 그리고 처음부터 끝까지 함께해야 한다. 그러면 학생들은 배움에 적극적으로 참여하고, 배움을 스스로 기획하거나, 배운 것을 체화하기 위하여 기꺼이 실천한다.

교과 교육과정: 모든 교과에서 실천하는 민주시민교육

민주주의와 관련된 교과에서만 민주시민교육을 다룬다거나, 내용적으로만 접근하는 것이 아니라 모든 교과에서 내용과 방법적인 측면 모두 민주적으로 이루어져야 한다. 사실 민주주의는 우리의 삶 자체와 관련이 있으므로 어떤 교과든 민주주의와 관련되지 않은 것은 없다.

새로운 학년도 교육과정 운영 계획을 수립하기 위해 2월에 새 학년 준비기를 갖는다. 이 자리에서 민주시민교육에 대한 간단한 소개와 이해의 시간을 갖고 난 후, 학년별 전문적 학습 공동체 동아리 구성원들이 주제(민주주의 관련) 중심·교과 융합 프로젝트 수업을 기획했다. 1학년은 자아(자존감), 2학년은 공동체, 3학년은 진로(자율)를 주제로 했다.

공동체를 주제로 한 2학년은 '길고양이 집 짓기 프로젝트'를 진행하였다. 집과 마을을 소재로 모든 교과 교육과정을 재구성하여 수업을 진행하고, 최종 결과물로 마을 내 길고양이 문제를 해결하기 위해 길고양이의 집을 만들고 돌볼 수 있는 계획을 수립했다. 도덕 교과에서는 동물권에 대한 이해와 유기 동물 문제, 감수성을 다루고, 국어 교과에서는 『자스민, 어디로 가니?』를 읽고 반려동물의 의미와 인간과의 관계를 성찰해 보았다. 과학 교과에서는 효과적인 단열 방법을 배우고, 기술·가정 교과에서는 모둠별로 직접 설계한 길고양이 집을 만들었다. 2학년 모든 교과에서 관련된 수업이 끝났지만 계획보다 실천의 시간이 오래 걸리면서 길고양이 집을 설치하지 못하는 상황이 발생했다. 그래서 선행 학습과 관련 없는 범위 내에서 공동체를 주제로 한 단원이 있는 1학년 도덕 교과에서 '이웃' 단원을 재구성하기로 했다.

1학년 학생들은 마을 내 길고양이가 가장 많이 출현하는 장소와 그곳에 집을 놓기 위해 동의를 구하고 협조를 받아야 할 대상을 조사하여 마을과 소통했다. 학생들은 설치 후 생겨날 수 있는 문제점을 예상해 보고 해결책을 생각했다. 그리고 체계적으로 그 집을 관리할 계획까지 세웠다. 만약 관리가 제대로 되지 않거나 심각한 문제가 해결되지 않을 경우에는 과감히 집을 수거하기로 결정했다. 이웃 주민이 자신들이 설치한 고양이 집에 음식을 두고 가 뿌듯했다는 이야기, 애써 설치한 집이 순식간에 사라져 버려 속상하다는 이야기, 꾸준히 관찰했는데 개체수가 늘어나지 않아 다행스럽다는 이야기 등 학생들은 끊임없이 생겨나는 문제를 해결하기 위해 고민하고 또 실천했다. 가끔은 학생들의 불만과 짜증스러움을 만나기도 했지만, 이는 당연한 것이다. 성장과 배움의 과정에서는 모두 자연스러운 현상이다.

2019학년도에는 5.18 민주화 운동을 주제로 교육과정을 재구성한 수업과 기념 주간을 마련했다. 준비 기간 동안 교과 시간에 학생들과 5.18 민주화 운동과 관련 있는 사회 저명인사들을 함께 꼽아 보았다. 한강, 박철민, 이승환이 꼽혔고, 실제로 학생들이 모두 연락을 취했지만 작품 활동이나 공연 스케줄 등으로 함께할 수는 없었다. 학생들과 다시 이야기를 하는 과정에서 5.18 민주화 운동을 직접 겪은 분들을 찾아보자는 제안이 나왔다. 학생들은 5.18 민주화 운동 당시 고등학생 신분으로 시민군 활동을 했던 구용기 선생님과 어렵게 연락할 수 있었다. 처음에 선생님은 자신은 그렇게 큰 사람이 아니라며 계속 만남을 거절하였다. 하지만 학생들의 마음이 통했는지 만나 주었고, 학년별로 여러 교과에서 주제 중심·교과 융합 수업이 이루어졌다. 도덕, 역시 교과 시간에 시민군이었던 선생님 사신의 이야기를 늘려주었으며, 그 이야기는 다시 학생들의 손으로 국어 시간에 연극 대본과 학급 공동체 작품을 기획하는 소재로 활용되었다. 연극과 현대 무용으로 구성된 구용기 선생님의 이야기는 기념식 무대에 올려졌다.

기념식은 학생들이 직접 기획하고 진행하였다. 1980년 5월 당시 전남도청 분수대를 중심으로 민족민주화성회가 열렸던 모습으로, 중앙 무대(텅 빈 공간)를 바라보며 강당 바닥에 구성원들이 원형으로 앉는 형태로 기념식 공간이 마련되었다. 학교 인근에 있는 대학교의 미디어 영상 공연학과 학생들과 본교 3학년 학생들이 연극 공연을 했고, 또 다른 대학의 무용학과 학생들과 본교 댄스 동아리 학생들이 구용기 선생님의 이야기에서 착안한 창작 현대 무용을 선보였다.

연극을 지켜보며 느껴지는 처절함과 공포감은 탄식과 비명으로 쏟아져 나왔고, 시민군 간에 암호를 정하고 신분을 구별했던 장면에서는 웃음이 터져 나왔다. 마지막 장면에서 주인공은 무대 한가운데 서서 한 바퀴를 휘돌면서 39년 동안 80년 5월 광주를 잊은 적이 없다는, 주인 잃은 신발과 비명 소리 가득했던 거리, 이름 모를 아주머니의 따뜻한 주먹밥, 그리고 그 시절 사라져 간 못 다 핀 꽃들을 가장 잊을 수가 없다는 대사를 하고 퇴장했다. 그 다음에는 「못 다 핀 꽃 한 송이」라는 노래에 맞춰 현대 무용이 시작되었다. 사실 현대 무용은 학생들이 쉽게 접하지 못하는 예술 분야로 몰입을 떨어뜨릴 수 있다는 우려가 있었다. 그러나 그것은 기우일 뿐이었다. 학생들은 자신들에게도 주어진 배움의 권한을 바탕으로 스스로 생각하고 선택하며 진행된, 5.18 민주화 운동 수업이 시작되는 순간부터 이어진 감정과 감동의 끈을 놓지 않고 있었다. 무용을 지켜보며 우는 교사와 학생, 인상을 잔뜩 찌푸리며 깊은 상념에 잠긴 이들, 이야기와 연결되어 표현되는 동작 하나하나를 경이롭게 바라보는 이들이 5.18 민주화 운동이 남긴 가치를 하나하나 되새기며 80년 5월의 얼굴을 하고 앉아 있었다. 무용의 마지막 부분, 구용기 선생님을 연기한 학생과 구용기 선생님이 만나는 장면에서는 누가 시키지 않았음에도 박수갈채가 길게 터져 나왔고, 심지어 기념식이 끝나고 어떤 지시나 통제 없이도 질서 정연하게 강당을 빠져나가는 모습까지 80년 5월 광주의 모습이었다. 이것은 마지막 감상을 나누는 수업 활동에서도 고스란히 읽혔다.

처음부터 끝까지 교사 손 하나 보태지 않고 학생들의 힘으로 기념식을 이끌어 가는 것을 본 구용기 선생님은 배웅 나온 필자에게 "선생님, 이런 아이들이라면 제가 언제든 학교로 올 수 있어요."라고 말하였다.

기념식 후 교실 수업을 들어간 나에게 1학년 6반 희아가 질문했다.

"선생님, 선생님께서 폭력은 인간의 존엄성을 훼손하는 일이라 정당화될 수 없다고 하셨잖아요. 그러면 시민군은요? 시민군은 총을 들었는데, 그건 정당화되나요?"

"단순한 폭력 상황일 경우에는 그렇지. 80년 5월 광주의 상황은 훨씬 더 복잡해. 시민군들은 무엇 때문에 총을 들었을까? 국가는 공적인 권력 기관이지? 힘이 있다는 말이야. 하지만 민주주의 사회에서 그 힘은 국민들에 의해 주어진 것이고, 국민의 권리와 생명을 지키는 데 쓰여야 하는 거야. 하지만 80년 5월 광주에서는 국민의 존엄을 침해하는 무자비한 폭력이 일어나고 있었지? 독재와 폭력에 맞서 자유를 얻기 위한 투쟁이 일어난 것이 5.18 민주화 운동이야. 선생님은 시민군들이 총을 든 목적은 정당했다고 봐. 하지만 문제는 여전히 남아 있어. 목적이 정당했다고 수단이 정당화될 수 있느냐의 문제! 어떤 입장과 관점에서 보느냐에 따라 평가는 달라질 수 있겠지?"

희아와 필자의 대화는 다시 수업의 주제가 되어 학생들 간의 활발한 토론 수업으로 이어졌다.

"저는 정당하다고 생각합니다. 나라와 국민을 지키기 위해 존재한다는 경찰과 군인이 먼저 국민들에게 등을 돌리고 폭력을 행사했습니다. 그럼 더 이상 국민을 지켜 줄 사람이 없는 것입니다. 그냥 그대로 억압당하고 조용히 윗사람들 눈치를 보면서 있지는 말아야 한다고 생각합니다. 지켜 줄 사람이 없으면 내가 나를 스스로 지켜야 하는 것이고, 당시 시민군들도 그 폭력으로부터 나라와 자신과 가족들을 지키기 위한 활동을 했을 것입니다. 스스로를 지키기 위한 방법이 많은데 폭력을 선택했느냐 묻는 사람이 있을 것입니다. 이야기를 했습니다. 하지만 권력자들은 이야기를 들어주지 않았고 더 많은 권력을 지닌 사람들의 눈치만 보고 있었죠. 총 한번 들지 못했던 시민들이 훈련받은 군인들과 총을 들고 힘으로 싸우고 싶지는 않았을 것입니다. 스스로와 나라를 지키기 위한 마지막 방법이었기 때문에 저는 정당하다고 생각합니다."

"자신을 지키기 위한 최후의 방법이었다고 해도, 저는 폭력은 또 다른 폭력으로 이어질 수 있기 때문에 정당하지 않다고 생각해요."

"폭력은 그 어떤 상황에서라도 정당화될 수 없지만, 당시 그들은 맞서 싸우는 것 말고는 할 수 있는 게 없지 않았나 싶습니다. 5월 18일부터 시민군이 총을 들기까지 그들의 무기는 '계엄 해제하라. 휴교령 철폐하라.'와 같은 구호뿐이었습니다. 구호뿐이더라도 수십만의 국민들이 한 목소리로 나라에 외치는 것이란, 무게 자체가 다르며 국가는 그것을 주의 깊게 살펴봐야 할 의무가 있습니다. 헬기와 군인을 동원해 그 목소리를 죽이는 것은 아니라고 생각합니다. 부당함을 알리려 목소리를 내던 나의 이웃, 친구와 가족이 매를 맞고 죽어 가는데 보고만 있을 수 있는 사람이 있을까요? 물론 계엄군도 누군가의 가족, 이웃, 친구였겠지만 군인이라는 직위를 내려놓고 보면 본인들과 같은 위치의 국민들에게 총칼을 들이댄 것은 군인으로서도 한 사람으로서도 절대 용납될 수 없다고 생각합니다."

"시민군들은 계엄군들을 총으로 쏴 죽이기 위한 것이 아니라, 계엄군을 몰아내고 폭력을 끝내고 더 살기 좋은 나라를 만들기 위해 총을 든 것입니다. 또 군인과 경찰들을 광주로 보낸 사람들이 나쁜 목적을 가지고 있었기 때문에 시민군들이 나타난 것이 정당하다고 생각합니다."[2]

감동받았다. 논리에 대한 감동도 있었지만 자신들의 생각을 잘 정리하고 용기 있게 말하며, 친구들의 주장을 진지하게 끝까지 듣고 있는 그들의 자세에 대한 감동이 더 컸다.

창의적 체험 활동: 리더들과 나비별

학생들은 자신이 안전하다고 생각되는 공동체 안에서 성찰과 비판, 참여를 활발하게 이어 간다. 안전하다는 것은 서로 믿고 존중하는 문화가 정착된 신뢰 공동체 안에서 가능하다. 신뢰 공동체 구축을 목적으로 모든 학급의 리더들과 교사가 함께 자체 제작한 평화 수업(서클 형식/2차시)과 정책 마켓(2차시) 활동이 자율 활동 시간에 이루어졌다.

학급의 평화 수업 리더들은 학년 초에 선발되어, 방과 후에 교사와 함께 공부하고 수업을 구상하고 실연해 본 후 학급 친구들과 활동을 진행하는 역할을 맡았다. 모두 학생들과 교사의 상호 의존성과 동료성을 바탕으로 한 집단 지성의 힘으로 가능한 것들이었다. 평화 수업은 '체크인-공동체 놀이-서클 질문 또는 활동(공감, 경청, 존중 등과 관련된)-체크아웃'의 형식으로 진행되었다. 학생들과 함께 활동한 한 담임 교사의 피드백이 인상적이었다.

"아이들이 실타래의 실로 서로를 연결하며 상대방의 장점을 이야기해 주는데, 쑥스러워하면서도 쭈뼛쭈뼛 말을 이어 가더라고요. 서로를 어찌나 그렇게 잘 알고 있던지……. 이야기하며 서로에 대해 알아 갈 수 있는 시간이어서 참 좋았던 것 같아요."

정책 마켓 활동은 학생들이 일상에서 불편한 점을 찾고 개선할 수 있는 상품을 만들어 공적으로 실천할 수 있도록 공동체에 제안하는 것이다. 전체 학년 102개 모둠의 상품이 전시 및 판매되었다. 그중 3학년 3반의 한 모둠에서 개발한 '활발한 소통 문화를 만들기 위한 토론 어플'이 1등 상품으로 선정되었다. 3학년 학생들이 처음 제시한 활용 방법이나 관리 주체에 대한 이견이 있어서 바로 개발되어 쓰이지는 못했고, 2020학년도 교과 시간을 활용하여 다시 논의하고 개발할 예정이다.

리더들과 1년 활동을 되돌아보며 이야기를 나누는 자리에서 나온 공통적인 소감은 '너무 힘들었어요!'였다. 어떤 점이 그렇게 힘들었냐는 질문에 학생들은 가끔 활동에 참여하지 않는 친구들이 있었고, 배운 대로 지켜봐 주고 기다려 주고 도와주기도 하였지만 보고 있자니 너무 답답하더라고 답했다. 그러면서 교사의 삶을 이해하겠더란다. 하지만 힘들었다는 것이 다는 아니었다. 가장 큰 성과는 리더 자신의 성장이었다고 말하는 학생도 있었고, 평화 수업을 할 때 학급 친구 한 명 한 명이 다 보여서 좋았다는 학생, 정책 마켓을 할 때 문제 행동을 일삼던 친구들의 남다른 비판 의식이 돋보였다는 학생도 있었다.

아쉬운 점 중 하나는, 필자가 꼼꼼하지 못하여 평화 수업 리더들에게 봉사 활동 시간을 부여할 수 있는 계획을 세우지 못한 것이다. 물론 학생들은 대가를 바라고 활동한 것이 아니며, 활동을 통해 자존감이나 문제 해결 능력을 기를 수 있었지만 수고에 대한 대가는 주고 싶었는데 말이다. 또 하나는 정책 마켓 최종 선정 작품을 제안한 학생들이 3학년이라 실제로 상품이 개발·활용되는 것을 못 보고 고등학교로 진학한 것이다. 자신들의 상품을 개발하고 활용하는 데 참여할 수 있었다면 더 많은 효능감을 느낄 수 있었을 텐데 말이다.

필자의 학교에는 '나비별'이라는 청소년 사회 참여 동아리가 있다. 학교에서는 학생들을 '별'이라 부르는데, 자율적이고 주체적인 존재로 스스로 빛날 수 있고, 서로가 서로를 비추며 더욱 반짝거리자는 의미에서이다. '나비'는 나비의 작은 날갯짓이 엄청난 파급력을 가져올 수 있다는 나비 효과에서 따온 말이다.

다른 학교에서는 사회 참여 동아리에서 활동할 학생들을 모집하기가 어렵다고들 한다. 하지만 필자의 학교는 토론, 참여, 프로젝트 같은 활동에 학생들이 익숙해져 있어 어렵지 않게 동아리 학생들을 모집한다. 그리고 한 번 활동을 시작한 아이들은 다양한 역량이 늘어나는 성장을 맛보고는 거의 3년 동안 함께한다. 대부분의 활동은 학생들이 가정, 학교, 마을, 지역 사회 등 삶의 터전에서 겪었던 정의롭지 못한 상황이나 불편한 점들을 찾아보고, 자료 검색으로 비슷한 사례를 찾고, 해결 방안을 구상하는 데 도움이 되는 탐방 장소를 정하는 것에서부터 시작된다.

2019년에는 외부 탐방 장소로 청춘 발산 마을(문화 기반 도시 재생 프로젝트), 다문화 이주 여성을 지원하는 사회적 기업, 장록 습지(생태) 등을 문제의식을 가지고 살펴보았다. 탐방 후에는 토론 및 협의의 형식으로 활동을 되돌아보며 각자의 입장을 정리하고 공유하였다. 또한 토론 및 성찰 과정에서 도출된 해결 방안 중에서 관련 기관에 공적인 의제로 내놓을 사안이 있으면 정리하여 제안하였다.

　다문화를 주제로 한 활동의 결과로 다문화 친구를 지원하는 정책(학생 다문화 강사 양성)을 광주광역시 교육청에 제안하고, 다문화 친구를 주인공으로 하는 전교생 대상 토크 콘서트를 학생들이 기획·진행하기도 하였다.

　장록 습지의 국가 습지 지정을 둘러싼 논란과 관련해서는 마을 주민들의 여론을 수렴한 후 공적 의제(생태 보호를 위한 생태 공원 조성, 생태 체험 프로그램 개발 학생 참여 보장 등)를 작성하여 관할 구청에 제출하였다. 마을 인터넷 커뮤니티 공간에서 실시한 여론 수렴 과정에서 일부 주민들은 자신들이 사는 마을의 현안을 모르고 있어서 부끄럽다며 알게 해 준 학생들에게 고맙다는 댓글을 달기도 했다. 학생들은 실시간으로 올라가는 참여율에 눈동자가 점점 커지면서 자신들이 한 작은 행동의 큰 결과를 지켜보고 있었다.

　광산구청에서는 주민 토론회에 학생들의 참석을 요청하였고, 토론 관계자들은 국가 습지 지정 공론화 과정에서 가장 중요한 미래 세대의 목소리를 간과하고 있었다는 반성의 목소리를 내놓았다. 향후 지정 신청 찬반을 묻는 주민 설문지의 내용에 미래 세대의 목소리를 반영하기 위하여 광주광역시 환경 단체 네트워크와 학교가 연대하여 교내 토론회를 개최하였다. 토론회를 취재하기 위해 학교를 방문한 기자의 질문에 한 학생은 "장록 습지를 무조건 보호해야 한다고만 생각했는데, 오히려 그곳을 생태적으로 어떻게 활용할 수 있는지 생각해 보게 되었습니다. 나중에 그곳에서 관광객들에게 생태 해설을 해 주고 싶어요."라는 내용의 인터뷰를 했다. 공론화 과정이 끝나고 실시된 주민 설문 조사 결과, 찬성 여론이 더 많아 현재 환경부에 국가 습지 지정을 신청하고 결과를 기다리는 중이다. 그리고 장록 습지를 주제로

2019년에 활동한 결과물들은 대부분 2020년 교육과정에 연결하여 반영되었다.

자유 학년제: 온 마을이 학교다

중학교 1학년을 대상으로 하는 자유 학년제[3]는, 성적이 산출되는 시험을 보지 않고, 교과 간 관련 주제와 활동을 연계한 수업, 토론, 실습, 프로젝트 등 다양한 형식의 학생 참여 중심 수업과 과정 중심 평가로 요약되는 교과 교육과정으로 운영된다. 또한 다양한 활동을 통하여 학생들이 자신의 흥미와 적성 등을 여유롭게 살펴보고 진로와 삶을 자유롭게 설계할 수 있는 주제 선택, 동아리, 예술·체육, 진로 탐색도 운영된다. 교과 과정을 포함한 모든 활동에 대해서는 학생들의 활동 내용과 역량 함양 및 성장 정도가 성실하게 기록된다.

아직도 학교 안팎에서 자유 학년제에 대한 논쟁은 있다. 교사의 입장에서 몇 가지 살펴보자면, 자유 학년제 실시로 체험 학습 기회와 활동 중심 수업이 늘었다. 여기에서 파생되는 학생 안전 문제나 생활 교육 문제 등으로 피로감을 호소하는 교사들도 있고, 학생들의 기초 학력 저하를 우려하는 교사들도 있다. 하지만 자유 학년제의 본질적 목적에 충실해서 보자면, 학생들이 자유롭게 자신을 알아 가며 미래를 준비할 수 있는 좋은 제도라고 생각하는 교사들도 있다. 그 과정에서 파생되는 문제는 필연적이며 하나씩 해결해 갈 수 있다는 이야기도 함께 한다.

그 어느 쪽의 주장을 하는 교사가 되었든 교사들은 부단히 노력 중이다. 다양한 방식으로 학생들을 만나기 위해 연수를 듣고 교사 동아리 활동을 하며 사회 변화에 민감하게 반응한다. 또 학교 밖 전문가 내지는 단체와 연대하여 질 높은 교육과정을 기획한다. 학생들의 배움과 활동 공간이 학교 밖으로 연결되어 민주주의의 모습이 적극적, 일상적 민주주의로 나아가게 만들기 위해서이다. 그래야만 학생들이 온전한 삶의 영역에서 시민성을 발휘할 수 있고 삶을 풍요롭게 가꿔 나갈 수 있기 때문이다.

학생들이 자신의 삶의 주체로 우뚝 서고, 스스로 삶을 설계하여 나가는 민주시민교육은 자유 학년제 교육과정과 많은 연계가 가능했다. 그래서 자유 학년제 교육과정 내에 민주적 시민성 함양을 위해 필요하다고 생각되는 주제(가치, 역량 등)를 선정하고 강좌를 개설하였다. 지역과 학교의 특색이 묻어나는 몇 가지 사례만 적어 본다.

광주광역시 서구 문화원에서 지역 극단을 연결해 주어 국악 뮤지컬(주제 선택) 수업이 시작되었다. 극단 관계자와 국악 뮤지컬반을 운영하는 교사들이 만나 공동 수업안을 기획했는데, 주제는 의병이었다. 학교가 위치한 곳에 한말 호남 의병 사적지가 있었기에 선택한 주제였다. 문화 해설사의 역사 이해 수업을 시작으로 뮤지컬 구성의 이해, 발성 연습, 국악 수업, 역할극 만들기 등을 거치며 학생들은 직접 대본을 구성하고 연기 연습과 국악 연습을 했다. "아~~아……아!! 아~~~아~~아……." 불협화음이 들린다. 완벽한 화음으로 뮤지컬의 서막을 열어야 하는데 말이다. 하지만 학생들은 고개를 숙이며 뒤로 숨지 않는다. 왜냐하면 모두 자랑스러운 의병이기 때문이다. 아무런 대가 없이 기꺼이 목숨을 내어놓으며 구국 활동을 했던 의병들은 정의, 사회적 공감 역량과 사회 참여 역량을 지닌 표본이었다. 그들이 추구한 가치와 삶의 모습이 어느새 학생들에게 내재화되어 있었다. 그리고 학생들은 학교가 위치한 지역 사회에 관심과 애정을 갖고 다시 의병처럼 사회에 참여하는 다양한 활동을 할 수 있었다. 가장 중요한 것은 잘 표현하기 위해 자기를 이해하며 관리하고, 서로 격려하고 존중하며 작품을 준비하고 공연했다는 점이다.

　사회 참여·봉사반(주제 선택)은 창의적 체험 활동의 청소년 사회 참여 동아리와 비슷한 형식으로 운영되었지만, 1학년이라는 점을 고려해 정책을 제안하는 것보다는 마을과 지역 사회에 기여하고 봉사하는 형식으로 참여하는 활동을 주로 하였다. 특색이 있다면 자신의 진로와도 연결하여 활동을 기획하고 실천했다는 점이다. 각자 진로와 관련된 마을 공간을 조사한 뒤, 마을 내 어린이집, 병원, 제과점, 경로당 등을 방문하여 그 공간의 구성원들과 상호 작용하며 자연스럽게 사람과 공간을 탐색하였다. 학생들이 그 공간에 기여할 수 있는 일들을 스스로 기획하고 실천하는 과정에서 어떤 학생들은 꾸준히 경로당 봉사 활동을 실천했고, 마을 제과점 사장님은 학생들을 위해 학교로 찾아와 제과·제빵 강사가 되어 주었다. 학생들에게 공동체는 온전하게 안전한 공간이 되어 주었고, 학생들은 그 안에서 자신의 삶을 진지하게 설계해 볼 수 있는 시간을 보냈다.

　학교와 같은 지역에 있는 금호타이어, 광산구청과 협력하여 '학교로 굴러간 굴링'(동아리) 활동을 학생들과 함께했다. '굴링'은, 광산구청 상주 작가이자 업사이클링 놀이 개발자인 이호동 작가가 만든, 폐타이어를 활용한 업사이클링 놀이 기구이다. 학생들은 동아리 담당 교사와 함께 지속 가능한 발전에 대하여 이해한 후, 폐타이어로 작가와 직접 놀이 기구를 제작하고, 놀이 선생님들과 노는 방법을 배웠다. 놀이 선생님들은 모두 마을 주민 분들이었다. 학기말에는 '굴링픽(굴링+올림픽)'에 출전하여 신나게 겨루고 놀며 주말을 의미 있게 보냈다. 학생들이 지역 사회 경제와 업사이클링이라는 환경 논제에 대해 관심을 갖게 되었고, 놀이를 통한 유희적인 자기 돌봄을 가능하게 만든 활동이었다. 쉬는 시간, 점심시간 할 것 없이 틈만 나면 굴링을 끌고 나와 거칠게 교내 도로를 달리며 즐거워했으니 말이다.

이러한 활동의 결과들을 모두 모아, 학교가 사회적 가치 창출을 주도하는 활동으로 '마을과 함께하는 소소한 별점빵'을 학생, 교사, 학부모, 마을 주민이 함께 기획하고 운영하였다. 마을 교육 공동체 동아리 학생들이 만든 원예 작품과 기술·가정 교과에서 제작한 민주·평화 애착 인형, 교사와 주민들의 중고 물품, 마을 가게들의 상품 등이 판매되었고, 공연과 어린이 놀이마당에서 모두 신나게 즐겼다. 모아진 수익금은 차년도 본교 학생들의 교육 복지 지원금으로 집행하기로 했다. 마켓 출구 쪽에 소감을 남기는 장소가 마련되어 있었는데, '아이들이 직접 만든 인형이 너무 예쁘고 좋았어요. 판매하는 학생들 때문에도 웃고 갑니다.'라는 내용의 소감이 가장 많았다. '알뜰함도 배우고 도시에서 흔히 볼 수 없는 온기를 느끼고 갑니다.'라는 소감은 기획 의도가 정확히 드러난 것이기도 했다.

자율, 존중, 연대 등의 시민적 가치와 사회적 의사 결정 능력, 사회 참여 능력, 사회적 공감 능력 등은 교사가 지식을 가르치는 것만으로는 길러지지 않는다. 교사와 학생이 함께 만드는 유의미한 경험들로 구성된 탄탄한 교육과정으로만 민주주의의 시민적 가치와 역량을 함양할 수 있다.

가장 큰 산

생각이 다른 산들을 넘어

제대로 된 민주시민교육은 학교 폭력과 학업 중단을 예방할 수 있다. 자존 위에 세워진 타인 존중 의식과 공동체 의식을 지닌 존재는 자신과 타인에게 폭력을 행사할 확률이 낮다고 단언한다. 하지만 다양한 원인(학습 부진, 근태 불성실, 타고난 재능과 기질, 가정 환경 등)으로 이미 교실에는 소외와 이탈의 경험이 많은 학생들이 존재하고, 그들은 때때로 자기 자신과 타인에게 폭력을 행사하고 있다. 여기서 나는 '원인'에 집중하여, 문제 해결을 사회적 정의 차원에서 접근하고 싶은 교사 중 한 명이다. 사회에서 불안정한 생활을 하는 사람들을 자세히 살펴보면 자연적이고 우연적 조건에 의한 경우들도 많다. 어떤 사회·경제적 지위에 있는 부모와 가족을 이룰 것인지, 타고난 재능이 어떤 것일지는 개인이 선택할 수 있는 문제가 아니라는 것이다. 그래서 우리는 사회 정의적 차원에서 최소 수혜자들에게 결과적으로 돌아가는 자원의 몫을 조정할 필요가 있고, 학교 내에도 그런 장치들이 있어야 한다.

이런 학생들에게는 기초 문해력 교육이나 감정 코칭, 비폭력 평화 교육 등의 더 많은 민주시민교육이 지원되어야 한다. 그러나 문제의 원인보다는 행동 자체에 집중하거나 응보적 정의에 익숙한 분위기로 지원이 쉽지만은 않다. 또한 민주시민교육과 관련된 장치를 작동시키기 전에 구성원들의 합의가 선결되어야 하는데, 부단한 합의 과정을 거쳐 장치를 만들고 운영하자고는 하지만 근본적인 철학에 구성원 모두가 동의하는 것은 아니다. 여기에 함정이 있다.

민주시민교육 모델 학교를 운영하면서 가장 힘들었던 경험을 떠올려 본다. 민주시민교육 프로그램으로 학교 공동체 내 소외와 이탈이 잦은 학생들을 대상으로 하여 학부모와 학생 본인, 담임 교사를 포함한 학년부 교사들의 동의를 얻어 평화 수업을 진행하였다. 자신의 감정과 욕구를 찾아 표현하고 상대방에게 부탁하는 비폭력 대화 교육을 바탕으로 갈등을 예방하는 방법과 회복적 서클을 통해 갈등의 상황에서 갈등을 전환하는 방법을 배울 수 있게 했다. 학생들은 적극적으로 참여했고 성장을 약속했다. 이 약속은 이행 동의안으로 작성되었고, 이행 동의안의 내용은 학생들이 앞으로 실천할 구체적인 행동 목록들과 교사에게 요구하는 것들이었다. 학생들은 교사에게 욕설을 하지 않는 것과 무단 결과를 하지 않는 것을 실천할 목록에 담았다. 그리고 교사들에게는 문제가 발생했을 경우 분리된 공간에서 개별적으로 훈계를 해 달라는 것과 다른 친구들에게 자신과 어울리지 말라고 하지 말아 달라는 것, 이 두 가지를 요구했다.

학생들 스스로가 한 약속들을 손에 쥐고 뿌듯한 마음으로 학년부 교무실 문을 열었고, 조심스럽게 말을 꺼냈다. 학년부 선생님들은 학생들을 믿을 수 없으며, 이행 동의안을 받아들이지 않겠다고 했다. 다른 교사들도 그 학생들의 생활 지도를 해야 할 의무가 있으므로 개별적으로 분리된 공간에서 훈계하는 것을 받아들일 수 없고, 다른 학생들에게 피해가 돌아가지 않도록 앞으로도 소외와 이탈을 일삼는 학생들을 공동체에서 분리시키겠다고 했다. 혼란스러웠지만 그저 경청했다. 잘 들어 보니 표면적 언어 이면에 숨은 감정들을 느낄 수 있었다. '학생들에게 존중받고 학생들과 신뢰를 형성하기 위해 부단히 노력했음에도 불구하고 상황이 나아지지 않아 많이 지치고 좌절했구나. 이 분들도 많이 힘들구나! 이 분들에게 내 철학에 근거하여 상황을 설명하며 설득하는 것은 강요로 밖에 다가오질 않겠구나.' 하는 생각에 잠시 멈춰 섰다. 하지만 이 상황이 학생들에게는 분명 상처가 될 듯해서 불안감도 몰려왔다.

점심시간 동료 교사들과 학교 앞 화원으로 향했다. 늦여름 하얀 눈처럼 화분에 심어진 안개꽃을 보는데, 왜 그 선생님들이 떠올랐을까. 안개꽃 화분과 작은 카드를 들고 학년부 교무실 문을 다시 열었다. 그 안개꽃 덕분이었을까. 선생님들이 이행 동의안을 받아 주었으니 말이다. 하지만 해피엔딩은 아니었다. 또 다른 모퉁이를 계속 만났으니 말이다. 그럴 땐 그 시간을 견디는 나만의 방법으로 시간을 보내며 새로운 성찰을 해야 했다.

이 사례는 일부분으로 동료 교사와의 차이만을 그렸다. 하지만 어디 동료 교사뿐이겠는가. 때로는 학생일 수도, 학부모일 수도, 그리고 관리자일 수도 있다. 그럼 철학이 다른 교사, 학생, 학부모들과 어떻게 공동체성을 형성하고 함께 나아갈 수 있을까? 사람들은 어떤 땅에 뿌리내리고 살았는지에 따라 저마다의 삶의 나이테를 만들고, 다양한 가치와 지향을 추구하며 살아간다. 그래서 무엇을 함께한다는 것은 너무 힘든 일임에 분명하다. 하지만 상대를 잘 몰라서, 상대가 추구하는 철학의 내용이 무엇인지 몰라서 함께하지 못하는 경우도 있다. 인간의 사고는 유연하고, 변증법적으로 발전해 나갈 수 있다고 생각한다. 그래서 누군가 먼저 깨우친 분야가 있다면 함께 하나의 철학을 성찰해 보는 시간이 필요하다. 이 성찰의 방법은 함께 밥을 먹는 것이든, 독서하는 것이든, 연수를 함께 듣는 것이든, 집으로 돌아가는 길을 잠시 잊고 끊임없이 토론하는 것이든 만들면 된다. 인간이나 철학이나 알게 되면 자세히 보일 수 있다. 알게 되면 연결되고 연결되면 함께할 수 있다.

그래도 올라야 할 가장 큰 산

민주시민교육을 특정한 정치 성향을 가르치는 편협한 교육과정으로 바라보는 이들도 있다. 민주시민교육에 대한 판단을 잠시 중지하고, 자신의 프레임이 아닌, 학교 현장에서 실천되고 있는 민주시민교육의 모습들과 학생들의 표정을 읽어 보자. 민주시민교육은 문제와 관련된 다양한 입장과 가지를 소개힐 뿐, 어떤 근거를 선택하여 의사 결정을 내리고 실천할 것이냐는 학습자의 몫이다. 특정 가치를 주입하지 않는 것, 서로 다름으로 인해 논쟁하는 것, 사회 내에서 삶과 관련된 행위를 사고하고 판단하고 실천할 수 있는 역량을 함양하게 하는 것이 민주시민교육의 원칙이지 않은가. 그래서 공교육은 실제적이고 맥락적인 주제들을 학생들에게 던져 주고, 제대로 지식을 가르친 후 학생들이 스스로 성찰하고 판단하도록 교육과정을 구조화하고 있다.

민주주의와 결부되지 않은 삶을 20여 년 가까이 살다가 갑자기 사회에 나가자마자 시민권을 행사할 수 있을까? 학생들이 주체성과 자존을 세우고, 다름을 존중하며, 공동체를 구성하고 연대하는 힘(역량)을 함양할 수 있는 교육과정을 학교에서 운영해야만 시민 사회의 공공성과 공공선은 더욱 확고해져 민주주의가 발전하고, 우리의 삶이 풍요로워질 것이다. 더불어 학교는 학교라는 공동체를 구성하는 교사, 학생, 학부모라는 주권자들과 지역 사회와 함께 민주적인 공공의 영역을 건강하게 발전시켜 나가는 다양한 노력들을 중심에서 해야 한다.

오늘날 디지털 미디어상에는 민주주의와 관련한 수많은 정보가 돌아다니고, 그 정보를 바탕으로 각자의 견해를 표출하는 것이 쉬워졌다. 이제 중요한 것은 주권자, 동반자로서 '시민'이다. 민주주의를 우리가 지향해야 할 정치적 이상이라고 했을 때, 학생들이 그 민주주의를 이끌어 나갈 민주시민의 역량을 강화하고 마음의 습관을 형성하도록 돕는 일을 해야 한다. 디지털 미디어상의 수많은 정보를 비판적으로 성찰하고 불필요한 것들을 걸러 내지 못하게 된다면 우리 사회에 혐오와 폭력은 더 만연할 것이고, 오히려 디지털 미디어를 통한 가짜 민주주의는 더 판칠 것이 자명하다.

"민주 학교는 어떤 모습으로 어떻게 운영하면 되나요?" 사실 답은 없다.

공동체가 어떤 가치를 선택하고 얼마나 많은 이들과 함께하며, 어떤 자원을 활용하여 운영할 것인지 등에 따라 수백 개의 민주 학교가 있으리라. 누군가는 먼저 깨치고 나서서 선진적 실천을 해야 하며, 함께하는 이들이 있어야 하고, 부단히 이야기하고 들어야 한다. 이 과정에 갈등은 당연히 존재할 것이다. 그렇지만 자연스러운 과정으로 받아들이고 새로운 발전을 위한 발판으로 삼으면 갈등도 귀한 것이 된다. 질문 자체와 학교라는 공동체 안에 답이 있다는 말로 끝을 맺고 싶다.

김유진

광주광역시 선운중학교에서 학생들과 서로 도덕을 가르치고 배운다. 학생들의 인권 교육과 인성 교육을 담당하는 교사로 살면서 자연스레 민주시민교육에 관심을 갖게 되었다. 사람을 중심에 놓고 교육 공동체의 지성을 모아 학생과 교사, 학부모와 지역 사회가 함께하는 민주시민교육 과정을 설계하고 운영하였다. 아는 것은 되도록 실천하려 노력하고, 급히 가다 넘어지기도 하지만 넘어져 생긴 상처 속에는 타인의 상처까지도 함께 담으려 애쓰는 평범한 대한민국 교사이다.

모자이크로 그리는 학생 자치

_ 행복을 위해 사소하고 꾸준하게 그리는 그림

그때는 맞고 지금은 틀린 학교

새로운 학교다. 새로운 학생이다. 사회에서는 '90년대생이 온다.'며 호들 갑이지만 학교는 2000년대생들의 무대가 된 지 오래다. 또 한편으로 민주주의의 발전은 학교를 필연적으로 변화시키고 있다. 교사가 "아버지 뭐 하시노?"라며 손목시계 풀어 가며 학생들을 몰아붙일 수 없게 된 것도 이미 오래다. 그것은 좋아하거나 좋아하지 않거나, 찬성하거나 찬성하지 않거나의 문제가 아니다. 통금이 없어지고 장발과 치마 단속이 없어졌듯이 학교에서도 민주주의는 당위와 언명이 되었다.

여기서 문화 지체가 일어나게 된다. 세상은 이미 바뀌었는데 학교는 새롭게 대응할 시스템을 갖추지 못했다. 그때는 맞고 지금은 틀린 수많은 일 앞에서 교사는, 교권은 고사하고 최소한의 인권마저도 침해받는다고 느낀다. 교복 치마가 너무 짧다고 하면 "제 다리를 왜 보시는 건데요?"라고 되묻는 학생, 수업 시간 중 핸드폰 사용을 제지하면 "제 건데 왜 그러는데요? 어쩔 건데요?"라고 되묻는 학생. 스승의 그림자도 밟지 않는다 했던 말을 지키기 위해서인지 그림자 말고는 모든 것을 밟는 것 같은, 최소한의 예의조차 없는 학부모들의 등쌀까지……. 이런 단면을 보노라면 민주주의는 학교를 망쳐 버린 것 같다. 교사는 통제할 수단을 잃었고, 학생은 공공성을 잃었으며, 학부모는 이기적 민원인이 되어 버렸다. 교육의 세 주체 모두 민주적인 학교를 향유할 준비가 되어 있지 않아 학교는 이도 저도 아닌 문제투성이의 공간이 되었다.

하지만 지금 겪는 것은 문화 지체 현상이지 결코 민주주의 교육의 폐해가 아니다. 민주주의가 우리 사회를 더 건강하게, 자유롭게, 평화롭게 만들었듯이 학교도 그렇게 만들 것이다.[1] 다만 지금은 모두가 서툴고 새로운 학교에 제대로 적응하지 못해서 여러 문제가 발생하고 있는 것이다. 그렇다면 어떻게 해야 새로운 학교에서 교사와 학생들은 서로 민주적으로 만날 수 있을까?

민주시민교육이 교육계의 화두로 부상하면서 학생 자치가 새롭게 조명되고 있다. 학생 자치는 말 그대로 학생들이 자신의 일을 스스로 하는 것이다. '학생들이 자신의 문제를 스스로 진단하고 함께 해결책을 모색하고, 토론을 통해 규칙을 만들고 스스로 지켜 나가기 위해 노력하고, 자신들의 아이디어와 감성으로 학교 행사를 기획하고 그것을 함께 즐기는 것' 등이 대표적인 학생 자치의 모습이다. 민주시민교육에 적합할 뿐만 아니라 그 모습이 아름답기까지 하다.

학생 자치가 민주시민교육에서 중요한 이유는 비단 학생에게 큰 의미가 있는 그 아름다운 모습 때문만은 아니다. 학생 자치는 새로운 학교에서 교사의 생존 방식, 생존 기술이란 점에서도 무척 중요하다. 많은 학교에서 학생은 문제를 일으키는 주범이고 교사는 이를 해결할 대책(대부분 벌점이나 징계나 무섭게 하는 것)을 세우는 해결사다. 하지만 부경고에서 학생들은 문제를 일으키기도 하지만 본질적으로 학교의 문제를 해결해 나가는 주체이자 교사의 든든한 파트너다. 그래서 우리 학교는 학생들이 직접 교칙을 만들었으며, 상벌점이 없는데도 문제가 없다. 학생 자치는 교사와 학생이 규율과 위계를 넘어 민주적으로 만나며, 서로가 자율성과 공공성을 배우고 실천할 수 있게 해 주는 가장 유용한 수단이다. 그리고 이러한 민주적 가치를 실천하는 주체들이 만들어 갈 공동체는 행복할 수밖에 없다.

어디서부터 시작해야 하나요?

부경고등학교는 2004년 상업계 고등학교에서 일반계 고등학교로 전환되어 학생들이 대체로 기피하는, 소위 학력이 떨어지는 학교였다. 부끄럽지만 주변 주민들은 담배를 피우는 학생을 보면, 근처에 수많은 다른 학교가 있는데도 대체적으로 부경고 학생이라고 여길 정도였다. 일반계 고등학교라 생각하기 힘든 출석률과 수업 분위기, '배정받으면 학생이 우는 학교', '선생님들이 빨리 떠나고 싶어 하는 학교'가 부경고를 상징했다. 교사들은 소모적인 학생 지도에 지쳐 갔고 학생들은 교사와 학교를 불신했다. 그리고 그러한 환경은 교사와 학생 모두를 불행하게 만들었다.

어디서부터 어떻게, 무엇을 시작해야 할까? 학교를 달라지게 하기 위해 무엇보다 시급한 것은 학생들이 학교에 오고 싶게 하고, 교사와 학교를 신뢰하게 만드는 것이었다. 이를 위해서는 먼저 거칠고 험악한 학생 문화를 도전과 존중의 문화로 바꿔야 했다. 그래서 교사들이 주목했던 것이 바로 학생회였다. 학생들 스스로 자신의 것을 결정하고 자신의 문화를 만들 수 있도록 지지하고 존중해 준다면 학생들이 교사와 학교를 신뢰하게 될 것이라고 생각했다. 하지만 막상 시작하려 하니 교사도 학생도 이런 것에 익숙하지 않았다. 교사는 학생 시절에 학생 자치라는 걸 경험해 본 적이 없었다. 그리고 교사들 사이에서도 생각이 저마다 달랐기에 다툼이 있을 수밖에 없었다. 때론 설득해야 했고 때론 버텨야 했다. 무엇보다 '이렇게 한다고 학교가, 학생이 달라질까?'라는 끊임없는 의심을 떨쳐 버릴 수 없었다. 학생들 역시 학교나 가정에서 교육의 대상으로만 취급받았기에, 학생 자치에서 가장 중요한 능력인 '주체성'과 '자발성'을 배우거나 실천해 본 적이 거의 없었다. 당연히 학생 자치에 서툴고 미숙할 수밖에 없었다.

그래서 초보와 초보가 함께하는 상황을 인정하고 한 번에 무엇을 이루고 해결하려는 욕심부터 내려놓았다. 그리고 먼저 학생회에게 '작은 일'을 맡기고 이를 '격려'하는 것에서부터 시작했다. 교사도 잘할 줄 모를 뿐더러, 교사가 잘 가르치지 않아 학생들이 배워 본 적이 없으니 당연히 미숙할 수밖에 없을 것이라 생각했다. 학생의 미숙함을 '능력' 때문이 아니라 '기회' 때문이라고 여기고 바라보니 끊임없이 격려할 수 있게 되었다. '안 해 봐서 못할 줄 알았는데 요거라도 하다니, 아이고 예쁜 것들. 뭐 다음엔 더 낫겠네.' 이렇게 말이다.

나는 학생회 일을 하면서부터 칭찬 굴레에 빠지기 시작했다. 행사를 준비하다 보면 교무실에 자주 가는데, 들어갈 때마다 내가 무엇을 했든 어떤 말을 하려고 갔든 아낌없는 칭찬이 시작된다. 한 번은 설문 조사 양식을 만들어 갔는데, 선생님께서 너무 좋다고 극찬을 하셨다. 그런데 새삼 나온 설문 조사지는 선생님께서 새로 만든 양식이었다. 이 일을 통해, 이제 내가 실수해도 선생님들은 웃으면서 칭찬해 주실 분들이라는 걸 알게 되었다. 나는 이 칭찬들을 먹으면서 조금씩 성장하기 시작했던 것 같다. 그래서 이제는 '이걸 할 수 있을까?'가 아닌 '이걸 해 보자.'로 바뀌었다.

- 학생회 자율부장의 소감 중에서

부경고에서 자율부장은 '전교생 교칙 개정 토론회'와 각종 공청회의 기획과 진행을 담당한다. 사실 교사도 부담을 느낄 정도의 큰 행사다. 그럼에도 자율부장은 토론회와 공청회를 심지어 화려할 정도로 성공적으로 이끌었다. 하지만 이렇게 멋진 자율부장도 처음부터 그랬던 것은 아니었다. 서툰 우리는 서툰 설문지에서부터 함께 성장해 왔던 것이다. 이러한 끊임없는 격려와 신뢰를 통해서 잠들어 있던 학생들의 주체성과 자발성이 깨어나기 시작했다. 너무 소박하지 않은가? 학생들이 안 해 봐서 못하는 것이라고 '신뢰'해 주고, 앞으로 점점 잘해 갈 것이라고 '격려'해 주는 것, 여기서부터 학생 자치의 긴 여정은 시작되었다.

열정의 문제가 아닌 구조의 문제

학생 자치의 열쇠는 개인의 열정이 아닌 학교의 구조에 있다. 열정은 구조가 뒷받침될 때만 불꽃을 태울 수 있다. 구조가 없는 열정은 사그라질 뿐이다. 학생 자치를 활성화하기 위해서는, 첫째로 교사가 학생 자치에 집중할 수 있게 지원하는 구조가 마련되어야 한다. '학생'이란 글자에 가려 학생들만의 일로 생각하기 쉬우나 학생 자치는 교사의 역량이 무엇보다 중요하다. 교사는 학생회 구성원들이 즐겁게 도전하며 성장할 수 있는 플랫폼을 설계하고, 그것을 학생들과 함께 유연하게 운영해 나가며, 학생들이 스스로 할 수 있는 힘이 생기도록 지속적으로 지원해야 한다. 그래서 학생 자치를 담당하는 교사는 바쁘고 출장도 많을 수밖에 없다. 부경고에서 학생 자치 담당 교사의 업무는 '학생 자치' 하나가 전부다. 먼저 담임 교사와 업무 전담 팀을 구분하고, 학생 자치를 우선순위에 두고 집중할 수 있도록 다른 교사들이 더 많은 업무를 감당해 주었다. 이러한 팀워크가 발휘되지 않았다면, 이런 팀워크를 발휘할 수 있는 구조가 아니었다면 학생 자치는 잘 되지 않았을 것이다.

둘째는 학생이 학교를 신뢰할 수 있는 구조를 만들어야 한다. 학생들이 스스로 교칙을 만들고, 학교에 문제가 있을 때 직접 참여하여 의견을 개진할 수 있는 시스템을 마련하는 것은 학생의 신뢰를 가장 선명하고 직접적으로

400인 원탁 토론회

교복 공청회

얻을 수 있는 방법이다. 부경고는 4년 전 전교생이 참가한 원탁 토론을 통해 생활 협약(교칙)을 만들었다. 학급 회의와 교사 회의를 통해 토론 안건을 마련하고, 원탁 토론회에서 안건을 함께 토론한 뒤 투표를 거쳐 생활 협약을 정했다. 신입생들은 매년 4월 '학년 원탁 토론'을 통해, 2·3학년은 학급 회의를 통해 생활 협약의 개정 안건을 마련한다. 이렇게 각 학년별 개정 안건은 대의원회에 상정되어 투표를 통해 교칙에 반영된다. 1학년 원탁 토론에서는 생활 협약의 개정 안건 마련과 함께 학년 슬로건도 논의하여 투표로 결정한다.(2020년에는 '다닐 맛 나는 부경고, 행복한 1학년'으로 정해졌다.)

생활 협약 제·개정을 위한 원탁 토론회 외에도, 학교에 문제가 발생하면 공청회를 연다. 학생들이 교복을 잘 안 입는 문제가 있을 땐 '교복 공청회'가, 수업 시간에 공부하는 분위기가 흐트러졌을 땐 '수업 바로 세우기 공청회'가 열렸다. 이렇게 부경고처럼 학생들이 스스로 교칙을 정하고 문제를 해결하는 방법을 직접 만들면, 학생들은 모두 규칙을 잘 지키게 될까?

부경고는 학생들이 지킬 규칙을 전교생이 모여 스스로 만든다. 가정, 학교 할 것 없이 학생들을 인격적으로 대한다는 것은 많은 인내와 헌신을 동반한다. 갑자기 교칙을 잘 지키는 기적이 일어나지는 않아도 인격적으로 존중하는 관계는 달라진 관점이 되어 돌아온다. 교칙을 만들어 보는 신기한 경험은 학생 개인의 자존감을 높여 준다. 스스로 교칙을 만드는 일은 학교와 선생님이 우리를 존중한다는 메시지가 되고, 학생들은 교사에 대한 믿음을 갖게 된다. 무엇보다 확실한 것은 '다행복 학교'인 부경고 학생이라는 뿌듯한 소속감과 즐거운 학교 문화가 만들어졌다.
― 부경고 학부모의 소감 중에서

학부모의 말처럼 교칙을 스스로 만드는 경험이 교칙을 모두 다 지키는 기적으로 돌아오진 않는다. 오히려 교칙을 한 번에 잘 지키게 하는 건 무섭고 엄격하게 할 때일 것이다. 교칙을 스스로 만드는 경험의 요체는 학교라는 조직이 학생들에게 나타내는 가장 적극적인 존중의 표현이라는 점이다. 이런 구조적인 존중을 경험한 학생들은 학교와 교사를 신뢰하게 된다. 그리고 이는 교복을 입을 때도, 교가를 부를 때도, 서울대를 많이 보냈을 때도 결코 생기지 않던 소속감과 자부심을 갖게 한다. 귀로만 듣던 존중을 몸으로 경험했기 때문이다.

우리 부경고가 유토피아처럼 모든 것이 좋고 마냥 아름답지만은 않습니다. 여전히 공부 안 하고 교칙을 어기고 문제를 일으키는 학생들도 있고, 학교나 선생님이 이렇게 해 주었으면 좋겠다고 바라는 것도 있습니다. 하지만 저는 부경고등학교가 좋습니다. 저는 서로 이해하고 존중하는 선생님과 학생들의 모습이 가장 좋습니다.

- 부경고 1학년 학생의 소감 중에서

자신이 다니는 학교가 좋은 이유를 맛있는 급식도 아니고, 좋은 수업도 아니고, 학생과 교사가 서로 존중하기 때문이라고 말해 주는 학생이 있다면 그래도 성공한 학교가 아닐까?

부경고에서는 문제가 생기면, 학생부장이 전교생을 한자리에 모아 놓고 "선생님의 인내심이 바닥을 드러내었다. 정말 실망이다. 두고 보지 않겠다."라고 협박하는 것으로 문제를 해결하지 않는다. 학생과 함께 문제를 공론화하고 이를 해결할 대책을 모색한다. 이 방식은 전혀 효율적이지 않을 뿐더러 수많은 대화와 인내를 필요로 하고, 모든 방법이 그러하듯 예외와 부작용도 있다. 익숙지 않은 방식과 리듬에 교사들은 답답함을 느끼고 회의적이기도 했다. 애들을 너무 풀어 주고 이것을 허락하면 다른 것도 다 허락해야 할 거라는 우려, 학교의 분위기와 기강을 망치고 있다는 비판도 있었다. 하지만 이젠 교사들도 이 방식이 우리 공동체에 더 좋은 방법이라고 생각하며 적응하고 있다. 교사들이 편하고 보기에 좋았더라 하기 위해 모기장처럼 세세하고 촘촘한 교칙을 엄격한 분위기에서 일방적으로 강요하는 학교보다, 끊임없이 대화해야 하고 때로는 짜증이 나기도 하지만 학생이 학교와 교사를 신뢰할 수 있는 학교가 교사에게 더 행복하고 안전한 학교라고 생각한다.[2] 이러한 구조적인 존중은 학생과 교사 모두를 위해서 필요한 것이다.

중요한 것은 열정이 아니라 구조다. 축구 실력 향상을 악으로 깡으로 정신력으로 하라고 윽박지를 것이 아니라 좋은 훈련장과 운동 시설을 마련해 줘야 하듯, 학생 자치 문화를 만들기 위해서도 학생과 교사의 열정과 '노오력'만을 탓할 것이 아니라 열정을 발휘할 수 있는 구조를 만들어야 한다. 또한 학생에게 학교의 여러 문제에 대해 목소리를 낼 기회와 결정권을 구조적으로 보장해 줘야 한다. 이러한 구조를 만드는 것이 신뢰와 존중의 학교를 만드는 첫걸음이라 할 수 있다.

학생 자치의 본질, 사소함 그리고 꾸준함

문화란 자연스러운 맥락 속에서 스며들 듯 만들어진다. 그리고 학생들의 성장 또한 식물이 잘 자랄 수 있도록 물을 주는 사소한 행동을 꾸준히 하는 방법밖에 없다. 그런 측면에서 볼 때 신뢰와 격려와 존중으로 대표되는 학생 자치의 문화는 붓으로 한 번에 그리는 그림이 아니라 '사소한 일'이란 모자이크 조각으로 지겹고 꾸준하게 그리는 그림이라 할 수 있다. '이런 게 학생 자치랑 뭔 상관이야?', '이런 거 한다고 학생 자치가 되겠어?'라는 생각이 든다면 아마 제대로 하는 것이니 걱정하지 않아도 된다. '사소한' 것을 '꾸준하게' 하는 것 말고 학생 자치를 만들 수 있는 다른 방법은 없다.

우리 학생들에게 가장 인기 있는 학생회 행사는 '운명 팔찌'라는 행사다. 인권부에서 주관하는 행사인데 한 학기에 한 번, 등교 시간에 교문에서 명언이 적힌 종이 팔찌를 채워 준다. 같은 학년에는 같은 명언 팔찌가 한 쌍씩 있다. 학생들은 자신과 같은 팔찌를 차고 있는 친구를 종일 찾아다닌다. 오매불망하던 그 운명의 짝을 찾으면 곧장 교무실로 함께 달려온다. 상품은 쌍쌍바. 운명의 짝을 찾으면 짝과 함께 쌍쌍바를 사이좋게 나눠 먹을 수 있

운명 팔찌 행사

다. 학기초의 서먹함을 풀고 서로 만나서 즐겁게 이야기할 수 있게 해 주는 행사다.

한편으로는 이런 이벤트성 행사가 학생 자치와 어떤 상관이 있을까 싶기도 하다. 하지만 학생 자치는 이런 사소한 '고민'과 '실천'이란 모자이크의 총합으로 그려진다. 운명 팔찌는 한 번의 행사가 아니라 존중과 신뢰의 문화를 만드는 수많은 모자이크 중 하나인 것이다. 학교 구성원들이 일상 속에서 함께 사소한 일들을 통해 신뢰와 격려의 모자이크를 꾸준히 붙여 이를 학교 문화로 정착시켜 나가고, 이러한 바탕 위에서 교칙을 만드는 토론회와 각종 공청회를 통해 더욱 직접적이고 강렬한 존중을 경험하게 되는 것이다. 존중과 격려와 신뢰라는 학생 자치의 문화는 이러한 꾸준하고 사소한 몸짓들 위에서 꽃피는 것이다.

학생 자치의 효과, 함께 행복하기 위한 학생 자치

고생스럽다. 시킨 사람도 없는, 내가 벌인 일이라 '내가 미쳤지.' 하며 하긴 하지만 벅찰 때가 왜 없겠는가? 8개의 부서와 회의를 하려다 보면, '자율부는 8시, 인권부는 8시 10분, 교복 위원회는 8시 20분……'처럼 10분 단위로 회의를 할 때도 있다. 옆자리의 선생님이 안쓰러운 듯 말을 건넨다. "무슨, 청와대에서 일하세요?"

하지만 하고 있다. 즐거워서다. 난 딱히 열정 있고 아이들이 좋아서 어쩔 줄 모르는 교사는 아니다. 그런데도 즐겁다. 누군가를 격려하는 일, 누군가를 신뢰하는 일, 누군가를 존중하며 함께 성장하는 일은 교사만이 느낄 수 있는 특혜성 즐거움이다. 균형 잡힌 식단과 꾸준한 운동을 하는데 건강해지지 않을 수 없는 것처럼 이런 방식으로 학생들을 만나고 동료를 만나는데 행복하지 않을 수 없다. 학교에 있다 보면 '화가 나 있거나 화가 나 있지 않은', '불평을 하거나 불평을 하지 않는' 상태를 반복하는 교사들을 더러 본다. 그러고 싶지 않다. 이곳에서 더 행복하고 더 따뜻했으면 좋겠다. 사실 학생 자치는 학생보다 나를 위해 하고 있다. '교사가 행복하기 위한 학생 자치'이다. 행복은 우리가 가지고 있는 무엇이 아니라 우리가 하고 있는 무엇이니까.

그리고 학생 자치는 무엇보다 학생에게 너무 중요한 교육이다. 학생 자치는 학생에게 부족한 '주체성'과 '자발성'을 성장시킬 수 있는 가장 좋은 방법이자 이 두 능력을 마음껏 발휘할 수 있는 실제적인 장(場)이다. 그리고 가장 직접적인 민주시민교육이자 그 자체로써 민주시민으로 살아가는 삶이다. 뿐만 아니다. 보통 학교에서는 거칠고 소위 잘나가는 어둠의 세력(?)이 또래의 헤게모니를 장악하기 마련이다. 하지만 학생 자치가 활발해지면 성실하고 진정성 있게 공동체를 위해 노력하는 학생들이 스포트라이트를 받고 스타가 된다. 교문 앞에서 평화의 메시지를 받는 학생들, 학교를 자랑스럽게 알리기 위해 고민하며 뮤직비디오를 찍는 학생들, 토론회에서 사회를 보는 학생들……. 이와 같이 부경고에서는 저마다 선하게 자신을 드러낼 기

함께 책 읽고 회의하는 학생회   교장 선생님과 함께한 학생회 업무 보고

회들이 많고 이 기회를 통해서 학생들은 빛나고 있다. 그리고 공부가 아니더라도 학생 자치 활동에서 인정받을 수 있기 때문에 자아 효능감을 갖게 되는 학생도 많아진다. 학예부장은 공부는 열심히 하지 않으면서도 학생회실 리모델링 사업을 집요하게 물고 늘어져, 빚쟁이가 빚 받으러 오듯 담당 선생님을 압박(?)한 끝에 성공적으로 마쳤다. 그리고 이 경험을 통해 자신도 무엇인가를 집중해서 열심히 할 수 있는 사람이라는 것을 알게 되었다고 말하였다.

  그리고 도전하고 실패하며 다시 나아가는 것을 통해 회복 탄력성도 길러진다. '즐겁지 않다면 일하지 말자.'가 우리 학생회 모토다. 학생들과 어떤 사업을 할 때 내가 가장 많이 하는 말은 "혹시나 잘하지 마!"이다.(항상 잘하고 싶은 아이들은 이 말을 들으면 언제나 웃으며 조금은 안도를 한다.) 어느 날 선배들이 긴장하는 후배들에게 이 말을 해 주는 모습을 보았는데 어찌나 뿌듯하던지. 학교는 어쩌면 유일하게 결과보다 과정을 더 가치 있게 여겨 주는 곳이니까, 실패도 괜찮고 망해도 괜찮다. 즐겁게 또 다시 해 보고, 실패는 평가가 아니라 다음 도전의 길잡이라고 여기는 훈련을 자연스럽게 하고 있다. 이렇듯 학생 자치는 교과를 뛰어넘어 아이들을 성장시키는 가장 중요한 교육을 하고 있다.

만병통치약이나 늘 맑은 날만 있다는 환상을 말하는 것이 결코 아니다. 당연히 흐린 날도, 궂은 날도, 갈등도 있을 수밖에 없다. '그 후로 오래오래 행복하게 살았습니다.'는 요즘 동화책에서도 잘 안 한다. 다만 학생 자치가 교사든 학생이든 학교에 와서는 잠시 꺼 두었던 행복을 다시 켤 수 있는 좋은 방법이라는 것이다.

물론 교사 한 명의 열정으로 이런 것이 가능하지는 않다. 부경고는 혁신학교라는 구조와 든든한 동료들의 뒷받침이 있었기에 할 수 있었다. 학생 자치뿐만 아니라 격려와 신뢰와 존중의 문화를 만들기 위해 너무나도 많은 선생님의 눈물과 희생이 있었다. 관용적 표현이 아니라 정말 눈물과 희생이 가득했다. 끝까지 인내하며 대화하는 담임 선생님, 수업 중 엎드리는 학생을 수업으로 깨우기 위해 끊임없이 노력하는 선생님, 학부모와 협력하는 문화를 만들기 위해 매번 학부모 동아리에 나가는 선생님, 여전한 선도 위원회와 학교 폭력 위원회 등으로 힘든 학생을 묵묵히 감당하는 선생님 등등. 보이는 곳에서 보이지 않는 곳에서, 담임으로 수업으로 바쁜 업무로, 말로 다 못 할 열정과 헌신이 새로운 문화를 만들어 냈다. 굳이 이렇게까지 할 필요가 있냐고 할지 모르지만, 굳이 이렇게 하지 않았을 때 우린 행복했었나? 항상 마음이 같을 수 없기에 때론 미운 말도 하고, 생각이 달라서 부딪히기도 하고, 안 된다고 하기도 한다. 그러다가도 땀으로 앞머리가 축축이 젖은 채 가서 무엇인가를 부탁하면 그래도 들어주는 동료들.(일부러 땀을 흘리고 가기도 한다.) 그 안쓰러워하는 마음속에 담겨 있는 격려와 신뢰와 존중을 서로가 느낀다. 우리도 그렇게 만나고 관계 맺는다. 역시 행복한 일이다.

광화문 민주시민 축제 부산 대표 부스 운영　　전국 민주시민 포럼 부산 대표 참가

학교, 모자이크로 그리는 그림

결론부터 말하자면 이런 자치적 학생회를 구성하여 운영한 지는 4년이 되었고, 4년 만에 학생회는 학생들이 가장 선망하는 조직이 되었다. 1학년 학생회 부원을 선발할 때 1학년 총원 130명 중 80명이 지원하였고, 현재 학생회 및 각종 위원회 활동에 참여하는 학생이 총 60명에 이른다. 학생들의 노력으로 부경고는 부산시 학생 자치 부분에서 2년 연속 1등을 하였다. 부산 시내 중고등학교와 교육청, 교육 지원청 등에서 학생회 학생들을 강사로 보내 달라고 요청하여, 학생들이 직접 강사가 되어 학생 자치를 알리고 있다. 부산을 넘어 전국에서도 우리 학생들에게 강연과 연합 활동을 해 달라고 요청이 와서 전국 행사에 항상 부산 대표로 참가하고 있다. 그리고 최근 1순위 입학 경쟁률이 점점 높아지고 있다. 오고 싶지 않은 학교에서 와 보고 싶은 학교로 전진한 것이다. 배정받으면 우는 학교에서 전국적으로 손꼽히는 학생회가 있는 학교로 바뀐 것이다.

교사의 손이 닿을 때만 움직이는 것 같던 학생들은 어느새 훌쩍 자라 교사를 일으켜 세워 주기도 한다. 수업이 무너져 많은 문제가 발생하고 교사가

교육 지원청 강의

힘들어하자, 학생회에서는 교사에게 '수업 바로 세우기 공청회'를 제안하고 공청회 내용을 하나하나 준비하였다. '수업에 들어가면 최소한의 인간에 대한 존중도 없이, 어른 학대를 당하다 나오는 것 같다. 마음의 병을 얻어 교단을 떠나야 하는 게 아닌지 고민하고 있다.'라는 교사의 사연을 공청회 오프닝에 띄워 문제의 심각성을 직관적으로 전달하였고, 수업이 우리에게 얼마나 중요한지를 깊이 생각하게 하고, 수업을 방해하는 행동에 대한 실질적인 대책들을 도출하였다.

혁신 학교 4년차 종합 평가를 하는 날, 학생들은 여러 부스를 담당했고 학생회에서는 가장 중요한 마지막 발표를 맡아 그곳에 모인 많은 사람들에게 큰 감동을 주었다. 이곳에 넘치도록 적을 수 있는, 학생들 스스로 빛나 선생님을 비춰 주었던 수많은 순간들. 언젠가부터 이 아이들은 나의 가장 큰 자랑이 되었다. 많은 선생님의 노력으로 학교가 변하는 과정에서 부경고 학생들은 단순히 변화의 대상에 머물지 않았다. 우리 학생들은 변화의 대상이자 변화의 주체였고 학교 발전의 한 축을 담당한 어엿한 주인공이었다. 그리고 이러한 변화는 우리가 함께 붙여 온 격려, 신뢰, 존중이라는 사소한 모자이크 한 조각에서부터 시작되었다.

현재 부경고등학교 학생회는 총 6개의 부서와 2개의 위원회가 구성되어 활동하고 있으며 구체적인 활동은 다음과 같다.

부서	역할	대표 사업
학생회장단	2학년 회장, 2학년 부회장, 1학년 부회장 구성	학생회 전반의 업무 지원
자율부	학생들의 자치적 규율 제정과 규율 준수 점검(옛 선도부의 자치적 버전)	400인 원탁 토론회, 100인 토론회, 수업 바로 세우기 공청회 등
인권부	학생들의 인권 감수성을 증진하고 따뜻한 학교 문화 조성	운명 팔찌, 위로의 날 제정, 괜찮아 프로젝트 등
총무부	학생회 전반의 실무 담당, 회의 주관 및 기록	학생회 백서 편찬, 카톡 플러스 친구 관리, 예산안 편성 등
학예부	학생의 끼를 발산하게 하고, 학교의 환경을 푸르게 푸르게	공간 혁신 사업, 게시판 공모전, 사진전, 학예회 주관 등
체육부	건강과 관련된 일은 모두 나에게	전체 체육 대회, 미니 체육 대회, 금연 및 건강 활동 등
홍보부	학교 널리 알리기	페이스북 담당, 부경 뮤직비디오 및 부경 뉴스 제작, 연어 프로젝트 등
교복 개정 위원회	교복에 대한 문제점을 수렴하여 바람직한 교복 개정안을 마련하기 위한 절차와 회의 진행	
청소년 주민 자치 위원회	지역 주민 센터의 청소년 주민 자치 위원으로 임명되어 학생 시각에서 지역에 관련된 다양한 제언을 하고 실행함. 대표적으로 지역 독거노인을 위한 사랑의 배추 심기-김장 나누기 프로젝트를 진행	

'낮은 게시판'을 보는 학생들 　　　　'위로의 날' 행사

　각 부서는 특색에 맞는 사업을 스스로 만들고 실행하고 있다. 자율부는 '400인 원탁 토론회', '교칙 개정 신입생 원탁 토론회', 각종 '공청회' 등을 기획하고 진행한다. 학교에서 무척 중요하고 큰 행사라서 준비하는 노력이 많이 드는데도 '우리가 만들고, 우리가 지킨다.'라는 슬로건 아래 자부심을 가지고 학교의 약속을 만들고 지켜 나가고 있다.

　인권부는 따뜻한 학교를 만드는 부서다. 학생들이 등굣길에 서로에게 들려주고 싶은 따뜻한 문구를 붙임쪽지에 적으면, 그것으로 복도 벽에 '위로의 나무'를 만드는 '괜찮아 프로젝트'를 진행하였다. 또 '낮은 게시판'이라는 인권 게시판을 만들어 인권과 관련된 이슈를 학생들이 허리 숙여서 볼 수 있도록 하였다. 세월호 추모일을 학생회 자체적으로 '위로의 날'로 지정하여 고통 속에 있는 누군가를 기억하고 함께하는 날로 추모할 수 있도록 하고, 이날 학생들이 직접 쓴 위로 문구로 '위로의 엽서'를 제작하였다. 그리고 앞서 언급한 우리 학교의 시그니처 행사인 '운명 팔찌'도 담당하고 있다.

　체육부는 체육 대회는 물론, 기말고사가 끝나고 나면 미니 체육 대회도 열고 있다. 그리고 금연과 관련된 행사를 학생들의 눈높이에서 진행하며, 그 외에도 건강과 관련된 여러 캠페인과 행사를 담당하고 있다.

체육부의 금연 캠페인 포스터   총무부에서 펴낸 학생회 백서

    총무부는 학생회 업무 전반을 지원하고 이를 기록하여 백서로 편찬하고, 카톡 플러스 친구를 운영하여 적극적으로 사업을 알리고, 학생회 전반의 예산 관리를 한다.

    홍보부는 학생회 공식 페이스북 페이지를 운영하여 학생회의 다양한 활동을 알리고 있으며, '부경 이야기'라는 영상을 분기별로 제작하고 있다. 그리고 11월에 '연어 프로젝트'라 하여 1학년 학생을 출신 중학교에 보내 우리 학교를 홍보하고, 이때 사용할 수준 높은 학교 홍보 뮤직비디오를 제작하였다.

    학예부는 게시판 공모전, 사진전 등의 행사를 통해 학생들의 감성을 자극하는 학교 문화를 만들고, 공간 혁신 사업에 앞장서서 학교 공간을 학생들이 스스로 만들 수 있도록 하고 있다. 그리고 1년의 클라이맥스인 학예회도 주관하고 있다. 그 외에도 교복 개정 위원회, 청소년 주민 자치 위원회라는 두 가지 위원회가 있어서 학생들이 겪는 여러 문제를 스스로 해결하는 활동을 하고 있으며 이를 통해 학생 자치의 외연이 더욱 확장되고 있다.

하지만 모든 것이 이렇게 아름답지는 않다. 우리 학교가 학생 자치로 모든 문제를 해결하는 데 성공했다는 것이 아니다. 학생회와 관련해서 여전히 여러 문제와 고민들이 있다. 학업과 학생회 활동 사이의 팽팽한 긴장, 학생회 활동으로 훼손되는 학습 분위기, 학생회 활동을 하는 소수 학생에게 집중된 지원, 그리고 이벤트 업체를 넘어선 학생 자치 활동의 질적인 성장 방향 등 사실 학생 자치 활동에 대한 여러 우려와 숙제들이 있다.

부경고의 이야기는 완성된 결과와 성공에 대한 것이 아니라, 실패와 좌절 속에서 그래도 디뎌 왔던 걸음에 대한 것이다. 도착한 곳에 대한 이야기가 아니라 달려온 길에 대한 이야기다. 번지르르한 사례 발표처럼 자랑을 많이 늘어놓았지만, 자랑만큼 거창하지도 않다. 아침에 학생들 손목에 팔찌를 채워 주고 교무실로 돌아가면서 그 소박함과 별것 없음에 '지금 이런 게 학생 자치가 맞나?' 싶다가도, 오후에 같은 명언 팔찌를 찬 짝을 기어코 데려와서 쌍쌍바를 받아 가며 기뻐하는 학생들의 모습을 보면 '뭐 학생 자치 별거 있니? 이거면 됐지.' 하기도 한다. 자치를 해도 소위 싸가지 없는 학생들은 여전하고 반복되는 흡연 문제 등 하루에도 다양하게 쏟아지는 불미스러운 사건들을 만나게 된다. 그럴 때 '선생님들이 저희들을 위해 얼마나 힘쓰는데……. 학생 자치고 뭣이고 소용이 없구나.' 싶다가도 "선생님, 저 우리 학교 너무 좋아요. 꼭 학생회 들어가고 싶어요."라고 말하는 학생의 한마디에 '뭐 학생 자치 별거 있니? 원래 지들이 누려야 하는 것인데.' 하며 다시 힘내 본다. 학생 자치가 요술 램프처럼 학교의 모든 문제를 해결해 주면 좋겠지만, 그럴 리가 있나. 게다가 그것을 담당하는 교사인 우리조차 이 부분에서는 서툴고 미숙한데. 그래서 언제나 마음의 욕심을 덜어 내려 하고, 매번 단지 사소한 것을 반복하는 것에서 긍정을 찾고자 한다. 그렇게 아름답지 않고 사소하고 꾸준한 모자이크들을 하나씩 붙여 나가 본다.

그리고 지금의 부경고는 바로 그 사소하고 꾸준한 모자이크로 그린 것이다. 그러니 지금 혹시 학교에서 학생 자치를 하는 것을 주저하고 있다면 그럴 필요가 없다. 원래 학교는 사소한 모자이크로 그리는 곳이니까 거창하고 완벽한 무엇인가에 부담을 느낄 필요가 없다. 사소한 모자이크 한 조각이면 충분하기 때문이다. 그리고 어쩌면 그렇게 두서없이 모아 온 조각들이 어느 날 꽤 근사한 그림이 되어 가는 것을 보게 될지도 모르니까 말이다.

이야기를 마치며

개인적인 이야기를 하자면 학창 시절 나는 불만이 많은 학생이었다. 순진했나 보다. 교과서에서 배운 것들과 학교가 다른 게 이상했고, 학생은 학교의 주인이라는 그냥 듣고 넘겨야 할 표어가 실현되지 않는 것에 의아했다. 중고등학교 운동권이랄까? 두발 자유를 위해 서명 운동을 하였고, 월드컵 응원을 위한 단축 수업이 시행되지 않자 긴급 반장 회의를 열어 대자보를 쓰고 소박한 연대 투쟁(단체로 교장실과 학년실을 찾아가 정중하게 항의하는 것)을 하기도 했다. 그러나 그 무엇도 성공하지 못한 채 졸업을 했다. 그리고 운명의 장난처럼 학교에 교사로 돌아왔다. 그래서 학생 자치는 나를 배반하지 않기 위한 일이었다. 그렇게 시작했던 학생 자치는 새로운 학교에서 살아남을 수 있게 해 주는 아주 유효한 방법이었고, 더 나아가 교사라는 존재로 학교라는 공간에서 행복을 느낄 수 있게 해 주는 방법이었다. 사실 학생 자치 자체가 중요한 것은 아니다. 그 안에 있는 격려와 신뢰와 존중이 더 중요한 본질이기 때문이다. 하지만 추상적인 격려와 신뢰와 존중을 구체화하는 방법으로 학생 자치는 정말 효과적이고, 그 자체로 신뢰와 존중의 과정이기에 중요하다고 생각한다. 반항기 많았던 학생의 고민이 나를 교사로서 살아가게 하고 행복하게 해 주다니, 참 인생은 살고 볼 일이다.

이응

'소심한 반항기(?)'가 많았던 학생이 교사가 되었다. 그래서인지 학생이 주체가 되는 학교를 위해 무엇인가를 하려 하나, 딱히 잘하지도 못해서 좌충우돌하고 있다. 때론 힘들지만 서로의 좌충우돌을 따뜻하게 격려해 주는 동료들 덕에 자주 행복했고, 앞으로도 그러길 희망한다. 막연한 낙관주의자가 아닌 '실패하겠지만 그래도 한발이라도 디뎌 보자.'라는 건강한 회의주의자가 되고자 한다. '용기 있는 자의 두려움'과 '침묵하는 자의 미안함'이 서로를 토닥이는 세상이 행복하겠지 하며, 아이들과 그 지점에서 만나는 교사가 되길 애쓰고 있다.

에필로그

교사가 교사에게

시민이 아닌 교사, 교사를 닮는 학생

'19세기 교실에 20세기 교사가 어쩌고저쩌고…….' 시대에 뒤처지는 학교의 모습을 비판할 때 지겹게 나온 이야기입니다. 학교는 정말 요지부동일까요? 아직도 교복에 양말 색깔을 단속한다며 혀를 차는 고발성 넋두리를 여전히 온라인에서 가끔 봅니다. 하지만 정말 학교는 그렇게 구린 곳인가요? 정말로 그렇다면 학교는 학원에 밀려 일찌감치 도태됐어야 합니다. 그러나 우리는 사실 뉴스를 통해 나날이 혁신하는 기술에 보조를 맞추거나 앞서가는 학생들의 모습을 거의 매일 접합니다.

학교는, 사실 학교 간 편차가 너무 크기 때문에 일반화가 불가능하지요. 대한민국 교육에서 일반화할 수 있는 건 기껏해야 교사 채용 방식이나 급여 체계 정도이잖습니까. 공교육에서만 따져도 열심히 공부해서 고등학교를 2년 만에 졸업하는 게 이상하지 않은 학교도 있고, 점심 먹은 이후 악기 연주를 위주로 교육하는 학교도 있지요. 전교생이 10명뿐인 학교도 있고, 반대로 2천 명이 넘는 초과밀 학교도 있고요. 애당초 이런 다양한 학교의 모습은 일반화할 수 없다는 거, 선생님도 동감하실 겁니다.

하지만 학부모나 일반인은 다르게 반응합니다. 신문에 '혐오 표현이 일상인 교실, 허점 보이면 끝장' 같은 제목만 보이면 내일이라도 당장 피해자가 될 것 같은지 떨기 시작하고, '혁신 학교, 기초 학력 문제 심각'이란 단어가 눈에 띄면 수업 중 토론하는 모습이 답답해 보이겠죠. 근데 더 안타까운 건, 우리 교사들 역시 그런 우려와 걱정을 하는 그룹과 다르지 않다는 겁니다.

교육을 하는 이들이 교육 바깥쪽에 있는 학부모나 일반인과 크게 다르지 않은 인식을 한다? 이는 교사의 이해관계를 대변하는 단체가 상대적으로 제 목소리를 못 내는 것도 있겠지만, 사실 교사가 자신의 일터인 학교를 넓은 눈으로 볼 수 있는 훈련을 받을 기회가 없는 것도 주된 까닭이 될 겁니다. 이는 교사들이 자신의 시민적 자질을 키우지 못했고, 그걸 교육받을 기회도 없었던 데도 원인이 있겠지요. 교사 그룹이 자신의 문제가 뭔지 모른다거나 객관적으로 바라볼 수 없다는 것은 교사가 자기 삶을 이끌지 못한다는 말인데, 이런 비주도성, 비자발성은 우리가 주로 상대하는 학생들에게서 그대로 나타납니다.

학년 초 교사들 사이에서 여전히 '애들 초장에 잘 잡아야 한다.'라는 다짐이 오가는 것이 그런 예가 아닐까요. 학생들 역시 가만있지는 않지요. 신입생이 아닌 학년들은 수업에 들어오는 교사와 '기 싸움'을 하던지 '간을 보는' 게 그렇지요. 이런 기 싸움은 대개 적당한 선에서 균형을 잡지만, 교사가 결정적인 말실수를 하거나 불공정한 처신을 했을 경우엔 학생들이 이깁니다. 학생들이 이기면 교사에 대한, 학교에 대한 불신으로 번지지요.

다시 교사 그룹의 비주도성 이야기로 돌아와 보겠습니다. 교사가 스스로 생각하고 교육을 기획하는 '시민'이 아니니까, 교육과정을 그렇게 고민할 필요가 없습니다. 그저 위에서 정해 주는 대로 하지요. 정해진 교과서에 나와 있는 정해진 말만 하고 시험 문제도 딱 그렇게만 내지요. 그리고 우리가 출제하는 문제는 되게 치사해지지요. 이미 수십 년간 치러 온 수능에 대한 수백 건의 이의 신청이 그걸 상징적으로 보여 줍니다. 묻고자 하는 것이 너무 잘 알려져 있기에 출제자가 응시자의 변별력을 확보하기 위해서는, 즉 한 줄로 세우려면 교묘하게 오답에 빠지도록 모종의 장치를 마련해야 하잖습니까.

그렇다면 이건 출제자인 우리의 문제일까요? 정답이 있는 문제를 구성하여 상대 평가를 하는 구조 자체의 숙명이 아닐까요? 아이들은 그런 방식을 재미없어하고 따분해하면서도 등급에 적응하면 그걸 당연하게 받아들입니다. 그렇게 형성된 관념은 고정되고요. 자연히 학교에 기대하는 것도 없어집니다. 그래서 우리가 그렇게 기분 나빠하는 '19세기 교실에 20세기 교사'론이 다시 소환되는 거겠죠. 힘 빠지는 이야기 하나 덧붙이자면, 애들은 그래도 그 학교에 있는 몇 년 동안 잘 적응해서 별 문제 없기를 바라는, 딱 교사 같은 품성을 금방 익힌다는 겁니다.

학교의 문제는 학교가 풀 수 없다

죄송하지만 지금까지 한 이야기에서 보자면, 교사의 비시민성이 문제의 핵심으로 보입니다. 하지만 학교의 문제는 개인들이 풀 수 없다고 생각합니다. 학교에서 벌어지는 많은 문제들이 그렇습니다. 학교 폭력을 봅시다. 문제는 수면 위에 올라왔을 때 불거집니다. 폭행이 있고, 가해자와 피해자가 나오며, (방관자, 방조자도 나올 수 있지요.) 담임 교사가 배제되며, 공정성을 담보하기 위해 외부인(가급적 전문가)이 들어갑니다. 무슨 테니스나 축구 같은 경기의 VAR(video assistant referee)을 따지는 것처럼 세세한 사건 기록과 가해의 양, 피해의 양을 수치화합니다. 이렇게 방향을 잡으면 (대부분 동의하실 겁니다.) 학교는 할 수 있는 게 없지요. 만일 교실 내 CCTV가 여론을 업고 설치되면 그게 바로 VAR 역할이 될 겁니다.

이런 지경이라면 학교라고 맘이 편하겠습니까. 우리가 다들 알 듯 당연히 학교 폭력을 숨기려(우리끼리 하는 말로, '학폭위'를 안 열기 위해) 노력합니다. 근데 아이들은 학교에서 7교시까지 원치 않는 수업을 견디느라 폭발 직전이라, 갈등은 자연스레 수없이 표출될 수밖에 없지요. 보수적으로 생각해도 갈등이 생기는 걸 피할 수 없다면 조금씩 양보하고 타협하는 법을 연습시키는 쪽으로 해법을 찾는 게 맞을 겁니다. 아무리 유능한 교사라도 특정 상황에서 폭발한 A와 B의 폭행 사건에 대해 세세하고 자신 있는 판정은 어렵습니다. 오히려 실제 학교 폭력 처리 방식에선 A와 B의 부모들이 변호사를 대동하고 학교로 들어올 경우, 담임 교사가 조정할 수 있는 권한은 아무 것도 없습니다. 학교는 무능할 수밖에 없는 구조입니다.

다시 학교의 문제는 당사자들끼리만 풀 수 없다는 말로 돌아가 보겠습니다. 학교에서는 주로 교과서가 언급하는 개념들을 다루고 사회적 통념에 기반을 둔 생활 교육을 하는데, 이것들은 현실에서 계속 논쟁거리인 경우가 많습니다. 앞서 언급한 학교 폭력 문제는 말할 것도 없지요. 현실에선 아무 쓸모없어 보이는 수학을 왜 배우냐는 고전적 논쟁부터 교복 외의 사복 착용을 허용하느냐 마느냐의 논쟁까지 나양합니다. 실제 이런 문제는 우리들도 머리를 맞대고 풀어야 합니다. 우리 학교, 저쪽 학교만의 문제가 아니잖습니까.

코로나19 바이러스 확산으로 휴업을 고민해야 했던 학교가 자체적으로 휴업을 결정하지 못하는 이유는 190일 법정 수업 일수 확보 규정 때문이었습니다. 이해는 할 수 있습니다. 학교는 공적 기관이기 때문에 법에 근거하여 행위를 해야 하니까요. 그러나 법이란 것이 결국 시민들이 행복하게 살자고 합의한 결과물이니 당사자들이 고민해 볼 여지 역시 있어야 한다고 생각합니다. 과도한 학습 노동과 성적 스트레스로 자살하는 학생 이야기까지 하지 않으려면 고민들이 공론화되어야 합니다. 학교의 문제를 우리들끼리만 이야기해서는 해결할 수 없습니다. 교사들 스스로가 그런 권한이 없다고 생각하고, 그런 의지가 있는 교사들은 교육 본연에서 벗어난 일에 매달리게 되면서 결국 좌절하는 걸 많이 보셨을 겁니다.

다시, 시민교육을 주목하는 이유

우리는 앞에서 민주시민교육을 실천하고 있는 각 학교 사례를 살펴보았습니다. 당동초 선생님의 수업은 아이들로부터 끌어낸 환경 문제에 대한 공감과 실천이었습니다. 환경 문제의 심각성을 환기하는 글을 쓰는 건 좋지만, 그 대상이 누군지도 모를 가상의 사람들이라면 솔직히 참 허망할 겁니다. 그렇게 수업을 끝냈다면 아이들에게 그런 경험이 쌓이면서 끝내 "에이, 이거 누가 볼 것도 아닌데, 대충 쓰지 뭐."라고 자조하게 되겠죠. 이 배움을 실천으로 끌어내려는 고민을 하는 분이 다른 반과의 협업을 용기 내어 시도했다는 게 주목할 점인 것 같습니다.

"우리 반에서 환경 수업을 하고 있는데, 학생들이 환경 보호 실천을 권유하는 글을 쓰려고 해요. 글쓰기를 마치면 각 반 학생들에게 글을 읽고 답장 쪽지를 써 달라고 부탁해도 될까요?"(217쪽)

또한 뮤직비디오를 만들어서 유튜브에 올리면 좋겠다는 이야기를 대견하게도 학생이 먼저 했습니다. 교사는 그런 제안을 수업에 최대한 반영했고요. 더 좋은 방식을 위해 다른 학생들의 제안까지 받았습니다. 이게 탄력을 받아 환경 수업을 다른 반과 함께하고, 평가 계획도, 다음 수업의 큰 주제 선정도 동료 교사와 함께했습니다. 이런 일련의 협업 경험은 지방 자치 선거 학습이라는, 초등학생에게 다소 어려워 보이는 주제도 그리 힘들지 않게 만듭니다. 교사가 학생을 교육 서비스의 수요자로 본다면 상상하기 어려운 일이지요.
또한 선운중의 사례처럼 교사도 고민되는 주제를 학생들과 함께 나눈 사례도 같이 살펴봤으면 합니다. 5.18 기념식 후 교실로 들어온 학생이 교사에게 한 질문을 다시 읽어 보지요.

"선생님, 선생님께서 폭력은 인간의 존엄성을 훼손하는 일이라 정당화될 수 없다고 하셨잖아요. 그러면 시민군은요? 시민군은 총을 들었는데, 그건 정당화되나요?"(249쪽)

물론 이런 질문은 선다형 문제 출제를 기본으로 생각해 온 우리 교사들에게, 그리고 학부모들에게, 무엇보다 학생들에게 곤란합니다. 정답이 없기 때문입니다. 그러나 대개의 사회적 문제는 가치의 문제죠. 우리 사회가 가치를 합의해 온 전통이 오래지 않았기에 그런 건 법률가나 정치인이 고민할 문제라고 생각하는 겁니다(또한 우리가 안 가 본 길이니 두려워서일 수도 있겠습니다). 선운중 선생님은 조금 더 따뜻한 눈으로 주변의 교사들을 이해하고 서로를 설득해 나가는 동료성의 회복을 대안으로 제시했죠. 말은 쉽지만 이 분이 살아가는 날들은 어쩔 수 없이 치열할 겁니다. 그 분이 분투해 얻은 결실을 우리가 마냥 편안하게 취할 수 있을까 하는 생각이 듭니다.

누군가의 신념에 따른 분투를 말한다면 4부의 세 번째인 고등학교 사례를 빼놓을 수 없습니다. 무슨 일만 터지면 고3의 수능 일정을 걱정하는 행정가와 언론들 덕에 고등학교는 공부해서 대학 진학을 준비하는 곳이란 인식이 아직도 강합니다. 그래서 고등학교는 수업이 제일 우선일 것 같지요. 하지만 성인 직전 단계에 놓인 학생들에게 가장 필요한 것은 스스로를 삶의 주인으로 세우는 자치 교육이라고 생각합니다. 사춘기를 지나며 세워진 가치관과 세계관을 여러 활동을 통해 연습해 봄으로써 자기 효능감을 가지는 시기. 그래서 고등학교에서의 자치 교육은 사회인이 되었을 때 협력하는 방법과 실패하더라도 다시 일어서는 방법을 알려 주는 중요한 양분이 됩니다.

부경고 선생님은 학생들에게 이런 실패할 권리를 인지시키는 것부터 시작했습니다. 자치를 해 본 경험이 없으면 누구나 잘 못하지요. 우리 어른들도 마찬가지입니다. 작은 거라도 직접 해 보고 작더라도 성과가 생기면 그게 '나도 쓸모가 있군!' 하는 기분 좋은 효능감이 됩니다. 우리 교사는 그걸 함께 준비해 주고 바라봐 주고, 다음에 할 실패를 또 준비해 주는 역할을 하면 되겠지요.

교문에서 나눠 주는 팔찌의 또 다른 짝을 찾아오면 쌍쌍바를 주는 유치한 활동(273쪽)은 소소한 재미가 목적이 아니라고 생각합니다. 괜히 학생들이 꼽은 가장 좋아하는 활동이 된 게 아닐 겁니다. 의미가 없다면 일이만 원짜리 문제집 정도는 미련 없이 버리는 지금, 그깟 몇백 원짜리 쌍쌍바를 얻으려고 전교를 돌아다니며 '운명의 짝'을 찾지는 않겠지요. 제 생각에 그건 '관계성의 회복'입니다. 누군가가 같은 학교에 다니고 있고, 수많은 친구들 속에서 그 친구를 힘들게 찾아내서 쌍쌍바를 나눠 먹은 사이가 되는 건 아주 특별한 경험일 겁니다. 그런 관계와 만남이 모여 연대의 가능성을 지필 겁니다. 이제 이 친구들은 뭘 해도 '함께'할 수 있을 것이고, 누군지 모를 친구에게 폭력을 함부로 행사하기 쉽지 않을 겁니다.

나가며

이 책은 우리 시각으로 바라본 학교의 모습과 가능성의 이야기 모음입니다. 우리 이야기는 학술적인 논리로 무장하지 않았습니다. 다만, 그간의 학교 현장과 교육 정책의 엇갈리는 조응을 보며 왜 민주시민교육이 학교에 필요하다는 생각에 이르렀는지를 교육계에 몸담은 사람들의 눈으로 솔직하게 그리고자 노력했습니다. 우리는 교사들이 지금보다 더 능동적이어야, 다시 말하면 시민이어야 학교가 발전하고 학생들이 행복할 수 있다고 믿습니다. 교사가 시민이어야 학생에게 시민이 되고 싶게 만들 수 있습니다. 미래를 학생들의 몫으로만 남겨 두고 교사 자신은 책임을 회피하는 모습은 이제 보기 어려운 세상이었으면 합니다. 끝까지 읽어 주셔서 고맙습니다. 선생님, 오늘도 학교에서 고생 많으셨습니다.

주석 보기

프롤로그

1) 「'학교 붕괴', 신화인가 현실인가?」, 김민, 『교육 인류학 연구』(한국교육인류학회, 2000, 3-2)

2) 「'교실 붕괴'로 불리는 교사-학생 갈등 현상의 이해를 위한 질적 연구」, 황규호 외, 『한국 교육』(한국교육개발원, 2001, 28-2)

3) 조한혜정 교수의 진단이다.(『교실이 돌아왔다』, 조한혜정, 또하나의문화, 2009)

4) 표준 국어 대사전에 따르면, '상급 학교 진학이나 취직과 관련하여 선발의 자료가 될 수 있도록 지원자의 출신 학교에서 학업 성적, 품행 등을 적어 보냄. 또는 그 성적'을 뜻한다.

5) PISA(Programme for International Student Assessment, 국제 학업 성취도 평가)는 OECD 회원국을 포함한 세계 각국이 공동으로 실시하는 '학업 성취도 국제 비교 연구'로, 의무 교육의 종료 시점에 있는 만 15세 학생들의 읽기·수학·과학적 소양의 성취 수준을 3년 주기로 평가하여 각국 교육의 성과를 비교·점검하는 것이다.

6) '다모임'은 여러 의미가 있지만, 경기도 혁신 학교에서는 '교사, 학부모나 학생들의 총회'를 뜻한다. 이 사례에서는 학부모와 교사들의 모임을 말한다.

7) 교장은 교사들에게 학부모들과의 상담을 권했으나, 일부 담임 교사가 원하지 않아 빚어진 상황이라는 이야기가 들려왔다.

8) 원어 표기는 'rapport'로, 외래어 표기법에 따르면 '라포르'이다. '두 사람 사이의 공감적인 인간관계'를 뜻한다.

9) 교사가 1등 학생을 자리에서 일어나게 한 후 "자, 박수!"라며 칭찬을 했다면 나머지 학생들은 어떤 느낌이 들지 한번 생각해 보자. 『1등에게 박수 치는 게 왜 놀랄 일일까?』(오찬호, 나무를심는사람들, 2017)를 읽어 봐도 좋겠다.

10) 학부모로서 생생하게 체험한 독일 교육 현장의 이야기를 담은 『꼴찌도 행복한 교실』(박성숙, 21세기북스, 2010)을 읽어 보면 왜 독일이 선행 학습을 해서는 안 될 것으로 규정하는지 알 수 있다.

11) '성취 기준'이란 학생이 수업을 통해 학습할 능력을 문장으로 기술해 놓은 것이다. 문제는

전국적으로 똑같이 표준화했다는 것이다. 2015 교육과정 고시 문서에 보면, 아래와 같이 쓰여 있다.

① 교과를 통해 학생들이 배워야 할 지식과 기능, 수업 후 학생들이 할 수 있어야 할, 또는 할 수 있기를 기대하는 능력을 나타내는 결과 중심의 도달점, 교과의 내용(지식)을 적용하고 문제 해결을 하는 수행 능력

② 학생들이 교과를 통해 배워야 할 내용과 이를 통해 수업 후 할 수 있거나 할 수 있기를 기대하는 능력을 결합하여 나타낸 수업 활동의 기준

상식으로 판단해 보면, 모든 학생들이 저마다 상황과 성취 수준이 다른데, 그걸 표준화해서 상중하로 나눈다는 건 의미가 없다. 교사들마다 '이 정도면 상(上)이네.' 하는 주관적 판단일 테니 말이다.

12) 4가지 의제에 대한 시민 참여단의 지지도를 5점 척도로 조사한 결과, 의제별 평균 점수 기준으로 '의제 1(수능 정시 확대)'이 3.40점, '의제 2(수능의 단계적 절대 평가화)'가 3.27점 순이었으며, 지지 비율 기준으로도 '의제 1'이 52.5%, '의제 2'가 48.1% 순이었다. '의제 1'과 '의제 2'의 평균 점수 차이는 0.13점이고 지지 비율의 차이는 4.4%p로서, 평균 점수와 지지 비율의 차이가 모두 통계적으로 유의미하지 않은 것으로 분석되었다. 또한 사지선다가 아닌 의제별로 독립된 평가임에도 양자 모두 압도적 지지를 받지 못하였다. 따라서 '의제 1'과 '의제 2' 중 어떤 의제가 다수 의견인가에 대해 판단하기가 어려운 것으로 나타났다.(김영란 대입제도 개편 공론화 위원장의 2018년 8월 3일 브리핑 중)

13) 'International Association for the Evaluation of Educational Achievement'가 정식 명칭이다. 이 기구가 실시한 것이 '청소년의 시민·사회적 참여에 관한 국제 시민교육 연구(International Civic and Citizenship Education Study, ICCS)'인데, 전 세계 38개국의 중학교 2학년 정도의 청소년들을 대상으로 시민성과 시민 의식을 평가하고자 내용 측면, 정의적 행동적 측면, 인지적 측면 등 다양한 영역에서의 역량 지수를 측정하여 각국이 그 결과를 교육 정책에 활용한다.

14) 「우리나라 청소년의 시민 역량 관련 통계」, 문성빈, 『교육 정책 포럼』(한국교육개발원, 2015. 5.)

15) 2016년 조사에는 24개국이 참여했다. 조사 결과는 「청소년 역량 지수 측정 및 국제 비교 연구 V: IEA ICCS 2016 - ICCS 결과 보고서」(장근영, 한국청소년정책연구원, 2018. 12.)의 내용을 인용하였다.

16) 독일은 'Politische Bildung'이라는, 직역하면 정치 교육이라는 과목으로 시민교육을 한다.

1부 지금, 학교는?

◎ 우리가 아는 초등학생은 그 자리에 없다 _ 초등학교의 문제적 징후

1) 초등학교의 업무 체계로 보면 '민주시민교육부'보다 '인성진로교육부'가 더 보편적으로 사용되고 있다. 당시 선생님들에게 '민주시민교육부장'이라고 소개하면 다들 담당 업무가 뭐냐고 물을 만큼 생소한 분야였다.

2) 교육부의 '2019년 2차 학교 폭력 실태 조사'에 따르면, 실태 조사에 참여한 학생(약 13만 명) 중 1,587명(1.2%)이 학교 폭력을 경험했다고 응답했다. 학교급별 피해 응답률은 초등학교가 2.1%로 가장 높았다(중학교 0.8%, 고등학교 0.3%). 초등학교의 피해 응답 유형별 비율은 언어폭력(39.5%), 집단 따돌림(20.3%), 스토킹(10.3%), 사이버 괴롭힘(7.7%), 신체 폭행(7.7%), 성폭력(5.2%), 강제 심부름(4.9%), 금품 갈취(4.3%) 순으로 나타났다. 학교 폭력 가해 이유로는 장난이나 특별한 이유 없이(33.2%), 상대가 먼저 괴롭혀서(16.5%), 오해와 갈등으로(13.4%), 마음에 안 들어서(12.9%), 다른 친구가 하니까(10.1%), 화풀이 또는 스트레스로 인해(8.2%), 강해 보이려고(3.2%) 등의 순으로 나타났다.

3) '답정너'란 '답은 정해져 있고 너는 대답만 하면 돼.'라는 뜻으로, 주로 자신이 듣고 싶은 대답을 미리 정하여 놓고 상대방에게 질문을 하여 자신이 원하는 답을 하게 하는 사람 또는 그런 행위를 의미한다.

4) '타이거맘'이란 '마치 호랑이처럼 자녀를 엄하게 교육하는 엄마'를 말한다. 자녀의 학교 수업 시간표와 진도를 쫙 꿰고 있으며, 자녀가 어렵다고 하는 과목에 대해 총정리해 줄 과외 교사를 수소문하기도 한다. 또한 자녀가 하루에 몇 시간을 공부할지, 부족한 과목을 어떻게 보충할지도 정해 준다. '헬리콥터 부모'란 '자녀의 주위를 맴돌며 모든 것을 챙겨 주고 지나치게 관여하는 부모'를 말한다. 헬리콥터 부모 밑에서 자란 아이들은 자신에게 필요한 것을 부모들이 대신 충족해 줄 것이라 믿고, 부모에게 모든 의사 결정을 맡겨 버린다.

5) 초중고 사교육비 조사는 사교육비 경감 대책 및 공교육 내실화 등 교육 정책 수립에 활용할 수 있는 사교육비 실태를 체계적으로 조사하여 공신력 있는 통계를 작성하여 제공한다. 조사 대상 범위는 EBS를 제외한 사교육비, 진로·진학 학습 상담 비용, 학교 내 보충 교육비(방과 후 학교 활동비), EBS 관련 교육비, 어학 연수비 등을 조사하고 2007년부터 전국 각 지역에 걸쳐 매년 실시되고 있다.

6) 2019년 사교육비 총액은 약 21조 원으로 전년보다 1조 5천억 원(7.8%) 증가하였다. 학교급별로 나누어 보면 초등학교 9조 6천억 원, 중학교 5조 3천억 원, 고등학교 6조 2천억 원으로, 이 중 초등학교는 전년 대비 11.8%라는 가장 큰 폭의 증가율을 보였다. 또한 초등학교의 사교육 참여율은 83.5%, 주당 사교육 참여 시간은 6.8시간, 사교육을 받는 초등학생의 1인당 월평균

사교육비는 34만 7천 원이었다.

7) 2019년 초중등 진로 교육 현황 조사 결과에 따르면 초등학생의 장래 희망 1위는 운동선수(11.6%), 2위는 교사(6.9%), 3위는 크리에이터(5.7%)가 차지했다. 전국 약 7,500명의 초등학교 6학년 학생들을 대상으로 진행한 설문 결과이다. 2018년에는 '유튜버'가 5위를 기록하며 초등학생 사이에 인기 직업으로 급부상했다.

8) 여성 가족부에서 전국 학력 전환기(초등 4년, 중등 1년, 고등 1년) 청소년 128만여 명을 대상으로 실시한 '2019년 인터넷·스마트폰 이용 습관 진단 조사' 결과에 따르면 전체 청소년의 16%가 스마트폰 '과의존 위험군'에 속해 있다.(2017년 14.3%, 2018년 15.2%, 2019년 16.0%)

◎ 다 같이 헤매고 있는 건 아닐까 _ 중학교 교실의 어긋난 톱니바퀴들

1) 2015 개정 교육과정에서는 공동체 구성원으로서의 역할을 수행하기 위해 학습자에게 요구되는 지식과 기능, 태도를 '핵심 역량'으로 제시하고 있으며, 이는 모든 학습자가 교육을 통해 길러야 하는 기본적이고 필수적이며 보편적인 능력을 말한다. 총론 수준에서 제시하는 구체적인 역량으로는 '자기 관리 역량, 지식 정보 처리 역량, 창의적 사고 역량, 심미적 감성 역량, 의사소통 역량, 공동체 역량'이 있다.

2) 2000년 10월 20일 우리교육에서 출간되었으며, '학생을 동일한 인간으로 대우해야 한다.'라는 사회적 의제를 제기한 첫 단행본이다. 2003년 개정판이 발간되었다.

◎ 결국 입시가 바뀌지 않으면 _ 뭘 해도 발목 잡히는 블랙홀, 입시

1) 「초등생까지 지구 온난화 해결 휴업 시위, 한국이라면?」, 박진영(비즈한국, 2019. 4. 4.)

2) EBS, 2012. 9. 11. 방송

3) 프랑스의 학제는 '유치원(3년)-초등학교(5년)-중학교(4년)-고등학교(3년)'로 이루어져 있다.

4) 「교육 대토론 - 선거 연령 만 18세 하향 논란과 그 의미는?」, EBS, 2017. 2. 3. 방송

5) 「한국 아동·청소년 인권 실태 보고서 V: 2015 아동·청소년 인권 실태 조사 통계」, 김영지(한국청소년정책연구원, 2015)

6) 「청소년의 정치 참여 현황과 개선 과제」, 이정진, 『이슈와 논점』(국회 입법 조사처, 2018. 5. 11.)

2부 지금, 다른 나라는?

◎ 영국 | 영국 교육은 무너지지 않았다 _ 버팀목이 된 시민교육

1) 「Schools, Democracy and Violence in South Africa」, Harber, C., in Osler, A. (et al) 『Citizenship and Democracy in Schools; Diversity, Identity, Equality(Stoke-on-Trent: Trentham Books, 2000)

2) 『Essays on citizenship』, Crick, B.(London: Continuum, 2000)

3) 『영국 시민 단체의 시민교육 연구』, 박선영(민주화운동기념사업회, 2006)

4) 『Essays on citizenship』, Crick, B.(London: Continuum, 2000)

5) 「Schools, Democracy and Violence in South Africa」, Harber, C., in Osler, A. (et al) 『Citizenship and Democracy in Schools; Diversity, Identity, Equality』(Stoke-on-Trent: Trentham Books, 2000)

6) 「영국의 청소년 정책과 시민교육 고찰」, 박선영, 『청소년 문화 포럼』((사)한국청소년문화연구소, 2011, 26), 67~90쪽

7) 「Education for citizenship and the teaching of democracy in schools: final report of the advisory group on citizenship (the Crick report)」, Qualifications and Curriculum Authority(QCA)(1998)

8) Crick Report: Education for citizenship and the teaching of democracy in schools

9) 「Education for citizenship and the teaching of democracy in schools: final report of the advisory group on citizenship (the Crick report)」, Qualifications and Curriculum Authority(QCA)(1998)

10) 「Education for citizenship and the teaching of democracy in schools: final report of the advisory group on citizenship (the Crick report)」, Qualifications and Curriculum Authority(QCA)(1998)

11) 「Schools, Democracy and Violence in South Africa」, Harber, C., in Osler, A. (et al) 『Citizenship and Democracy in Schools; Diversity, Identity, Equality』(Stoke-on-Trent: Trentham Books, 2000)

12) 「The provision of citizenship education through NGOs: Case studies from England and South Korea」, Park, S.Y., Ph.D thesis, Birmingham: The University of Birmingham(2007)

13) '니트(NEET)'는 'Not in Education, Employment or Training'의 줄임말로, 니트족이란 나라에서 정한 의무 교육을 마친 뒤에, 진학이나 취직을 하지 않고 직업 교육을 받지 않으며 지내는 사람을 의미한다.

14) 「영국의 청소년 정책과 시민교육 고찰」, 박선영, 『청소년 문화 포럼』((사)한국청소년문화연구소, 2011, 26), 67~90쪽

15) 여기서 다루는 영국의 국가 교육과정은 1998년부터 개정에 개정을 거듭하여 2019년 현재까지 실시되고 있는 것을 기준으로 하므로 이후의 교육 개혁에서의 변화에 대해서는 추후 업데이트가 필요하다.

16) http://www.nc.uk.net/nc_resources/html/ks3and4.shtm

17) 「The importance of teaching- The schools White Paper 2010」(Department for Education, 2010)

18) 「The importance of teaching- The schools White Paper 2010」(Department for Education, 2010)

19) 「Education for citizenship and teaching of democracy in schools」, Qualifications and Curriculum Development Authority(QCDA) (2010)

20) 「Education for citizenship and teaching of democracy in schools」, Qualifications and Curriculum Development Authority(QCDA) (2010)

21) 『제4차 산업 혁명 시대 인문 정책 방향』, 경제·인문사회연구회(2017)

22) 『제4차 산업 혁명 시대 인문 정책 방향』, 경제·인문사회연구회(2017)

◎ 프랑스 | 이방인의 눈으로 본 공화국 시민 _ 낭만적이지만은 않은

1) 2019년 기준 학사 등록금은 1년에 250유로로, 한화로 32만 원 정도 되는 금액이다.

2) 2018년 자료 기준으로 31.2%이다.

3) https://cache.media.eduscol.education.fr/file/Actu_2013/25/1/chartelaicite_268251.pdf

4) 2021년부터 적용되는 새로운 교육과정에서는 고등학교 2, 3학년에 철학 교과가 배정된다.

5) TIMSS(Trends in International Mathematics and Science Study, 수학·과학 성취도 추이 변화 국제 비교 연구)는 국제 학업 성취도 평가 협회에서 세계 50여 개국의 초등학교 4학년과 중학교 2학년 학생들을 대상으로 수학·과학 성취도를 4년 주기로 평가하는 것이다.

6) 프랑스에는 사회 교과 대신 '역사·지리·도덕 시민교육'이라는 교과가 있다.

7) 이건 프랑스도 마찬가지인데, 사실 교원 교육과 선발, 관리를 국가가 책임진다는 점에서 프랑스와 한국의 교원 시스템은 비슷한 점이 상당히 많다.

8) https://www.legifrance.gouv.fr/codes/id/LEGISCTA000006166558/2020-09-07/

9) 『La reproduction』, Bourdieu, P., Passeron, J-C. (Les Éditions de minuit, 1970)

◎ 독일 | 독일, 반성과 성찰이 만든 강한 시민성

1) 1930년대 중반 나치 독일이 펼친 인종주의 정책은 유대인, 집시와 같은 소수 민족뿐만 아니라 동성애자, 장애인 등 사회적 약자에 대한 박해로도 이어져 수만 명의 목숨을 앗아갔다.

2) https://www.youtube.com/watch?v=-fHOIZKSUCc

3) 『Die doppelte Staatsgründung. Deutschegeschichte 1945~1955』, Klaßmann, Christoph, Göttingen: Vanden Hoeck & Ruprecht, 1982; 「독일 '68세대'와 과거 극복」, 이희영, 『한국사회학』(한국사회학회, 2006, 40-3) 재인용

4) 『Der Beutelsbacher Konsens Bedeutung, Wirkung, Kontroversen』, Frech, S. & Richter, D. Stuttgart: Wochenschau, 2017; 「독일의 정치·사회적 쟁점 교육 원칙으로서의 '보이텔스바흐 합의'와 한국 학교 교육에 적용 가능성 탐색」 김상무, 『인하 교육 연구』(인하대학교교육연구, 2019, 25-6) 재인용

5) 『Der Beutelsbacher Konsens Bedeutung, Wirkung, Kontroversen』, Frech, S. & Richter, D. Stuttgart: Wochenschau, 2017; 「독일의 정치·사회적 쟁점 교육 원칙으로서의 '보이텔스바흐 합의'와 한국 학교 교육에 적용 가능성 탐색」 김상무, 『인하 교육 연구』(인하대학교교육연구소, 2019, 25-6) 재인용

6) https://de.wikipedia.org/wiki/Liste_der_Stolpersteine_in_Freiburg_im_Breisgau

7) https://commons.wikimedia.org/wiki/File:Topography_of_Terror_02.jpg

8) 독일은 총 16개 주가 연방으로 이루어진 연방제 국가로, 주 선거와 지방 선거의 투표권/피선거권 연령은 각 주별 선거법에 따라 다르다. 브란덴부르크, 브레멘, 함부르크, 슐레스비히홀슈타인 4개 주의 경우 주 의회 선거에서 16세부터 투표권을 부여하고 있으며, 지방 의회 선거에서는 니더작센, 작센안할트, 슐레스비히홀슈타인, 메클렌부르크포어포메른, 노르트라인베스트팔렌, 베를린, 브레멘, 브란덴부르크, 함부르크, 바덴뷔르템베르크, 튀링겐 11개 주에서 16세부터 투표권을 부여하고 있다.

9) 1964년 10월 28일에 주별로 다른 '학교 구조, 학년제, 의무 교육 기간, 공휴일 지정, 학력 인정

등' 학교 제도에 관하여 보편적이고 일반적인 조항을 만든 '함부르크 협정'을 마련하였지만, 이후 일부 주에서는 학제 및 학교 구성 등에 변화가 있어 현재는 주마다 약간의 차이가 있다.

10) 연방 주의 교육, 대학, 연구 및 문화 문제를 담당하는 장관들은 독일 연방 '교육부 상임 회의(약식: 교육부 장관 회의)'에서 국가 전체에 대한 교육, 과학 및 문화에서 요구되는 사회적·국가적 요구에 대한 공통 근거를 마련하는 일을 한다.

11) 「Ein Grundgesetz für jede Schülerin und jeden Schüler」. https://www.kmk.org/de.html. (2019. 3. 14.)

12) 「Educationalization as an ongoing modernization process」. Depaepe, M., & Smeyers, P.(2008, Educational theory, 58권 4호)

3부 그럼, 우리는?

◎ 학교 교육과정, 이렇게 어긋나 있다

1) 『교사를 세우는 교육과정』, 박승열(살림터, 2016) 69~70쪽

2) 2020년 2월 10~14일, 경기, 대구, 경북, 광주, 충남의 교육과정 연구회 소속 교사와 시도 교육청의 교육과정 집필에 참여한 교사들로 초등 4명(혁신 학교 2명), 중등 3명(혁신 학교 1명)에게 설문과 대담한 결과를 정리하였다.

3) 밑줄 필자 강조

4) http://www.hani.co.kr/arti/society/schooling/126939.html 참고

5) 「교과 모임의 위기를 말하다」, 김명희·김고종호·김현진, 『중등 우리 교육』(우리교육, 2009. 5.)

6) 『작은 학교 행복한 아이들』, 작은학교교육연대(우리교육, 2009) 283~284쪽. 밑줄 필자 강조

7) 『학교 바꾸기, 그 후 12년-남한산초등학교 졸업생들의 이야기』(맘에드림, 2012)는 일곱 명의 남한산초등학교 졸업생들이 학교에서 무엇을, 어떻게 배웠는지, 그리고 졸업 이후 지금까지 어떻게 성장해 왔는지에 대한 이야기다. '행복 지수가 올라가는 한국', '누구나 받아들일 수 있는 사회', '함께 끝까지 달리는 학교', '선의의 경쟁이 있는 사회'를 바라면서 그들은 끝없는 의문과 질문으로 자신의 배움을 이어 가고 있다.

8) 학술연구정보서비스(RISS)에 '교육과정 자율화'로 검색을 하면 100여 편의 학위 논문과 80여 편의 학술 논문을 찾아볼 수 있다. 교육과정 자율화는 당시 이명박 정부의 교육 분야 개혁의

핵심 정책이었다. 학술지 논문을 중심으로, 연구 결과의 대부분은 교육과정 자율화 정책이 교사와 학교의 교육과정 전문성 신장에 큰 영향을 미치지 못하고 있다는 견해를 일관되게 보여 주고 있다.

9) 「우상과 실상: 교육과정 자율화 정책의 모순된 결과와 해결 방안 탐색」, 홍원표, 『교육과정 연구』(한국교육과정학회, 2012, 30-1) 23~43쪽

10) 초등에서는 '한 학기 한 권 읽기'를 중등에 맞춘 용어로 보고 '온작품 읽기'로 진행하고 있다. 교사 개인의 온작품 읽기 실천서와 함께 전국초등국어교과모임의 지역 모임에서 학년별, 주제별, 장르별로 다양한 방식의 실천 사례를 꾸준히 발간하고 있으며 온라인 및 현장 연수도 함께 진행하고 있다.(『동화로 여는 국어 수업, 동화로 크는 아이들』, 최은경(상상의힘, 2014) 참고)

11) 인터넷 서점에서 '혁신 학교'를 검색하면 170여 권의 단행본이 나와 있다. 혁신 교육에 관한 이론서뿐 아니라 국내외 단위 학교의 혁신적인 교육과정과 수업 실천을 소개한 책들도 꾸준히 발간되고 있다. 학위 논문(12,000여 건)과 학술 논문(6,000여 건)에서도 혁신 학교와 혁신 교육에 대한 관심과 열의를 느낄 수 있다.

12) 2020년 2월 10~14일, 경기, 대구, 경북, 광주, 충남의 교육과정 연구회 소속 교사와 시도 교육청의 교육과정 집필에 참여한 교사의 대담과 설문 자료 중에서 중등 평가에 관한 교사들의 의견을 재구성하였다.

13) 필자의 학교는 3년간 예비 교사 현장 실습 학교를 운영하였다. 참가한 예비 교사들은 일반 학교가 아닌 혁신 학교의 다양한 경험 중에서 성장 중심 평가는 처음 접해 본다고 했다. 무엇보다 2019학년도에 예비 교사 평가가 상대 평가에서 절대 평가로 바뀌면서 활동이나 참여가 경쟁보다는 협력적이고 민주적인 분위기로 바뀌어 서로가 스승이 되어 배움을 나누었다.

14) 가라타니 고진은 서로 다른 규칙을 가지고 있기 때문에 의사소통이 불가능해지고, 이로 인해 역설적으로 대화가 일어난다고 했다. 서로 알 수 없는 부분에 대해 이해하려고 노력하고 그런 노력과 비판이 협력의 시작이라고 생각한다.

◎ 혁신 교육의 지향, 제대로 알자

1) 「학교 혁신 과정의 양가성: 혁신 학교 운영 과정에 대한 문화 기술적 사례 연구」, 유경훈(경희대학교 대학원 박사 논문, 2014)

2) 『혁신 학교는 지속 가능한가: 혁신 학교의 도약을 위한 진단과 제안』, 이중현(에듀니티, 2017)

3) 창의지성 교육과정은 2012년 우리나라 최초의 지역 수준 교육과정으로, 경기 혁신 교육의 지향점인 '창의지성 교육'을 교육 중점으로 설정하고 교육과정 편성·운영 지침과 교과 교육과정에 일관성 있게 반영한 경기도 교육과정이다.

4) 현재 혁신 교육과 혁신 학교 운영에 대한 연구와 성과는 다양한 방식으로 이루어지고 있다. 혁신 학교 담론, 교육과정 재구성과 자율 학교 운영뿐 아니라 혁신 학교의 교사와 학부모의 이야기가 연구 논문, 단행본, 혁신 학교 정책과 연수 등으로 펼쳐지고 있다. 이 글에서는 혁신 학교 교육과정 운영과 경험에 초점을 맞추어 현장 교사의 이야기를 담았다. 경기도와 충북, 광주의 초중등 혁신 학교에 근무하거나 혁신 교육을 지지하고 연구한 분들이 이야기를 들려주었다.

◎ 민주시민의 놀이터, 학교 _ 시민을 기르는 교육과정

1) 『2019 국가 교육과정 포럼 5차 자료집』, 교육부(2019)

2) 「교육과정 및 학생 평가 운영의 현실과 자율화 방안」, 성열관, 『학교 교육과정의 자율성과 학사 운영의 민주성 확대를 통한 민주주의 확립 방안 연구』(전국시도교육감협의회, 2018)

3) 교육 기본법 제2조에서는 '교육은 홍익인간(弘益人間)의 이념 아래 모든 국민으로 하여금 인격을 도야(陶冶)하고 자주적 생활 능력과 민주시민으로서 필요한 자질을 갖추게 함으로써 인간다운 삶을 영위하게 하고 민주 국가의 발전과 인류 공영(人類共榮)의 이상을 실현하는 데에 이바지하게 함을 목적으로 한다.'라고 교육 이념을 제시하고 있다.

4) 한국교육개발원(2018)

4부 작지만 의미 있는 움직임

◎ 광주 선운중 | 민주주의를 살다 _ 민주시민교육 모델 학교 운영

1) 민주시민교육 활성화를 위한 종합 계획(교육부 자료)을 보면 민주 학교란, 민주시민교육 중심으로 교육과정을 운영하고 학생들이 삶 속에서 민주주의를 실천하는 학교를 말한다.

2) 학생들이 제출한 토론 입론서의 내용을 바탕으로 한 학급의 해당 수업 장면(교사의 피드백 등을 생략한 주고받은 논쟁 내용만)을 재구성하여 서술하였다.

3) 자유 학년제는 기존의 자유 학기제를 한 학기 더 확대한 것이다. 한 학기 동안 새로운 것에 도전해 보고 경험하고자 할 때 기간이 부족하다는 의견이 많아, 교육부에서는 2018년부터 자유 학년제를 도입할 것을 권고하였다.

◎ 부산 부경고 | 모자이크로 그리는 학생 자치 _ 행복을 위해 사소하고 꾸준하게 그리는 그림

1) 민주주의를 주어로 쓰긴 했으나 자유에는 공짜가 없고, '민주주의는 우리가 가지고 있는 무엇인가가 아니라 우리가 하고 있는 무엇'(『비통한 자들을 위한 정치학』, 파커 J. 파머 지음, 김찬호 옮김)이기에, 여기서 진짜 주어는 민주적인 가치를 실현하기 위해 노력하는 교육의 각 주체이다.

2) 학교의 모든 것이 협의의 대상이라는 것은 아니다. 이런 방식을 위해서는 공동체가 함께 협의하고 승인하여 '분명한 경계 세우기'를 하는 것이 가장 중요하다. 이것이 전제되지 않으면 함께 대화와 협력을 할 거리조차 없게 된다.

참고 문헌

1부 지금, 학교는?

◎ 우리가 아는 초등학생은 그 자리에 없다 _ 초등학교의 문제적 징후

- 『학교, 민주시민교육을 만나다!: 어떻게 제대로 된 민주시민교육을 할 것인가?』, 김성천 외(맘에드림, 2019)
- 「초등학생 유튜브 문화와 교육적 대응」, 김아미(경기도교육연구원, 2018)
- 『요즘 아이들 마음고생의 비밀』, 김현수(해냄, 2019)
- 『잘 노는 애 안 노는 애 못 노는 애』 얼씨구(김희님)(한울림, 2018)
- 「교육적 관점에서 본 혐오, 차별 표현: 담화 공동체에서 차별 없는 언어란 무엇인가」, 제민경, 『새국어생활』(국립국어원, 2017, 27-3)
- 『말이 칼이 될 때: 혐오 표현은 무엇이고 왜 문제인가?』, 홍성수(어크로스, 2018)

2부 지금, 다른 나라는?

◎ 영국 | 영국 교육은 무너지지 않았다 _ 버팀목이 된 시민교육

- 「중학생의 민주시민 의식 연구」, 권혜원(이화여자대학교 교육대학원 석사 논문, 2004)
- 「한국 청소년의 정치의식에 관한 연구」, 김기영(명지대학교 사회교육대학원 석사 논문, 1999)
- 『사회 자원봉사 활동의 이론과 실제』, 김남순(교육과학사, 1997)
- 『자원봉사 총론』, 김성이·박영희(양서원, 2005)
- 『주요 외국 학교 시민교육 내용 연구: 미국·영국·프랑스·독일·스웨덴을 대상으로』, 김원태 외(민주화운동기념사업회, 2006)
- 「고등학생의 민주시민성에 대한 연구」, 김온지(이화여자대학교 교육대학원 석사 논문, 2003)

- 『자원봉사론』, 김익균 외(교문사, 2005)

- 「사회과 교육에 있어서 민주시민성 교육의 효과에 관한 조사 연구: 인천광역시 중학생을 중심으로」, 나재철(인하대학교 교육대학원 석사 논문, 1998)

- 『자원봉사론』, 류기형 외(양서원, 2005)

- 『영국 시민 단체의 시민교육 연구』, 박선영(민주화운동기념사업회, 2006)

- 「영국·아일랜드·호주의 청소년 정책 비교 및 고찰: 주체, 입법 현황, 주요 청소년 프로그램을 중심으로」, 박선영, 『미래 청소년 학회지』(미래를여는청소년학회, 2008, 5-1)

- 『민주시민교육론』, 배한동(경북대학교 출판부, 2008)

- 「중학생들의 민주시민 의식에 관한 연구」, 변영남(단국대학교 교육대학원 석사 논문, 2001)

- 「시민교육 제도화를 통한 21세기 민주 사회 건설을 위한 방안 연구: 국가와 지방 자치 단체의 지원·전달 체계를 중심으로」, 시민 단체 연대 회의 시민교육 위원회(국무총리 자문 시민사회발전위원회, 2005)

- 「새로운 통합적 청소년 정책과 청소년 자원봉사 활동의 변화 모색」, 이광호, 제1회 청소년 자원봉사 포럼 자료집(한국청소년자원봉사센터, 2005)

- 「청소년 자원봉사 세미나」, 전명기, 동서대학교 자원봉사 세미나 자료집(동서대학교, 2008)

- 「고등학생의 민주시민 의식에 관한 연구」, 정수연(이화여자대학교 교육대학원 석사 논문, 2004)

- 『한국 시민 사회의 전개와 공동체 시민 의식』, 조영달(교육과학사, 1997)

- 「중학생의 민주시민 의식에 대한 조사 연구: 인천광역시 중학생을 중심으로」, 지미자(인하대학교 교육대학원 석사 논문, 2002)

- 『민주시민교육 실태 및 요구에 대한 조사 연구: 교사를 중심으로』, 천희완(민주화운동기념사업회, 2005)

- 『청소년 자원봉사 해외 정책 사례집 II.: 해외 청소년 자원봉사 활동 정책 동향-영국·일본의 청소년 자원봉사 활동 정책』(한국청소년진흥센터, 2007)

- 「Education for democratic citizenship and community involvement」, Annette, J.(CitiZED, 2006)

- 「Citizenship Education Longitudinal Study (CELS):First Cross-Sectional Survey 2001-2002」, Benton,T., Cleaver, E., Featherstone, G., Kerr, D., Lopes, J. and Whitby, K.(London: DfES, 2003)

- 「Citizenship Education Longitudinal Study (CELS): Sixth Annual Report. Young People's Civic Participation In and Beyond School: Attitudes, Intentions and Influences (DCSF Research Report 052)」, Benton,T., Cleaver, E., Featherstone, G., Kerr, D., Lopes, J. and Whitby, K.(London: DCSF, 2008)
- 「Assessing the value of volunteer activity」, Brown, E., 『Nonprofit and Voluntary Sector Quarterly』, 28(1), 3-17(1999)
- 『Essays on citizenship』, Crick, B.(London: Continuum, 2000)
- 『Democracy』, Crick, B.(Oxford: Oxford University Press, 2002)
- 「The importance of teaching- The schools White Paper 2010」(Department for Education, 2010)
- 『Citizenship in modern Britain』, Faulks, K.(Edinburgh: Edinburgh University Press, 1998)
- 『The Third Way: The Renewal of Social Democracy』, Giddens, A.(London:Political Press, 1998)
- 「Comparative civic education research: what we know and what we need to know」, Hahn, Carole L., 『Citizenship Teaching and Learning』, 6(1), 5-23(2010)
- 「Models of citizenship education」, Harber, C.(Birmingham: Unpublished handouts, School of Education, The University of Birmingham, 2000)
- 『'Not quite the revolution: citizenship education in England', in: M. Schweisfurth, L. Davies & C. Harber (eds.) Learning democracy and citizenship』, Harber, C.(Oxford: Symposium Books, 2002)
- 「Volunteering, citizenship and social capital: a review of UK government policy」, Holmes, K., 『Journal of Policy Research in Tourism, Leisure and Event』 1(3), 265-269(2009)
- 『Informal Education』, Jeff. T and Smith. M.(London: Educational Heretics Press, 2005)
- 「Studies of public perceptions of volunteering」, Kamat, A. Thomas, A. and Finch, H.(London: Institute for Volunteering Research, 1990)
- Citizenship education in England 2001-2010: young people's practices and prospects for th future· the eight and final report from the Citizenship Education Longitudinal Study(CELS). Research Report DFE-PR059, Keating, Avril., Kerr, David., Benton, Tomas., Munday, Ellie., & Lopes, Joana(Department for Education, 2010)

- Embedding Citizenship education in Secondary Schools in England(2002-08): Citizenship Education Longitudinal Study. Seventh Annual Report. Research Report DCSF-PR172, Keating, Avril., Kerr, David., Lopes, Joana., Fetherstone, Gill., & Benton, Tomas(National Foundation for Educational Research, 2009)

- 「Revitalising Democracy: Civic Education in Eurpe and the United States」, 2009 Annual Meeting of the American Political Science Association presented paper. Kisby, Ben. & Sloam, James(Canada, 2009)

- 「Uneasy relationships?; concept of 'citizenship', 'democracy', and diversity' in the English citizenship education policymaking process」, Kiwan, D., 『Education, Citizenship and Social Justice』, 2(3), 223-235(2007)

- 「The state and voluntary social work in Sweden」, Lundstrom, T., 『Voluntas』, 7(2), 123-146(1996)

- 「Preserving space for volunteers : Exploring the links between voluntary welfare organisations, volunteering and Citizenship」, Milligan, C. and Fyfe N.R., 『Urban Studies』, 42(3), 417-433(2005)

- 『A Guide to the National Curriculum』, Moon, B.(Oxford: Oxford University Press, 1996)

- Education for democratic citizenship: a review of research, policy and practice 1995-2005. Research Paper in Education, 21, Osler, A, & Starkey, H.(2006).

- Civic Education and Elections in the United States. German-American Conference, "Comparisons of Parliamentary and Coordinated Power Systems", presented paper. Owen, Diana(Indiana, 2011)

- 「The provision of citizenship education through NGOs: Case studies from England and South Korea」, Park, S.Y., Ph.D thesis. Birmingham: The University of Birmingham(2007)

- 『Active citizenship in schools』, Potter, J.(London: Kogan Press, 2002)

- 『Bowling alone: The collapse and revival of American community』, Putnam, R. D.(New York: Simon & Schuster, 2000)

- 『Democracies in flux: the evolution of social capital in contemporary society』, Putnam, R. D.(Oxford: Oxford University Press, 2004)

- 「Education for citizenship and the teaching of democracy in schools: final report of the advisory group on citizenship (the Crick report)」, Qualifications and Curriculum Authority(QCA)(1998)

- 「Education for citizenship and teaching of democracy in schools」, Qualifications and Curriculum Development Authority(QCDA) (2010)
- 「The civic core in Canada: disproportionality in charitable giving, volunteering, and civic participation」, Reed, P. B. and Selbee, L. K., 『Nonprofit and Voluntary Sector Quarterly』, 30(4), 761-780(2001)
- 「Promoting engagement: an organisational study of volunteers in community resource centres for children」, Restsma-Street, M., Maczewski, M. and Neysmith, S., 『Children and Youth Service Review』, 22(8), 651-678(2000)
- 『A National Framework for Youth Action and Engagement: Report of the Russell Commission』, Russell, I.(2005)
- 「Democratic education and learning」, Starkey, H., 『British Journal of Sociology of Education』, 26(2), 299-308(2005)
- 「Global citizenship in Hicks, D & Holden, C's Teaching the Global dimension』, Tanner, J.(Oxon: Routledge, 2007)

3부 그럼, 우리는?

◎ 학교 교육과정, 이렇게 어긋나 있다

- 『언어와 비극』, 가라타니 고진(도서출판b, 2004)
- 『학교 바꾸기, 그 후 12년: 남한산초등학교 졸업생들의 이야기』, 권새봄 외(맘에드림, 2012)
- 「국가 수준 교육과정의 개발 체제 분석」, 권영민(인하대학교 대학원 교육학 박사 논문, 2004)
- 「교과 모임의 위기를 말하다」, 김명희·김고종호·김현진, 『중등 우리 교육』(우리교육, 2009. 5.)
- 『교사를 세우는 교육과정』, 박승열(살림터, 2016)
- 「교육과정 분권화에 따른 지역 교육과정 추진 방안 연구」, 손민호 외(경기도교육청, 2017)
- 『교육과정 이론』, 이홍우 외(교육과학사, 2003)
- 『작은 학교 행복한 아이들』, 삭은학교교육연대(우리교육, 2009)
- 「학교가 사라지면 마을이 사라진다」, 정기석(프레시안, 2014. 3. 25.)

- 『교육과정에 돌직구를 던져라: 종이 교육은 그만하고 삶을 살아가고 싶다』, 정성식, (에듀니티, 2014)
- 『초등 교육을 재구성하라!: 어린이의 성장과 발달을 돕는 초등 교육과정을 위하여』, 초등교육과정연구모임(에듀니티, 2013)
- 『동화로 여는 국어 수업, 동화로 크는 아이들』, 최은경(상상의힘, 2014)
- 「교육과정 변화에 대한 신제도주의 분석: 혁신 학교를 중심으로」, 신은희(한국교원대학교 교육정책전문대학원 박사 논문, 2019)
- 『한국의 교육과정·교과서사 연표』, 허강(일진사, 2010)
- 「교육과정 자율화 정책과 학교 교육과정 운영의 방향」, 허숙, 『교육과정 연구』(한국교육과정학회, 2012, 30-1)
- 「우상과 실상: 교육과정 자율화 정책의 모순된 결과와 해결 방안 탐색」, 홍원표, 『교육과정 연구』(한국교육과정학회, 2011, 29-2)

◎ 혁신 교육의 지향, 제대로 알자

- 「혁신 학교 운영 기본 계획」, 경기도교육청(2011~2019)
- 「혁신 학교 일반화 기본 계획」, 경기도교육청(2014)
- 「경기 혁신 교육 정책 10년사」, 경기도교육청(2019)
- 『경기 혁신 교육 10년』, 경기도교육청(2019)
- 『경기 혁신 교육 3.0 개념 정립 연구』, 나현주 외(경기도교육연구원, 2018)
- 「초등 교사의 교육과정 인식 분석에 대한 근거 이론적 접근」, 박민정·성열관, 『열린 교육 연구』(한국열린교육학회, 2011, 19-3)
- 「경기 혁신 교육 철학과 정책 특성 분석」, 백병부 외(경기도교육연구원, 2016)
- 「학교 혁신 과정의 양가성: 혁신 학교 운영 과정에 관한 문화 기술적 사례 연구」, 유경훈(경희대학교 대학원 박사 논문, 2014)
- 『혁신 학교는 지속 가능한가: 혁신 학교의 도약을 위한 진단과 제안』, 이중현(에듀니티, 2017)

◎ 민주시민의 놀이터, 학교 _ 시민을 기르는 교육과정

- 『비고츠키 철학으로 본 핀란드 교육과정』, 배희철(살림터, 2019)
- 「새로운 학력 개념 정립 및 구현 방안」, 성열관 외(전국시도교육감협의회, 2016)
- 『혁신 학교와 실천적 교육과정: 현장 중심 교육과정 이론과 실천 방향』, 신은희(살림터, 2020)
- 『초·중등학교 민주시민교육 활성화를 위한 방향과 과제』, 이쌍철 외(한국교육개발원, 2019)
- 『학교 민주시민교육을 위한 교육과정 개선 방안 연구』, 정문성 외(교육부, 2018)
- 「민주시민교육: 초·중등학교 민주시민교육 추진 제안서」, 정원규 외(이화여자대학교 학교폭력 예방연구소, 2019)